Barbara Sichtermann

Weltenretterinnen

»Wie soll man ein natürliches Verhältnis zu seiner Sexualität und seinem Körper bekommen, wenn man nichts darüber weiß und alles als eine einzige Quelle der Schamhaftigkeit sieht?«
Nancy Herz

»Wenn wir uns die Welt ansehen, dann gehören Macht und Wohlstand zur Zeit eher der älteren Generation. Die Lösungen für die Probleme der heutigen Zeit sind einfach nicht nachhaltig. Aber wenn die ältere Generation nicht mit uns zusammenarbeiten will, um Lösungen zu finden, müssen wir eben rebellieren.«
Natasha Mwansa

»Wir sind doch alle menschliche Wesen, bevor wir Bürger und Bürgerinnen eines Staates sind.«
Sophie Umazi

BARBARA SICHTERMANN

WELTEN-RETTERINNEN

ES GEHT UMS GANZE

S. Marix Verlag

INHALT

VORWORT

Helena Gualinga kam im ecuadorianischen Regenwald zur Welt und ging in Finnland zur Schule; ihre Mutter ist eine indigene Frau, die gegen die Zerstörung ihrer Heimat in Amazonien kämpft, ihr Vater ein Naturforscher aus Skandinavien. Und Helena setzt sich jetzt mit den Mitteln europäischer Wissenschaft für die Erkundung und Bewahrung indigener Kultur in Südamerika ein. Auch das ist ein Aspekt der Globalisierung: dass eine junge Generation heranwächst, die in beiden Hemisphären zu Hause und so in der Lage ist, das Verständnis der einen Hälfte der Erde für die andere und vice versa zu wecken. Die Familie der Nancy Herz kommt aus dem Libanon, das Kind wuchs in Oslo auf. Sie vermag ihren Mitschülerinnen zu beweisen, dass auch ein Mädchen mit Kopftuch etwas im Kopf hat, und sie hat ihre Eltern davon überzeugen können, dass es irgendwann besser für sie war, das Kopftuch abzulegen. Orient und Skandinavien begegnen sich in den Lebensentscheidungen einer jungen Frau, die keine der beiden Welten aufgeben will und so jede Welt aus ihrer Selbstgenügsamkeit herausreißen muss. Hila und Wana Limar sind in Afghanistan geboren, ihre zweite Heimat wurde Hamburg, von wo aus sie jetzt versuchen, in ihrem Geburtsland etwas zu verändern. Die Japanerin Shiori Itō hat ihren Vergewaltiger angezeigt, floh vor den Shitstorms ihres patriarchalischen Landes nach Großbritannien und kehrte mit der #MeToo-Bewegung im Gepäck nach Hause zurück. Die Nordkoreanerin Yeonmi Park war illegal in China und der Mongolei unterwegs, bis sie von den USA aus in Aktion treten konnte, um den Menschenhandel in Asien zu unterbinden. Rebellion, Aufstand, Aus-der-Rolle-Fallen und humanitäre Hilfe haben eine globale Dimension angenommen, was an sich nicht neu ist, aber dank des Internets heute sowohl schneller geht als auch besser auf Dauer gestellt werden kann – weil der Informationsfluss nicht so bald versiegt. Die Umweltbewegung, heute getragen von jungen Frauen wie Greta Thunberg und Luisa Neubauer, ist von vornherein global angelegt: Hier richten die Aktivistinnen ihre schweren Vorwürfe und verzweifelten Aufrufe immer »an alle« und vornehmlich an die Mächtigen auf den fünf Kontinenten. Die Appelle für politische Freiheit und für den Frieden, wie ihn Sophie Mvurya, Nadja Tolokonnikowa, Oksana Schatschko und Agnes Chow formuliert haben, sollten nicht nur in ihren jeweiligen Ländern gehört werden, sondern waren immer schon an die ganze Welt gerichtet. Das Internet half bei diesem Ehrgeiz, eine Botschaft über die Erde zu tragen, ja, es war eine wichtige Bedingung dafür, den vielfältigen Revolten Bilder beizugeben, sie also visuell anzureichern und ihr Töne hinzuzufügen, sie also lautlich zu verstärken und ihren Sinn überallhin zu transportieren. Eine Frage aber bleibt: Warum eigentlich sind es vor allem Mädchen und junge Frauen, die auf der Weltbühne des Protests und der Solidarität nach vorne treten? Ist das nur eine optische Täuschung oder können wir wirklich sagen: Es ist die historische Stunde der *girls*?

Dass sich Frauen in der politischen Öffentlichkeit massenhaft und mit einer gewissen Selbstverständlichkeit bewegen, ist in der Tat historisch neu. Und weil es neu ist, macht es Eindruck. Man hört hin. Im Lebensgefühl aller Menschen war bis vor etwa zwei Generationen die Vorstellung, dass Frauen ein häusliches Dasein führten und Männern die Politik vorbehalten war, so tief verankert, dass weibliche Opposition zu Weltlauf und Zeitgeist als Ding der Unmöglichkeit galt. Mächtige Frauen gab es als Ausnahmen immer wieder, aber sie waren zumeist Statthalterinnen, das heißt als Witwen oder Regentinnen für unmündige Söhne ins Amt gelangt. Solange sie die Männer nur vertraten, konnte das Weltbild von den unpolitischen Frauen und der Macht als Männersache durchaus intakt bleiben. Das galt auch für das Wirtschaftsleben, in dem Frauen ja als wichtige Macherinnen bis hin zum Fernhandel immer mal anzutreffen waren. Doch überall da, wo gesellschaftliche Subsysteme wie Militär, Klerus, Zünfte oder politische Parteien und Beamtenschaften hierarchisch gegliedert und vermachtet waren, gab es keine Frauen. Der Wandel hat, vom Beginn der ersten Gleichberechtigungsforderungen an, lange gedauert, in Europa und der Neuen Welt circa zweihundert Jahre. Aber jetzt ist es so weit, Frauen kommen vor und voran und wollen Vieles anders machen. Dieser Emanzipationsprozess springt vom Westen und Norden in den Süden und Osten der Erde, befördert und vervielfältigt von den neuen Kommunikationstechniken. So kommt dreierlei zusammen: Emanzipation der Frauen, Globalisierung und Digitalisierung, und das Wunder geschieht: Junge Frauen melden sich in aller Welt lautstark zu Wort. Ihre Stimmen werden nicht mehr als zu hoch und zu leise disqualifiziert und überhört, weil sie technisch jede Menge Verstärkung erfahren. Sie gelten nicht mehr als inhaltlich unerheblich, weil es jetzt so viel politische Erfahrung auf Seiten von Frauen gibt, dass man weibliche Gegenrede und Einlassung nicht mehr als nebensächlich abtun kann. Dass die Frauen, die in diesem Buch zu Wort kommen, fast alle jung oder sehr jung sind, hat mit diesen drei Bedingungen zu tun: Es ist, erstens, erst jetzt dank der Vorarbeit von Feministinnen seit dem 18. Jahrhundert möglich, Frauen und Macht als Begriffe und Praxisfelder zusammen zu denken, wobei, zweitens, die digitalen Vervielfältigungsmöglichkeiten, die diesen Prozess seit ein paar Jahrzehnten begleiten, erst der jetzt herangewachsenen Generation zur Verfügung stehen. Und die Globalisierung als dritte Bedingung nimmt erst in unserer Epoche des beschleunigten Welthandels und kulturellen Austausches so starke Fahrt auf, dass das Bedürfnis, als Frau aus Amazonien in Finnland gehört zu werden oder als Afrikanerin den Frieden im Innern durch ein Echo kenianischer Aufrufe in Amerika, Europa oder Indien zu befördern, erst heute wachsen kann. Nicht früher, hoffentlich aber auch künftig.

Unsere Welt, in der so viele junge Frauen aufbegehren, sich Gehör verschaffen und dabei zugleich Entwürfe vorbringen, wie die Welt zu retten oder wenigstens zu verbessern sei, ist nicht friedlich. Sie ist nicht tolerant und auch nicht bereit, den aufmüpfigen, wütenden, eine

Veränderung einklagenden Mädchen das Steuerruder zu überlassen – zu dieser Einschätzung muss man kommen, wenn man die Mehrheits- und Machtverhältnisse in den Ländern der Erde nüchtern betrachtet und die Chancen abwägt, die freiheitlich und humanitär gesonnene Minoritäten haben, ihre jeweilige Agenda durchzusetzen. Es ist auch nicht so, dass Weiblichkeit per se eine angeborene Potenz in sich schließt, der Weltpolitik einen Weg aus ihren vielfältigen Krisen zu weisen. Was man nun aber doch sagen kann und darf, ist, dass die Stunde der *rebellischen Mädchen* geschlagen hat, dass dieser internationale kritische Chor beachtet und zur Kenntnis genommen wird. Große Gipfelkonferenzen kommen nicht mehr um die Mädchen herum, die manchmal noch Minderjährigen werden auf die Einladungslisten gesetzt, sie treten vor die Mikrofone, halten Reden, aus denen die Weltpresse zitiert, sie bauen eigene Netzwerke auf und werden mit Preisen von wichtigen Akademien und NGOs ausgezeichnet. Sie lernen dazu; einige wollen in die Politik gehen, andere Firmen gründen oder als Netzaktivistinnen weiter wirken. Dieses Buch soll ein weiterer Verstärker sein, der die Anklagen und Anliegen der Mädchen zu Gehör bringt und das Fundament ihrer Fundamentalopposition eine Spur stabiler macht. Weil die Globalisierung auch den Protest globalisiert, muss es ja keine weiteren zweihundert Jahre mehr dauern, bis basale Forderungen nach Gleichheit und Freiheit und körperlicher Unversehrtheit überall auf dem Planeten erfüllt sind. Die Welt wird leichter zu retten sein, wenn in allen Regionen Stimmen erschallen, die Änderung postulieren und dabei auf diejenigen hören, die auf der anderen Seite der Erdkugel etwas Ähnliches verlangen. Oder ganz etwas Anderes. Der Diskurs, der so entsteht, wird eine Kardinalbedingung für eine Neugeburt der Vernunft sein und damit für die Erfüllung der wichtigsten Forderungen der Mädchen: politische und persönliche Freiheit, Klimafreundlichkeit, Bildung und Wissen für alle. Und Frieden.

MENSCHENRECHTE
FRIEDEN UND
HUMANITÄRE HILF

»WENN ICH ES NICHT TAT«

CAROLA RACKETE (GEB. 1988)

Die »Kapitänin« und die Seenotrettung im Mittelmeer

Die *Sea-Watch 3* ist ein Schiff von circa fünfzig Metern Länge und fast zwölf Metern Breite. Sie wird von Viertakt-Sechzehnzylinder-Dieselmotoren angetrieben und erreicht eine Geschwindigkeit von 10 Knoten. In den 1970er-Jahren wurde sie als Offshore-Versorgungsschiff für die Ölindustrie gebaut und dort genutzt. Ihr Heimathafen ist Amsterdam. Sie gehört heute der Organisation Sea-Watch mit Sitz in Berlin, die es mit Spendengeldern erworben hat und für die Seenotrettung einsetzt.

Die Kapitänin Carola Rackete mochte das Schiff nicht besonders. Zu alt, zu sperrig und keineswegs dazu bestimmt, eine größere Menschenmenge für längere Zeit aufzunehmen. Sie mochte auch den Beruf und erst recht das Wort »Kapitänin« nicht so sehr, wollte lieber hauptberuflich für den Naturschutz arbeiten. Und sie hatte gar nichts übrig für die Popularität, die sie im Juni 2019 fast über Nacht gewann: 53 Personen aus einem in Seenot geratenen Schlauchboot hat sie knapp 50 Seemeilen vor der libyschen Küste an Bord der *Sea-Watch 3* aufgenommen. Der nächste sichere Hafen war die Insel Lampedusa, den steuerte sie an, aber sie erhielt keine Genehmigung, ihr Schiff in den Hafen zu bringen. Es wurde ihr sogar strikt untersagt. Aus Deutschland signalisierte man seitens einiger Länder und Städte die Bereitschaft zur Aufnahme von Flüchtlingen, aber das Innenministerium unter Horst Seehofer verlangte eine Registrierung nach dem Abkommen von Dublin III: Geflüchtete hätten dort um Asyl zu ersuchen, wo sie an Land gingen. Italien aber gab kein Einverständnis zur Aufnahme der Menschen. Die *Sea-Watch 3* musste draußen auf See erst hin- und herfahren, schließlich ankern und warten. Und auf ihr die zwanzigköpfige Besatzung mit den Geretteten. 17 Tage lang. Es war eine Qual. Es gab an Bord nur drei Toiletten, die Trinkwasseraufbereitungsanlage arbeitete langsam, alle litten unter der Hitze. Es gab keine Betten für die Geflüchteten, pro Person stand nur eine Decke zur Verfügung, die an Bord genommenen Menschen konnten sich nachts entweder darauf legen und frieren oder sich zudecken und auf dem harten PVC Schmerzen dulden. Kurz: Es haperte mit der Grundversorgung. Das Schlimmste aber war die Ungewissheit. Wie würde es weitergehen? Die italienische Küstenwache kam, die Guardia di Finanza (der Zoll), und es hieß immer nur: Keine Genehmigung, an einer Lösung werde gearbeitet. Die drückende, beherrschende Angst war, dass alle Flüchtlinge nach Libyen zurückgeschickt würden. Immerhin nahm die Küstenwache dreizehn akut Schwerkranke, Kinder und Schwangere mit an Land, doch die verbliebenen 40 Geflüchteten aus Nordafrika waren alles andere als gesund, sie waren erschöpft, verletzt, dehydriert und völlig fertig, manche zusammengebrochen und phasenweise sogar bewusstlos. Die Crew und auch die Kapitänin fürchteten, dass einige von ihnen ins Wasser springen würden – um an Land zu schwimmen oder einfach, um ein Ende zu machen.

Carola Rackete war bei dieser Rettungsmission eingesprungen. Ein Kapitän war ausgefallen, und sie übernahm die Stelle. Als sie darum gebeten wurde, arbeitete sie gerade in Schottland als Trainee in einem Naturschutzprogramm. »Wir sammelten Daten über Schmetterlinge, setzten Wanderwege instand, topften zuletzt bei strömendem Regen im Gewächshaus drei Tage lang Waldkiefersetzlinge um. Im Grunde wollte ich nicht weg. Trotzdem, es war ein Aufruf, der an alle gerichtet war, die auf der Kontaktliste für Notfälle standen. Ich ahnte: Das wird schwer, so kurzfristig Ersatz zu finden. Und ein Telefonat mit dem Einsatzleiter ergab, dass wirklich niemand da war, der das Schiff hätte übernehmen können. Wenn ich es nicht tat, würde die *Sea-Watch 3* trotz vollständiger Besatzung nicht auslaufen können. Ich sah mich in der Verantwortung zu handeln und packte meine Sachen.«

In ihrer Jugend wusste die spätere Kapitänin eine Zeit lang nicht, was sie werden wollte. Um irgendetwas Sinnvolles zu machen, studierte sie Nautik in Elsfleth; gleich das erste Praxissemester führte sie auf einem riesigen Containerschiff einmal rund um den Globus. Danach fuhr sie auf dem deutschen Forschungsschiff *Meteor* und lernte das Navigieren. Es folgten Fahrten auf der Ostseefähre *MS Transrussia*, einem Eisbrecher; die erste Stelle als Nautikerin nach dem Studienabschluss bekam sie auf der *Polarstern*, auf der sie eine Arktisexpedition unternahm. Hier sah sie selbst, dass das Eis in der Polarzone eben nicht ewig ist, denn es schmilzt immer weiter mit all den desaströsen Folgen für den Meeresspiegel und das Klima. An Bord wurde geforscht, das heißt gemessen und interpretiert und berichtet, es wurde bewiesen, dass Gefahren drohen, aber in der Politik bewegte sich nichts. Rackete war mit dem, was sie tat, erneut unzufrieden. »Es reichte mir nicht mehr, als eine Art Busfahrer für die Wissenschaft zu arbeiten. Ich hatte das Gefühl, dass ich meine Energie nicht an der richtigen Stelle einsetzte.« 2015 begann sie ein zweites Studium in England, Omskirk, das sie mit dem Master abschloss. Sie belegte Naturschutzmanagement und betätigte sich während der Semesterferien als Freiwillige in Naturparks und für *Greenpeace*. Es war eine Zeit, in der immer mehr Menschen aus ihrer Heimat flüchteten: aus Syrien wegen des Bürgerkrieges, aber auch aus Pakistan, Afghanistan und Nordafrika. Rackete bewarb sich bei der neu gegründeten NGO Sea-Watch, einem gemeinnützigen Verein, der sich der zivilen Seenotrettung widmet, und wurde bald mit einer ersten Mission auf der *Sea-Watch 2* betraut. Sie verfügte also schon über einschlägige Erfahrungen, als sie auf der *Sea-Watch 3* einsprang. Zwar hatte sie beschlossen, nicht mehr als Nautikerin zu arbeiten, sondern sich ganz dem Naturschutz zu widmen, aber da gab es etwas, das noch wichtiger war: Leben zu retten.

Als sie 2019 von Schottland aus ihre neue Aufgabe für die *Sea-Watch 3* antrat, wusste Carola Rackete, dass es nicht einfach sein würde. Die Lage hatte sich verschärft, die Staaten in der Europäischen Union konnten sich in der Flüchtlingsfrage nicht einig werden. Rechte Politiker, die sich gegen jede Art von Zuzug stemmten, hatten an Einfluss gewonnen, und in Italien war Innenminister Matteo Salvini von der rechten Partei Lega Nord ein harter Gegner jeglicher wilden Immigration und Seenotrettung vor den Küsten seines Landes. Alle zuständigen Stellen in den seefahrenden europäischen Ländern versuchten mit immer neuen bürokratischen Regulierungen die Arbeit der Rettungsschiffe zu behindern, auch die *Sea-Watch 3* musste sich allerlei speziellen technischen Inspektionen seitens der niederländischen Behörden unterziehen, ein Spiel auf Zeit, in der Menschen im Mittelmeer auf Schlauchbooten in den Tod fuhren. Die Strategie hieß Abschreckung – sowohl der privaten Rettungsboote als auch der Flüchtlinge selbst. »Es war uns klar, dass Seenotrettung kriminalisiert wird. Die öffentliche Stimmung schlug um, es gab den Vorwurf, Seenotretter steckten mit Schlepperbanden unter einer Decke.« So mussten die Kapitänin und auch die Crew mit einer Festnahme und Klage seitens der italienischen Staatsanwaltschaft rechnen – der Vorwurf: Beihilfe zur illegalen Einwanderung. Ein entsprechendes Dekret hatte die regierende rechtsnationale Partei in Italien durchgebracht. Das untersagte privaten Rettungsschiffen das Einlaufen in die italienischen Hoheitsgewässer. Alle auf der *Sea-Watch 3* wussten das, als sie losfuhren, als sie die Flüchtlinge an Bord nahmen, als sie den Hafen von Lampedusa ansteuerten. Wenn man die Situation auf Personen projizieren darf, kann man sagen: Der Innenminister Salvini und die Kapitänin Rackete standen sich vor der Küste Lampedusas Aug' in Auge gegenüber. Auf der einen Seite der Minister, der verhindern will, dass – wie er es sieht – arme Teufel sein Land unsicher machen, auf der anderen Seite eine Menschenrechtsaktivistin, die es nicht zulassen kann, dass die aus dem fürchterlichen Elend libyscher Lager Geflüchteten auf See den Tod finden. Wer wird nachgeben?

Das Buch, das Carola Rackete noch im selben Jahr herausbrachte und in dem sie die Rettungsaktion vor Lampedusa in allen Einzelheiten schildert, heißt *Handeln statt hoffen*. Das ist genau die richtige Losung für die Situation vor Ort im Juni 2019. »Ich war davon überzeugt, dass wir als Zivilgesellschaft unsere europäische Außengrenze und die Definition der Menschenrechte nicht den Rechtsnationalen wie denen im damaligen italienischen Innenministerium überlassen konnten. Wir durften uns nicht einschüchtern lassen.« Was die Kapitänin der *Sea-Watch 3* ihrer eigenen Devise folgend nach siebzehn Tagen und angesichts der leidenden und verzweifelnden Menschen auf ihrem Schiff zu tun hatte, war: den Notstand erklären. Denn der war eingetreten. Handeln statt hoffen. »Ich habe die Optionen lange abgewogen. Wir hatten alle politischen und juristischen Möglichkeiten ausgeschöpft. Es gab keine Aussicht, dass uns kurzfristig doch noch jemand half. Das Auswärtige Amt in Berlin hatte unserem Büro (das Büro der NGO Sea-Watch) kurz zuvor mitgeteilt, dass Italien aktuell die politische Lösung doch wieder blockiert. Wir standen mit dem Rücken zur Wand.« Sie beruft ein Crewmeeting ein. »Ich habe entschieden, in den Hafen zu fahren.«

Es ist kurz nach Mitternacht, 29. Juni. Der Anker wird gelichtet, die *Sea-Watch 3* ruft den Hafen über Funk an, aber es kommt keine Reaktion, weil niemand vom regulären Dienst mehr dort ist. Das Schiff nähert sich dem Hafen, langsam, aber stetig. Alle wissen: Es wird beobachtet. Die Kapitänin hat die Hafenkarte genau studiert, sie weiß, wo ein Liegeplatz ist. »Als ich das Schiff drehe, um anzulegen, legt sich ein Zollboot zwischen den Pier und die *Sea-Watch 3*. Sie haben Anweisungen vom Innenministerium, uns zu blockieren, wie ich später herausfinde. Ich versetze das Schiff, um hinter sie zu fahren, aber sie bewegen sich ebenfalls zurück und blockieren uns erneut. Ich gehe raus auf den Brückenflügel, um sie im Blick zu behalten. Unser Schiff liegt fast vollständig gestoppt neben dem Pier, dazwischen das Zollboot. Die Zeit scheint einen Moment stillzustehen.« Die *Sea-Watch 3* findet in diesem Hin und Her schließlich ihren Weg in den Hafen, sie touchiert dabei das Zollboot, eine nur leichte Berührung, eine bloße Sachbeschädigung, unvermeidbar. Dann sind die Geretteten und die Kapitänin mit ihrer Besatzung im Hafen von Lampedusa. Die Leinen werden geworfen, das Schiff wird festgemacht. Italienische Unterstützer sind am Pier, der Pfarrer des Ortes ist da. Es gibt Applaus, das Fernsehen kommt. Aber auch Gegner der Aktion finden sich ein, eine Frau ruft:»Menschenhändlerin, du musst verhaftet werden.« Und genau das geschieht. Die Polizei marschiert auf. Ein Zollbeamter begibt sich an Bord und führt die Kapitänin ab.»Am Ende hatte ich keine Wahl. Ich musste so entscheiden, um die Sicherheit der Menschen zu garantieren. Durch die Einfahrt in den Hafen habe ich ganz einfach meine Pflicht zur Rettung erfüllt. Es ist weder ein Verbrechen gewesen, noch eine Heldentat. Ich glaube, dass die meisten Kapitäne so entschieden hätten wie ich, wenn Menschenleben in Gefahr sind. Wahrscheinlich auch Menschen, die noch nie zur See gefahren sind.«

Was ihr viel ausmacht, ist, dass sie nicht sehen kann, wie die Flüchtlinge an Land kommen. Ein Beamter geleitet Rackete zu einem Wagen und fährt sie zur Zollstation. Dort hört sie, dass sie in Arrest genommen werden soll. Sie versucht, den auf Italienisch geführten Gesprächen der Männer zu entnehmen, was mit dem Schiff passieren wird und mit den Schutzsuchenden. Zwei Anwälte treffen ein. Das Schiff werde beschlagnahmt – von der italienischen Staatsanwaltschaft. Aber die Geflüchteten kommen an Land, Grazia a Dio! Deren nächste Station wird ein Auffanglager in Messina sein; sie sind jetzt in Europa, aber ob sie bleiben dürfen, kann niemand sagen. Angebote, sie aufzunehmen, gibt es außer von Deutschland noch von Frankreich und Portugal. Aber bis praktische Schritte getan werden können, wird Zeit vergehen. Es gibt ja keinen geregelten Prozess der Verteilung – alle reden immer nur von der »europäischen Lösung«, die eben aussteht. Und »Alleingänge« gelten als wenig förderlich, also geschieht nichts. Ein weiteres Spiel auf Zeit – auf Kosten vieler Menschenschicksale und Menschenleben.

Gefängniszellen gibt es auf der kleinen Insel Lampedusa nicht, also wird die unbotmäßige Kapitänin erst einmal in einem Privatquartier untergebracht. Hier darf sie keine Kontakte aufnehmen – außer zu ihren Anwälten. Zwei Tage später wird sie nach Agrigent auf Sizilien gefahren, wo eine Anhörung stattfindet. Eine Riege Journalisten ist vor Ort, sie zücken ihre Kameras. Rackete will keine Heldin sein, sie gibt zu Protokoll: »Es fühlt sich falsch an, dass die Medien mir die Aufmerksamkeit schenken, die sie den Menschen verweigern, um die es wirklich geht – den Geflüchteten der *Sea-Watch 3*.«

Ein Wochenende verstreicht, dann wird Carola Rackete am 2. Juli der Haftrichterin vorgeführt. Die Richterin Alessandra Vella entscheidet, dass die Kapitänin im Recht gewesen sei, als sie den Notstand erklärte und den Hafen von Lampedusa anfuhr, denn Libyen und Tunesien – deren Häfen näher lagen– – könnten nicht als sicher gelten. Sie argumentiert, dass die Pflicht zur Rettung auf See nach internationalem Seerecht höher zu gewichten sei, als die von Innenminister Salvini erst kürzlich verschärften gesetzlichen Regelungen in Italien. Es sei der Kapitänin zuzubilligen, dass sie »in Erfüllung einer Pflicht« gehandelt habe. Laut Artikel 98 des Seerechtsübereinkommens der Vereinten Nationen muss jeder Kapitän Schiffbrüchigen Hilfe leisten, soweit das vernünftigerweise von ihm erwartet werden kann. Was den Zusammenstoß mit dem Zollboot betrifft, so befindet die Richterin, dass der Schaden übertrieben dargestellt worden und hinnehmbar sei. Racketes Haft war damit aufgehoben, sie war frei. Zwar hat die italienische Staatsanwaltschaft Einspruch eingelegt, der wurde aber zurückgewiesen. Eine Klage jedoch wegen der Beihilfe zur illegalen Einwanderung stand gleichwohl weiterhin ins Haus. Doch damit hatte es Weile. Die Kapitänin kehrte erst einmal Italien den Rücken und sagte den Reportern, die sie belagerten, sie sollten der Verteilung von Flüchtlingen innerhalb der EU, also der berühmten »europäischen Lösung«, das Wort reden. »Es ist mir sehr wichtig, darauf aufmerksam zu machen, dass es nicht um mich als Person geht, sondern um die Sache«, sagte sie nach ihrer Freilassung in Agrigent.

Wie alles Recht, so ist auch das internationale Seerecht im Konflikt mit nationalen Gesetzen letztlich Interpretationssache. In jenem Sommer 2019 hatten sich die Schiffe der *Frontex*, einer europäischen Agentur für die Grenz- und Küstenwache, die 2004 gegründet worden war, um den Mitgliedsstaaten beim Schutz der Außengrenzen des EU-Raums zu helfen, aus dem Mittelmeer zurückgezogen. Das galt ebenso für die italienische Küstenwache und die Marinemissionen der Europäischen Union. Die Konflikte, die aus den Migrationsbewegungen, den Flüchtlingsströmen, den Schlepperbanden, dem Seerecht und den jeweiligen nationalen Regelungen erwuchsen, waren unerträglich geworden. So blieb nur die private Seenotrettung übrig, NGOs wie die Sea-Watch und Boote wie die *Sea-Watch 3*. Die Kapitänin Rackete befuhr mit ihrem Schiff einen Raum, der in eine neue Rechtsunsicherheit geraten war. Mit ihrer eigenen Interpretation, derzufolge es in allererster Linie gelte, Leben zu retten, hat sie sich gegen den Minister Salvini, der allerdings mit seiner fremdenfeindlichen Politik nicht allein stand, durchgesetzt. Sie erhielt großen Applaus und wütende Schmähungen – wie übrigens auch die Haftrichterin Vella. Längst nicht alle Kommentatoren in der europäischen Presse gingen mit der Richterin konform, viele aber begrüßten ihren Spruch. In den Sozialen Medien gab es eine enorme Aufregung; Rackete erhielt begeisterten Zuspruch und entschiedene Ablehnung bis hin zu wüsten Drohungen.

Salvini hatte verloren, und es zeigte sich, dass er das schlecht vertrug. Er nannte seine Gegenspielerin eine »Angeberin« und eine »Kriminelle«, woraufhin Racketes Anwälte eine Verleumdungsklage gegen ihn anstrengten – die sie nun ihrerseits verloren. In Italien überwogen bei den überregionalen Medien kritische Stimmen, was die Rettungsaktion betraf, in Deutschland positive Voten. Die Partei der Grünen griff Innenminister Seehofer an, der die Bereitschaft einiger deutscher Städte, sich der Flüchtlinge anzunehmen, nicht politisch unterstützt hatte. Die AfD jedoch nannte Rackete eine Komplizin der Schlepper. Die Niederlande, deren Echo auf die Aktion insofern von Bedeutung ist, als ja die *Sea-Watch 3* unter deren Flagge fährt, wandte sich kategorisch gegen die Entscheidung Racketes, den Notstand zu erklären. Sie habe der Erleichterung des Menschenhandels zugearbeitet. In Frankreich hingegen sympathisierte man mit der Kapitänin, ihr wurde die Médaille de la Ville de Paris zuerkannt.

Letztlich ging es um den alten Konflikt zwischen Realpolitikern, die sich davor fürchten, durch humanitäre Gesten die Ärmsten dieser Erde zur illegalen Einwanderung zu ermuntern (Pull-Effekt) und den Idealen von NGOs und linksliberalen Parteien und Organisationen, die ihre Hände ausstrecken, um genau diesen Ärmsten, an deren Lage sie bei sich selbst und in den Industrienationen eine Mitschuld erkennen, Hilfe zu gewähren. Realpolitiker weichen aus auf die ihrer Meinung nach vorrangige Strategie einer »Bekämpfung von Fluchtursachen«, während Hilfsorganisationen auf den humanitären Notstand verweisen, der Soforthilfe verlange, während ja Stabilität in den Ländern, aus denen die Flüchtlinge aufbrechen, eine Sache von Jahrzehnten sei. Schließlich liegt es den Regierungen der europäischen Kernländer fern, »Fluchtanreize« zu liefern, indem sie beispielsweise Seenotretter ermutigen, im Mittelmeer zu kreuzen, während die Bevölkerung dieser Länder gespalten ist in Befürworter und Unterstützer der NGOs und deren Gegner, die sich vor »Überfremdung« fürchten und davon überzeugt sind, dass ein vermehrter Zuzug ihre Sicherheit und ihren Wohlstand gefährden würden. Was die offizielle Politik betrifft, so läuft deren Nichthandeln auf einen Totstellreflex hinaus: Wenn wir uns nicht bewegen, wird auch nichts passieren. Man könnte auch Vogel-Strauß-Politik dazu sagen, wobei der Kopf im Sand allmählich ziemlich lächerlich aussieht. Es ist ja nicht so, dass nichts passiert. Die Flüchtlinge fliehen weiter, die »Festung Europa« verstärkt ihre Wälle, während gleichzeitig Hilfswillige sich daran machen, Tunnels zu bauen. Persönlichkeiten wie Rackete stehen für die europäische Bereitschaft zur Hilfeleistung, während Politiker wie Salvini auf die Überlegenheit der »Ersten Welt« in allen Angelegenheiten der Technologie, der Wirtschaft und der Politik pochen und ihren Status quo durch »Abschottung« sichern wollen. Eine Kapitänin wie Carola Rackete aus Deutschland, die aber ebenso aus Frankreich oder

Finnland oder Luxemburg kommen könnte, wird noch lange einem Innenminister wie Salvini, der auch aus Österreich oder Schweden oder Polen stammen könnte, auf der Weltbühne Aug' in Auge gegenüber stehen.

Die nach Deutschland heimgekehrte Kapitänin gab den Medien Interviews. Sie war und ist zwar erklärtermaßen publicity-scheu, aber sie möchte natürlich auch richtig verstanden werden. Es war nicht bloß trockene »Pflichterfüllung«, die sie dazu trieb, den Hafen trotz Verbots anzulaufen, sondern Pflichterfüllung in einem bestimmten historischen Augenblick, seitens einer Frau, die hier und heute in ihrer Funktion als Verantwortliche auf einem Rettungsschiff entschieden hat: »Ich habe eine weiße Hautfarbe, ich bin in ein reiches Land hineingeboren worden, ich habe den richtigen Reisepass, ich durfte drei Universitäten besuchen und hatte mit 23 Jahren meinen Abschluss. Ich spüre eine moralische Verpflichtung, denjenigen Menschen zu helfen, die nicht meine Voraussetzungen hatten.« Das Motto ihres Buches *Handeln statt hoffen* heißt: »Für alle Opfer des zivilen Gehorsams.«

Der Innenminister Salvini nannte die *Sea-Watch 3* ein Piratenschiff. Das Boot wurde auf seine Anweisung hin »zur Beweissicherung« beschlagnahmt und erst im Dezember 2019 freigegeben. Seitdem ist es unter der Ägide der Sea-Watch e.V weiterhin auf dem Mittelmeer unterwegs.

Links

🐦 CaroRackete
🐦 seawatchcrew
📷 seawatchcrew
https://sea-watch.org

»WIR SAGEN BULLSHIT!«

X (EMMA) GONZÁLES (GEB. 1999)
Die Schulmassaker-Überlebende und die Generation
Columbine im Kampf gegen Waffengewalt und die NRA

Der Valentinstag im Jahre 2018, der 14. Februar, begann an der Marjory Stoneman Douglas Highschool (MSD) in Parkland, Florida, mit einem Feueralarm. Es war nur eine Probe. Auf das Heulen der Sirene hin liefen alle Jungen und Mädchen hinaus aus dem Gebäude vor den Eingang, genossen kurz die frische Luft, lachten und balgten sich ein bisschen und strömten, als es wieder still wurde, in ihre Klassenräume zurück. Sie kannten das, solche Übungen gab es immer wieder einmal. Schließlich mussten die Schüler und Schülerinnen wissen, was sie zu tun hatten, wenn es brannte. Ein paar Stunden später, um 14.20 Uhr, ertönte der Feueralarm erneut. Die Jugendlichen sahen einander erstaunt an, und auch die Lehrkräfte wunderten sich. Schon wieder eine Übung? Zwei an einem Tag? Das gab es sonst nicht. Aber sie taten, was sie gelernt hatten, sie verließen die Klassenräume und strebten über die Gänge zum Tor. Unterwegs konnten sie kaum etwas sehen. Rauchbomben waren gezündet worden. Und dann, plötzlich, ertönte das laute Geknatter von Schüssen aus einem Maschinengewehr. Schreie gellten. Menschen brachen zusammen. Immer mehr Schüsse fielen. Die Sirene, der Rauch, die Schüsse und die Schreie, es war ein blutiges, unbegreifliches Chaos. Sechseinhalb Minuten später, kurz vor halb drei, war alles vorüber. Die Sirene verstummte, der Rauch verzog sich, das Gewehr schwieg. Verwundete stöhnten. Die

Polizei traf ein, Krankenwagen fuhren vor, Martinshörner ertönten. Die Verletzten wurden in Ambulanzen abtransportiert, die geschockten Überlebenden nach Hause begleitet. Die Polizei zählte am Ort des Geschehens siebzehn Todesopfer, vierzehn Schülerinnen und Schüler, drei Lehrer. Fünfzehn weitere Menschen waren verletzt worden, zum Teil schwer.

Diejenigen unter den Schülern, die es noch nicht raus auf die Gänge geschafft hatten, als die Schießerei losging, waren in die Klassenräume zurückgewichen und hatten sich in die Ecken gekauert oder in den Schränken versteckt. Sie waren zur falschen Zeit am richtigen Ort gewesen, so auch die achtzehnjährige Emma Gonzáles, die mit ihrer Klasse um 14.20 Uhr im Auditorium unterrichtet wurde; bevor sie und die anderen den großen Saal nach Erklingen der Sirene hätten verlassen können, vernahmen sie auch schon das Gewehrfeuer. Sie blieben stehen und duckten sich instinktiv zwischen die Stuhlreihen. Es kam niemand herein, Emma und ihre Klasse hatten Glück. Ein Amokläufer war mit einer Smith & Wesson-Sport-Semiautomatic durch die Flure der Schule gestürmt und hatte etwa zweihundert Schuss blind in die Gegend gefeuert. Zuvor hatte er den Alarm ausgelöst, um die Menschen dazu zu bewegen, die Klassenzimmer zu verlassen. Er hatte auch die Rauchbomben geworfen, um die Sicht zu trüben und sich selbst zu verbergen. Obendrein trug er eine Gasmaske, die nahm er ab, als der Rauch sich verzog. Er legte Maske und Gewehr im dritten Stock der Schule in einer Nische ab und lief mitten in der verstörten, schreienden, orientierungslosen Menge unerkannt aus dem Schulgebäude und -gelände heraus und verschwand.

Es handelte sich bei dem Täter um den neunzehnjährigen Nikolas Cruz, einen ehemaligen Schüler der Marjory MSD Highschool. Vor einem Jahr war dieser junge Mann »aus disziplinarischen Gründen«, wie es hieß, der Schule verwiesen worden. Nach seinem Amoklauf begab er sich erst einmal ins nahe Einkaufszentrum und trank eine Limonade. Inzwischen wurde auf allen Kanälen, im Radio, Fernsehen und im Internet über das Schulmassaker berichtet. Bei der Polizei waren kurz zuvor telefonisch einige Warnhinweise eingegangen, denn Cruz hatte in den Sozialen Medien über seinen Vorsatz einige Posts abgesetzt, er war auch bekannt als Waffennarr. Niemand hatte sich um diese Anrufe gekümmert, doch jetzt erinnerte man sich. Polizisten schwärmten aus, im Nachbarort Coral Springs, wohin Cruz inzwischen geflüchtet war, stellte sich ein Beamter dem jungen Mann in den Weg. Der ließ sich widerstandslos festnehmen und gestand seine Tat tags darauf.

Schießereien in Schulen geschehen immer wieder, aber nirgendwo so häufig wie in den USA. Ein Zusammenhang mit den lockeren Waffengesetzen, dem Fehlen von Lizenzen, Registern und Kontrollen und der Neigung der zivilen amerikanischen Welt, sich bis an die Zähne zu bewaffnen, wurde oft vermutet und immer wieder bestritten. Am lautesten verteidigen natürlich die Waffenhersteller und -verkäufer sowie ihr Dachverband, die National Rifle Association (NRA), das Recht eines jeden amerikanischen Bürgers, eine Waffe zu tragen und deswegen oder dabei nicht mit Begründungen oder Rechtfertigungen belästigt zu werden. Politisch steht die Republikanische Partei den Waffenliebhabern und der NRA am nächsten, es gibt aber auch so genannte Sportschützen bei der Demokratischen Partei. Und Kritiker des »Zweiten Verfassungszusatzes«, in dem das Recht eines jeden Menschen, sich zu bewaffnen, verankert ist, gibt es auch bei den Republikanern. Unter der jungen Generation jedoch, unter Schülern und Erstwählerinnen, wächst die Zahl derer, die sich wünschen, dass Amerika abrüstet. Und zwar sofort. Dieser Wunsch, ja, diese Forderung wurde nur wenige Tage nach der mörderischen Schießerei von Parkland unter dem Hashtag #NeverAgainMSD, veröffentlicht. Wer da sprach, drei Tage nach dem Massaker auf einer großen Demonstration im nahen Fort Lauderdale, war die Überlebende des Blutbads Emma Gonzáles, die gemeinsam mit ihren Klassenkameraden Cameron Kasky, Alex Wind, David Hogg und Jaclyn Corin den Hashtag #NeverAgainMSD ins Leben gerufen hatte. Und was da entstand, war die wohl kraftvollste Jugendrevolte gegen die amerikanischen Waffengesetze in neuerer Zeit.

Emma Gonzáles ging damals in die elfte Klasse an der MSD High-school. Ihr Vater, ein Anwalt für Cybersicherheit, ist in den 1960er-Jahren aus Kuba in die USA gekommen, ihre Mutter, eine Amerikanerin, unterrichtet Mathematik. Emma möchte später Politik studieren, sie ist sportlich, fröhlich, ein Teenager wie viele im *sunshine state* Florida. Der wird von Spottlustigen auch »*gunshine state*« genannt, denn nirgendwo in dem ohnehin waffenstarrenden Amerika werden so viele Handfeuerwaffen gehandelt und erworben wie in Florida. Emma ist nach dem *shooting* für längere Zeit erstarrt vor Schreck und Schmerz, sie gehört auch nicht zu den Kids, die während des Gewehrfeuers imstande waren, auf ihren Smartphones herumzutippen, um Hilfe zu holen oder Aufschluss zu finden, was denn da los sei. Aber sie gewinnt, als sich der Rauch verzogen hat, sofort die Kraft, richtige Fragen und Forderungen zu stellen und mit ihnen an die Öffentlichkeit zu gehen. »Wenn der Präsident mir ins Gesicht sagt«, so Emma auf der Veranstaltung am 17. Februar in Fort Lauderdale, »dass das eine schreckliche Tragödie war und dass man nichts tun kann, frage ich ihn, wie viel Geld er von der NRA für seinen Wahlkampf bekommen hat. Ich weiß es: 30 Millionen Dollar.« Und sie fügt an die Adresse von Donald Trump und anderen Befürwortern einer schrankenlosen Freiheit des Waffenhandels und -gebrauchs hinzu: »Schämen Sie sich!«

Die Antwort der Jugendlichen auf das Argument der NRA, Waffen seien doch nur unschuldige Werkzeuge und führten zum Tode bloß in bösen Händen, lautet kurz und knapp: »Bullshit!« Und sie sagen: »Politiker, die die NRA unterstützen, sollen abgewählt werden!« Deshalb: »Geht zur Wahl und lasst euch morgen registrieren!« Die Idee des Präsidenten Trump, das Lehrpersonal an den Schulen doch mit Revolvern auszurüsten und ihnen Schießunterricht zu geben, kommentieren sie ebenfalls mit: »Bullshit!« Die immer gleichen Lippenbekenntnisse führender Politiker, sie seien mit Gedanken und Gebeten bei den Opfern, die immer gleiche äußerst kurzlebige Bereitschaft der Regierenden, Waffenbesitz mit mehr Kontrolle zu verknüpfen, die immer gleiche landesweit geübte Verharmlosung des schwunghaften Waffenhandels verfangen nicht mehr bei den Jugendlichen. Sie wollen Konsequenzen, und sie beschließen, sich zu organisieren, um eine Veränderung herbeizuführen. »Genug ist genug«, rufen sie, die Angehörigen der *Generation Columbine.* An jener Hochschule in Littleton, einem Vorort von Denver, waren 1999 zwölf Schüler und ein Lehrer erschossen worden, die beiden Attentäter, selbst Schüler der Columbine, brachten sich anschließend um. Auf diesen Amoklauf folgten weitere, jedes Mal hieß es, eine absolute Sicherheit könne es nicht geben, Gewehre seien doch nur Werkzeuge, und am Ende wurden die Waffengesetze sogar weiter liberalisiert. Damit müsse es ein Ende haben, fordern die Aktiven vom Hashtag #NeverAgainMSD. »Kämpft selbst um euer Leben«, rief ihnen Emma Gonzáles zu, »bevor andere es tun müssen.« Ihre Rede mit dem mehrfachen »bullshit«, gehalten nur wenige Tage nach dem Massaker, wurde von allen Rundfunk- und Fernsehsendern ausgestrahlt, Emmas Name war plötzlich berühmt. Auf ihrem neu eingerichteten Twitter-Account folgten ihr von jetzt auf gleich eine Million junger Menschen – mehr als dem Account der NRA.

Die Gruppe um Emma wollte nicht nur ihren Protest artikulieren, solange das Entsetzen über die Ereignisse von Parkland akut war und die Menschen alles darüber wissen wollten, um dann unter Tränen zu konstatieren, dass man nichts ändern könne. Sie wollten nicht auf das große Vergessen und das nächste *shooting* warten, sondern sicherstellen, dass ihr Aufbegehren Dauer erlange und Konsequenzen zeitige. Also gründeten sie eine echte Organisation mit Büro und Spendenkonto, die nannten sie *March for our Lives*, Bewegung für unser Leben. Auf dem Programm standen eine Reform der Waffengesetze und die Aufforderung an die junge Generation, wählen zu gehen, sprich diejenigen Politiker abzuwählen, die an der alten Waffenherrlichkeit festhielten. Nur Menschen unter zwanzig durften beitreten, der Feldzug gegen die Waffenlobby sollte eine genuine Sache der Jugend bleiben. Wer würde es wagen, diesen Schülern und Schülerinnen, dieser neuen Bewegung, deren Führungsstab einem Amoklauf schwer traumatisiert entkommen war, etwas abzuschlagen? Tatsächlich schwieg die NRA erst einmal still. Präsident Trump ließ verkünden, er wolle das Alter für den Waffenerwerb von achtzehn auf einundzwanzig Jahre heraufsetzen, nahm diesen Vorsatz aber nur zwei Wochen später zurück. In den Sozialen Medien wurden dann und wann Stimmen laut, die Emma und ihre Mitstreiter bedrohten, aber die befanden sich dem starken Zuspruch gegenüber in einer kleinen Minderheit.

Für den 14. März, vier Wochen nach dem Amoklauf an ihrer Schule, riefen die Aktiven von #NeverAgainMSD zu einem *National School Walkout* auf, zu in den gesamten Vereinigten Staaten stattfindenden Demonstrationen während der Schulzeit; es sollte ein Sternmarsch werden mit Ziel Washington. Die Bereitschaft war enorm, Gelder flossen, Unterstützer meldeten sich, darunter Filmstars wie George Clooney, Talk-Lady Oprah Winfrey und Regisseur Steven Spielberg. Der *March for our Lives* hatte sich formiert, und er würde überall im Land, und sogar im Ausland, ein vielfältiges Echo finden.

Erst einmal müssen Emma Gonzáles und alle, die mit ihr den Hashtag betreiben, eine Menge lernen. Sie müssen eine Rechtsform finden für ihre Initiative, müssen ein Büro einrichten und auf die vielen Fragen, Vorschläge, Angebote, die laufend online und am Telefon eingehen – auch auf Drohungen und Schmähungen – die passenden Antworten finden. Die Kerngruppe um Emma Gonzáles, Cameron Kasky, David Hogg, Alex Wind und Jaclyn Corin ist stabil. David will Journalist werden und hat es drauf, mit den Presseleuten und den TV-Teams zu reden. Jaclyn ist es als Schulsprecherin gewohnt, vor ein Mikrofon zu treten und organisatorische Probleme zu lösen; Waffengesetze waren ein Thema ihrer letzten Hausarbeit. Cameron und Alex haben den »Drama-Club« der Schule mitgegründet, sie verstehen sich auf Inszenierungen, wissen, worauf man achten muss, wenn man auf einer Großveranstaltung zu den Herzen der Menschen sprechen will oder vor einer TV-Kamera Informationen an den Mann und die Frau bringen muss. Wie eng Politik und Industrie in der Waffenbranche verbandelt sind, das möchten die Jugendlichen ihrem Land sagen und zugleich darauf bestehen, dass das nicht sein darf. Hier kommt Emma ins Spiel, deren Interesse an Politik schon lange ausgeprägt ist. Wenn sie das Argument hört, dass ja doch Verrückte nie aussterben und der Attentäter von Parkland sich doch auch mit einem Messer auf seine ehemaligen Mitschüler hätte stürzen können, entgegnet sie mit einfachen Überlegungen: Ein Amokläufer mit einem Dolch hätte niemals siebzehn Menschen töten können. Spätestens nach dem zweiten Opfer wäre er gestoppt worden. Und jetzt zur Politik und deren Eingriffsmöglichkeit: Es existiert ein Gerät, mittels dessen man ein halbautomatisches Gewehr in ein vollautomatisches hochrüsten kann, der so genannte *bump stock*. Schon lange wird darüber diskutiert, Produktion und Verkauf einer solchen Vorrichtung per Gesetz zu untersagen. Warum wurde dieser Plan nie umgesetzt? Ist es nicht besser für das Land, wenn die nächste Generation ohne Metalldetektoren an den Schultoren aufwachsen kann?

Jugendbewegungen für Frieden und so auch gegen den zivilen Waffengebrauch hat es immer schon gegeben. Das Neue bei #NeverAgainMSD war zweierlei: Zum Ersten die Existenz des Internets und der Sozialen Medien und die damit verbundene höhere Anzahl von Interessierten und Engagierten, zum zweiten das hohe Tempo, mit dem die Botschaft eines Hashtags viral gehen kann. Beide Schubkräfte haben den Ton verändert, mit dem sich die Sprecher und Aktivistinnen äußern: Sie sind ungeduldig geworden. Und sie reden nicht mehr drum herum. Die altehrwürdige Aufklärung über Zusammenhänge, die politischen Aktivismus seit jeher begleitet, wird weiter betrieben. Aber es wird dazu gesagt, dass jeder und jede alles Wissenswerte nachschlagen oder anklicken könne, wenn er oder sie nur wolle, ja dass die Dinge im Grunde klar seien. Ein Drama wie das von Columbine oder Parkland ließe sich durch Gesetze nicht verhindern? »Bullshit.« Es geht jetzt darum, wirklich etwas in Gang zu bringen, also zu handeln. Dieser Drang zur Aktion, gepaart mit der Bereitschaft, das harthörige Gegenüber, sprich den politischen Gegner, nicht nur höflich zum Gedankenaustausch aufzufordern, sondern ihn verbal anzuspringen und sogar zu beleidigen und damit kundzutun, dass die Periode der bloß verbalen Überzeugungsarbeit vorbei sei – das ist eine für die Generation Columbine typische Provokation. Im Fall von Emma Gonzáles steht dafür das Schmähwort »Bullshit«. Es heißt so viel wie: Machen wir Schluss damit, immer dieselben windelweichen Als-ob-Argumente durchzukauen und fangen wir mit der Arbeit an. Die Waffengesetze gehören reformiert. Die Waffenlobby gehört eingeschüchtert. Es darf nicht sein, dass ein frustrierter Neunzehnjähriger in den Laden gehen und sich ein Schnellfeuergewehr kaufen kann, ohne dass irgendjemand nachfragt. Die lebensbedrohlichen Implikationen der geltenden Waffengesetze bringen alle in Gefahr, aber nicht alle im gleichen Maße. Schüler und Schülerinnen laufen ein besonders hohes Risiko. Deshalb reden sie jetzt. Und deshalb hört ihr Alten und Älteren, Eltern und Politiker, ihnen jetzt zu. Und tut, was sie sagen!

Der nächste große Schritt für die Bewegung *March for our Lives* war die Vorbereitung des *National School Walkout*, der landesweiten Großdemonstration während der Schulstunden – am 14. März 2018. (Diese Idee, die Schule für eine Kundgebung zu verlassen, welche auf die besonderen Bedürfnisse, Ängste und Forderungen gerade der jungen, schulpflichtigen Generation aufmerksam macht, hat Greta Thunberg, wie sie selbst sagt, für ihre »Schulstreiks für das Klima« adaptiert.) Die Resonanz auf den Aufruf der #NeverAgainMSD-Überlebenden für einen »Marsch für unser Leben« war außergewöhnlich hoch: Dreitausend Schulen machten mit. Achttausend Demonstrationen in fünfzig Staaten fanden statt, circa 750 000 Menschen gingen auf die Straße, manche Medien sprachen auch von einer Million. Die zentrale Veranstaltung ereignete sich in Washington auf der großen Mall vor dem Kapitol. Auf dem Podium standen ausschließlich Jugendliche aus dem Umkreis der #NeverAgainMSD, im nach Hunderttausenden zählenden Publikum sah man Zelebritäten wie Lady Gaga und Cher, auch Politprominenz wie Bernie Sanders. Emma Gonzáles war die Hauptrednerin. Ihre Ansprache wird niemand, der dabei war, je vergessen.

Sie kommt auf die Bühne, tritt vor das Mikrofon und begrüßt die Menschen. Sie spricht ein paar Sätze über das, was in Parkland geschehen ist und hält dann inne. Während die Menge wartet, dass sie weiter spreche und davon ausgeht, dass sie die richtigen Worte sucht, beginnt Emma Gonzáles, Namen zu nennen. Es sind die Namen der Getöteten der MSD Highschool, sie zählt sie langsam auf, alle siebzehn. Danach steht sie da und schweigt. Auf den Bildschirmen sieht man, dass sie weint. Die Menge wartet, vereinzelte Rufe ertönen, manche applaudieren. Schließlich verstehen alle. Es wird vollkommen still. Alle schweigen mit Gonzáles. Genau sechs Minuten und zwanzig Sekunden lang. Dann klingelt ihr Handy und sie erklärt: »Das war die Dauer des Überfalls an meiner Schule.« Es war die Zeit, in der sie mit all den anderen starr vor Angst auf dem Boden saß, während die siebzehn Opfer auf den Gängen starben. Emma selbst und viele aus ihrer Schule litten noch lange Zeit unter dem Trauma, zwei Schüler wurden mit dem Schock nicht fertig und nahmen sich das Leben: Es war das sogenannte Überlebensschuldsyndrom.

Die jungen Leute wissen, dass sie Geduld brauchen und einen langen Atem, um alle Reformen und Veränderungen auch bezüglich der amerikanischen Werte und Überzeugungen, die ihnen nötig erscheinen, anzustoßen und durchzusetzen. Was ihnen den Mut dazu gibt, sind erst einmal kleinere Soforterfolge. Eine Reihe von Unternehmen und Institutionen gehen in Reaktion auf #NeverAgainMSD auf Abstand zur Waffenlobby und stellen ihre Unterstützung der NRA beziehungsweise die Begünstigung von deren Mitgliedern ein. Dazu gehören verschiedene Fluglinien, ferner Internetfirmen und Versicherungen, auch Hotelketten, Autovermietungen und der Handelsriese Walmart. In Florida wird das Alter für Waffenkäufer auf 21 Jahre heraufgesetzt. Außerdem fließen Forschungsgelder: Die Ursachen für *schoolshootings* sollen genauer beleuchtet werden. Das sind kleine Anfänge, aber sie zeigen, dass die Jugendlichen gehört werden, und zwar nicht nur in der eigenen Generation unter denen, die sowieso ihrer Meinung sind, sondern in der Breite der Gesellschaft. Und auch jenseits des

Ozeans. Im Dezember 2018 erhielt Emma Gonzáles den Stuttgarter Friedenspreis – auch die US-Jugendbewegung gegen Waffengewalt sollte mit diesem Preis geehrt werden.

Der Amokläufer und Waffennarr Cruz ist bei Adoptiveltern aufgewachsen; der Tod seiner Adoptivmutter drei Monate vor der Bluttat dürfte seine psychische Problemlage verschärft haben. Vor Gericht hat er geschwiegen, jetzt sitzt er im Gefängnis und bezeichnet sich selbst als einen gebrochenen Mann. Das beträchtliche Vermögen, das er von seiner Mutter geerbt hat, will er nicht annehmen; es soll Institutionen überlassen werden, die den Angehörigen seiner Opfer helfen können.

Das Büro der »Never Again MSD«-Aktiven hat sich natürlich auch mit den Schwierigkeiten herumschlagen müssen, die der plötzliche Ruhm so mit sich bringt. Die Jugendlichen haben sich dafür entschieden, die Sensationspresse aus ihren Plänen und Aktionen so weit wie möglich herauszuhalten. Sie geben im Prinzip gar keine, in Wirklichkeit sehr selten Interviews. Hier eine Ausführung von Gonzáles aus einem Interview mit der Zeitschrift *Variety*:

»Ich bin sehr zuversichtlich, was unsere Arbeit betrifft, denn ich habe viele Menschen getroffen, die bereit sind, sich politisch zu engagieren, und das sind genau die Leute, die wir brauchen. Menschen, denen es darum geht, dass ihre Mitmenschen in Sicherheit leben können, die sich um andere kümmern und nicht nur um das eigene Ich. Menschen, die bereit sind, Opfer zu bringen, weil sie einfach das Gefühl haben, dass das sein muss, dass es ihr Job ist. Es sind ja immer weniger Leute fähig, über ihren eigenen Tellerrand hinauszublicken. Viel zu viele Menschen ignorieren ihre Verantwortung für das Ganze, für den Zusammenhalt der Gesellschaft, der seit Langem schon zerbrochen ist.«

Wo immer sich ihr ein Forum bietet, betont Gonzáles, dass sie dankbar ist für die Unterstützung und die Zuwendung, die sie bekommt, und dass ihr, wäre sie schwarz oder sonst einer Minderheit zugehörig, wohl kaum dieselbe Aufmerksamkeit entgegengebracht würde. Sie wünscht sich, dass die Politiker, Filmstars und Firmen, die für sie und ihre Sache spenden, auch darüber nachdenken.

Im Mai 2021 entschloss sich Gonzáles, ihren vormaligen Rufnamen aufzugeben. Sie heißt ab jetzt: X Gonzáles.

Links

🐦 Emma4Change

📷 emmawise18

f Emma4Change

f NeverAgainMSD

https://marchforourlives.com

»SIE ALLE SOLLEN VOR GERICHT!«

NADIA MURAD (GEB. 1993)
Menschenrechtsaktivistin aus dem Irak und
Friedensnobelpreisträgerin 2018

Im Nordwesten des Irak erstreckt sich, nahe der Grenze zu Syrien, das Sindschar-Gebirge. An dessen Südhang gibt es eine Reihe von größeren Dörfern, die seit Menschengedenken von Jesiden bewohnt werden. Dieser Volksstamm siedelt im Norden des Irak, in der Türkei und auch in Syrien, weiter noch in Armenien und anderen Gebieten des Orients in der Diaspora. Die Jesiden sprechen Kurdisch und sind mit den Kurden verwandt, wobei diese nicht immer gut auf ihre jesidischen Nachbarn zu sprechen waren. Unter der osmanischen Herrschaft wurden die Jesiden als eine Minderheit Andersgläubiger entrechtet und verfolgt; man warf ihnen vor, den Teufel anzubeten. Dabei bekannten die Jesiden eine monotheistische Religion ganz wie die Christen und Muslime, sie hatten sich, und das machte sie für ihre Umgebung so »anders«, einen großen Engel mit Namen Melek Taus dazu auserkoren, zwischen ihnen selbst und ihrem Gott zu vermitteln. An dieser Lehre, die sich irgendwann vor tausend und mehr Jahren herausgebildet hatte, hielten und halten sie fest, was für ihre Umgebung, die sunnitischen und schiitischen Bekenner des Islam unter den Arabern, aber auch für Türken, Kurden und Syrer, eine Herausforderung war. Diese Jesiden, eh nur ein kleines Volk, passten nicht zu ihnen, fanden sie, sie hatten nicht mal ein Heiliges Buch, sondern gaben ihre religiösen Überzeugungen, Lehren und Gebote mündlich weiter.

Man wollte sie unbedingt dazu bringen, zum Islam überzutreten und setzte sie entsprechend unter Druck. Aber die Jesiden waren störrisch und hielten an ihren Gebräuchen und ihrem Engel Melek Taus fest. Mehrfach versuchten Nachbarvölker, sie zu bekriegen und zu vertreiben, man spricht von Genozid. Derzeit existieren nur noch circa eine Million Jesiden.

Im August des Jahres 2014 ereignete sich der letzte große Angriff auf die Jesiden als Volksgruppe im Nordirak. Islamistische Milizen, die sich zum Ziel gesetzt hatten, im Vorderen Orient ein Kalifat zu errichten, fielen in die Dörfer südlich des Sindschar-Gebirges ein und töteten die Männer und verschleppten und versklavten die Frauen. Diese Verbrechen sind bis heute ungesühnt. Es gibt nun aber eine Zeugin und ein Opfer, die es sich zur Aufgabe gemacht hat, die Schuldigen vor Gericht zu bringen. Ihr Name ist Nadia Murad. Sie hat im Jahre 2018 den Friedensnobelpreis erhalten.

Nadia wurde 1993 in Kocho geboren, einem Dorf am Fuße des Sindschar-Gebirges mit einigen hundert Einwohnern, die einander zumeist gut kannten. Kocho und die nähere Umgebung waren für Nadia Murad 21 Jahre lang die ganze Welt. Sie liebte ihre Mutter über alles, war deren jüngstes Kind von insgesamt elf Geschwistern. Bevor ihr Vater, der starb, als sie noch sehr klein war, ihre Mutter zur Frau genommen hatte, war er schon verheiratet gewesen und hatte mit seiner ersten Ehegefährtin vier Kinder. Als er Witwer wurde, ehelichte er Nadias Mutter, die ihm elf Kinder schenkte. Danach, fand er, hätte er Anspruch auf eine weitere jüngere Frau, die noch mehr seiner Sprösslinge zur Welt bringen könnte – Polygamie ist bei den Jesiden erlaubt. Aber Nadias Mutter und die neue Frau des Vaters vertrugen sich ziemlich schlecht, so musste dann die Mutter mit ihrer Kinderschar in ein anderes Haus in der Nähe umziehen. Den Kindern hat das nicht so viel ausgemacht. Sie wurden von ihren Eltern geliebt und geherzt und hielten zusammen gegen jede Unbill wie nachbarschaftlichen Streit oder Ärger in der Schule. Die Lebensverhältnisse waren sehr einfach, die Murads lebten von der Schafzucht und von einem Stück Land, das sie mit Zwiebeln und Tomaten bepflanzten – zum Eigenbedarf und zum Verkauf auf dem Markt. Die Kinder mussten von klein auf bei der Feldarbeit mit anpacken, bei der Heuernte und beim Pflücken der Früchte. Der Schulbesuch gestaltete sich entsprechend lückenhaft. Nadia jedoch lernte viel und gern. Der Unterricht wurde von arabisch sprechenden Lehrkräften bestritten – so kam es, dass Nadia früh schon arabisch konnte, also zweisprachig war. In ihrem Buch, das auf Deutsch im Jahre 2017 unter dem Titel *Ich bin eure Stimme* herausgekommen ist, schildert sie ihre Kindheit und Jugend im Dorf Kocho als eine im Wesentlichen harmonische Phase ihres Lebens. Es gab immer viel zu tun, es waren immer viele Menschen um sie herum – ihre älteren Geschwister und Halbgeschwister waren schon verheiratet und hatten Babies, als sie geboren wurde –, sie war glücklicher Teil einer großen zugewandten Familie mit einer Menge gleichaltriger Spielgefährten. Man lebte unter einer gütigen, zuweilen arg brennenden Sonne – im Sommer schliefen alle Schulter an Schulter auf dem Dach des Hauses, wo es am kühlsten war. Zur Ernte zog man manchmal auch nachts hinaus, wenn es tagsüber für die Feldarbeit zu heiß war. Man lebte mit den Tieren, und die Kinder weinten, wenn an Feiertagen ein Lamm geschlachtet wurde, weil sie jedes Schaf kannten, vor allem natürlich die Lämmer. Die Kinder lernten aber auch, die Schafe zu scheren, zu melken und zu hüten. Sie beteten miteinander und wünschten sich den Segen von Melek Taus herab auf ihr Haus und ihr Feld und ihr Vieh. Erst als Nadia schon fast erwachsen war, gab es in Kocho die erste Waschmaschine und den ersten Fernsehapparat. Die ersten Traktoren und Lastwagen knatterten über die Dorfstraße. Alle Kinder liefen johlend hinterher.

Die Jesiden im Nordirak hatten vor und nach der letzten Jahrhundertwende einigermaßen ruhig und friedlich in ihren Dörfern leben, ihre Land- und Viehwirtschaft betreiben, ihre Hochzeiten feiern und ihre Religion ausüben können. Das ist insofern erstaunlich, als der Irak während dieser Zeit Krieg führte, ab 2003 gegen eine Koalition aus amerikanischen und britischen Truppen. »Die schlimmen Ereignisse im Irak« schreibt Nadia Murad, »bekamen wir Jesiden in Kocho meist nicht direkt, sondern eher als eine Art Nachbeben zu spüren. Die schwerwiegenden Ereignisse spielten sich weit entfernt ab: Die Schlachten zwischen Aufständischen und US-Marines im Gouvernement al-Anbar, der Aufstieg des autoritären schiitischen Regimes in Bagdad, das Erstarken von Terrornetzwerken irgendwo klandestin und weit weg. Wir verfolgten all das zu Anteilen im Fernsehen und machten uns Sorgen um die Männer aus unserem Dorf, die bei der Polizei oder beim Militär Dienst taten. Doch von Selbstmordanschlägen und Sprengfallen am Straßenrand, die den Rest des Landes tagtäglich zu plagen schienen, blieb Kocho verschont. Der Irak ist heute so zersplittert, dass es fast unmöglich scheint, ihn wieder zu einen. Wir sahen diesem Zerfallsprozess aus der Ferne zu.«

Wobei es zu bedenken gilt, dass die Jesiden sich nicht als Iraker fühlten, obschon sie im Irak lebten. Sie verstanden sich als eine eigene Gemeinschaft und das umso mehr, als es in den vergangenen Jahrhunderten immer wieder Angriffe gegen sie gegeben hatte – mit dem zuweilen unverhohlenen Ziel, sie auszurotten, sollten sie sich nicht zum Islam bekehren und ihr Jesidentum vergessen. Das aber war das letzte, was sie wollten, und so beteten sie einmal mehr darum, dass die Feldzüge und Aufstände, die Mitte und Süden des Landes erschütterten und verwüsteten, an ihnen vorübergingen. Militärische Hilfe war ihnen seitens der Peschmerga, der Truppen des kurdischen autonomen Regionalgebietes, zugesagt worden. Aber im August Jahre 2014 kam der Krieg zu ihnen – in Gestalt des »Islamischen Staates« (IS).

Die Katastrophe warf ihren Schatten voraus. Nachdem 2011 die Amerikaner abgezogen waren, eskalierte der Bürgerkrieg im Irak. Schiiten bekämpften Sunniten und beide die Kurden, die ihrerseits gegen die salafistischen Milizen des IS in Stellung gingen. Der IS setzte sich zu Anteilen aus Offizieren der entmachteten Armee des gestürzten sunnitischen Gewaltherrschers Saddam Hussein zusammen – diese Männer waren Soldaten, und ihr Handwerk war das Töten. Etwas anderes hatten sie nicht gelernt, und jetzt wollten sie ihre Fähigkeiten bei der Errichtung eines sunnitischen Gottesstaates im Irak und in Syrien beweisen. Im Nachbarland hatten sie bereits große Gebiete erobert und im nördlichen Irak war ihnen die Einnahme der Stadt Mossul geglückt. Die Jesiden in den Dörfern am Sindschar-Gebirge waren ihnen im Wege, sie mussten beiseite geräumt werden. Es kam zu einer Massenflucht von Jesiden ins Gebirge, nach Syrien und in die Aufnahmelager der Autonomen Region Kurdistan. Die Bewohner von Kocho jedoch wollten ihre Heimat nicht verlassen. »Der IS eroberte den Distrikt Sindschar mit Leichtigkeit. Widerstand setzten ihm nur ein paar Hundert jesidische Männer entgegen, die mit eigenen Waffen ihre Dörfer zu verteidigen versuchten, denen aber rasch die Munition ausging. Bald darauf erfuhren wir, dass viele unserer sunnitisch-arabischen Nachbarn die Kämpfer des IS willkommen geheißen und sich ihnen sogar angeschlossen hatten. Sie hatten Straßen gesperrt, um Jesiden an der Flucht zu hindern, es den Terroristen ermöglicht, aus den Dörfern rings um Kocho bis auf die Sunniten die gesamte Bevölkerung gefangen zu nehmen und hatten die verlassenen jesidischen Dörfer dann gemeinsam mit den Männern des IS geplündert. Noch entsetzter waren wir aber über die Kurden, die geschworen hatten, uns zu beschützen. Spät nachts, ohne uns Bescheid zu geben, waren die Peschmerga-Soldaten aus Sindschar abgerückt, in ihre Transporter gestiegen und hatten sich in Sicherheit gebracht, ehe die IS-Milizen sie erreichen konnten.« So schrieb Nadia Murad in ihrem Buch. Kocho war preisgegeben. Am 3. August in den frühen Morgenstunden umzingelte der IS das Dorf und richtete Checkpoints ein, niemand kam mehr hinein oder hinaus. Soldaten gingen mit vorgehaltenem Maschinengewehr von Haus zu Haus und sammelten die Waffen ein. Sie beschlagnahmten Lastwagen und schossen auf Menschen, die sich widersetzten. Nadia in ihrem Buch: »Das Leben in Kocho stand still. Die Menschen blieben aus Angst, vom IS gesehen zu werden, in ihren Häusern. Es war seltsam, so wenig mit den anderen Familien aus dem Dorf zu tun zu haben. Wir waren es gewohnt, bis spät abends Besucher zu empfangen, Mahlzeiten gemeinsam mit Freunden einzunehmen und uns vor dem Einschlafen von Dach zu Dach zu unterhalten. Seitdem der IS Kocho besetzt hielt, kam es uns schon gefährlich vor, nachts auf dem Dach etwas zu flüstern. Wir gaben uns alle Mühe, uns möglichst unauffällig zu verhalten, so als würde der IS dann vergessen, dass wir überhaupt da waren.« Es hieß, man könne davonkommen, wenn man zum Islam übertrete. Aber dazu war niemand bereit.

Jetzt half auch das Beten nicht mehr. Nach zweiwöchiger Belagerung trieb der IS die Einwohner des Dorfes Kocho im Hof der Schule zusammen, nahm ihnen Geld und Handys ab und unterteilte sie in Gruppen. Die Männer wurden weggeführt, ebenso die Mütter mit kleinen Kindern. Die jungen Frauen wurden in die Klassenräume gescheucht. »In der Schule konnten wir die Schüsse hören, die die Männer töteten. Eine Stunde lang krachten immer wieder laute Gewehrsalven. Einige Frauen, die am Fenster standen, sagten, sie könnten Staubwolken hinter dem Gebäude ausmachen.« Nadia verlor an diesem Tag sechs ihrer Brüder – und wenig später auch ihre Mutter. »Wir jungen Frauen versuchten jetzt nur noch, nicht auch noch von unseren Schwestern getrennt zu werden und fragten ohne Unterlass: ›Was habt ihr mit unseren Brüdern gemacht?‹« Die IS-Soldaten verfrachteten die Mädchen in Lastwagen, prügelten auf die widerspenstigen ein und fuhren mit ihnen allen davon. Lautes Weinen und Schreien übertönte das Motorengeheul. Nadia war 21 Jahre alt. Ihre Jugend, ihre Familie, ihre ganze Welt gingen in diesen Stunden von Gewalt und Mord zu Bruch.

Das Schicksal der Mädchen war vorgezeichnet, und es war bei allen ähnlich: Sie wurden versklavt, das heißt jeweils einem IS-Mann zugeteilt, der mit ihnen machen konnte, was er wollte: sie zu schmutzigen Arbeiten, wie Reinigen der Latrinen, zwingen, sie demütigen und auspeitschten und – vergewaltigen, manchmal mehrmals am Tag, manchmal gemeinsam mit anderen Männern. Ein Sklavenhalter konnte »sein« Mädchen auch verschenken, also einem Kameraden überlassen – oder verkaufen. Auf dem Territorium des IS wurden Frauen gehandelt wie Vieh. Mit ihrem Glauben konnten die IS-Kämpfer diesen Missbrauch vereinbaren, denn sie meinten, aus dem Koran herauslesen zu dürfen, dass ungläubige Frauen Freiwild seien und ihre Vergewaltigung das gute Recht eines jeden treuen Muslim. Der IS warb Rekruten sogar mit der Aussicht, eine »Sabaya« = Sexsklavin geschenkt zu bekommen. Nadia, die während ihrer Irrfahrten den Kontakt zu ihrer Schwester Dimal immer wieder herstellen konnte, wurde nach Mossul verschleppt und in verschiedenen bordellartigen Unterkünften, zumeist Villen vertriebener schiitischer Vorbesitzer, gefangen gehalten. Man erklärte ihr, dass sie nunmehr zum Islam übergetreten und es unsinnig sei, die Flucht zu wagen, denn ihr eigenes Volk werde sie jetzt, wo sie Konvertitin und keine Jungfrau mehr sei, ohnehin verstoßen. Etliche Mädchen ertrugen die Qualen nicht und setzten ihrem Leben ein Ende. Auch Nadia beschreibt in ihrem Buch, dass sie seelisch und körperlich erstarrte, nachdem sie mehrfach vergewaltigt worden war, dass sie nichts mehr fühlte, als sei sie zu Stein geworden. Dass sie sich innig wünschte, der nächste Mann, der sich ihr näherte, möge sie töten, anstatt sie zu schänden. Aber sie überlebte, trotz entsetzlicher Torturen, und lernte auch wieder zu fühlen. Und nachzudenken: »Der IS ist nicht so originell, wie seine Krieger glauben. Vergewaltigung wurde im Lauf der Geschichte schon in vielen Kriegen als Kampfmittel eingesetzt. Ich hätte nie gedacht, dass ich eines Tages etwas mit den Frauen in Ruanda gemeinsam haben würde – vor all diesen Ereignissen wusste ich noch nicht einmal, dass es ein Land namens Ruanda gibt –, und jetzt bin ich mit ihnen auf die schlimmste nur erdenkliche Weise verbunden, nämlich als Opfer eines Kriegsverbrechens.«

Nadias Versklavung währte etwa ein Jahr. Ihre Flucht war Folge von Zufall und Glück. Ein neuer »Besitzer« hatte seine Sklavin in sein Haus geführt, war noch einmal fortgegangen und hatte vergessen, die Tür abzuschließen. Es war Nacht, der Strom war ausgefallen, der Stadtteil von Mossul, in den es Nadia verschlagen hatte, lag im Dunklen, und sie selbst trug wie alle Frauen unter der Ägide des IS eine Abaya, ein dunkles Gewand, das ihren ganzen Körper und auch den Kopf bis auf die Augen verhüllte. Sie nutzte die Gunst der Stunde, schlüpfte hinaus vors Haus und lief aufs Geratewohl die Straße entlang, der Gefahr, verfolgt, zurückgeschleppt und gezüchtigt zu werden, stets gewärtig. Schließlich sagte sie sich: Irgendwo muss ich anklopfen, allein komme ich nicht durch. Und sie lief auf eine kleine

Villa zu, klopfte, wartete und zitterte und sagte zu dem Mann, der die Tür aufmachte:»Ich flehe Euch an, helft mir!« Sie hatte großes Glück, sie war an die Richtigen geraten. Die arabische Familie, die hier wohnte und aus einem den Jesiden von alters her zugeneigten sunnitischen Stamm kam, zeigte sich entsetzt über Nadias Lage und beratschlagte, wie ihr zu helfen sei. Man beschloss, sie mit dem Sohn Nasser, der sich als ihr Ehemann ausgeben sollte, auf die Reise nach Kurdistan zu schicken. Ohne einen Mann an ihrer Seite wäre sie bei Tageslicht in den Straßen Mossuls ohnehin verloren gewesen. Es wurde eine lange Autofahrt über die Stadt Kirkuk, die beiden mussten an mehreren vom IS eingerichteten Checkpoints vorbei, wo sie kontrolliert wurden. Zwar sprach Nadia ein gutes Arabisch, aber sie hatte einen Akzent, und so redete sie so wenig wie möglich. Nasser mimte den gestrengen Ehemann, der es gar nicht mochte, wenn seine Frau mit einem fremden Mann Worte wechselte. Eine solche Einstellung war den IS-Kontrolleuren nur Recht, und so kamen Nadia und Nasser mit Glück und List bis nach Kurdistan. Nadia war voller Dankbarkeit. Die hilfsbereite Familie war ein hohes Risiko eingegangen, indem sie der fremden »Sabaya« beistand. Hätte ein Grenzposten die Wahrheit herausgefunden, hätte der IS auch Nasser und den Seinen die Hölle heiß gemacht. Doch es ging alles gut. Sie kamen nach Sulaimaniyya in der autonomen Region Kurdistan – wo sie von den kurdischen Grenzposten gleich wieder verdächtigt wurden, dem IS anzugehören. Aber Nadia klärte die Situation. »Ich bin eine Jesidin aus Kocho«, sagte sie auf Kurdisch. »Dieser Mann hier hat mir geholfen zu fliehen.« Der Peschmerga-Mann nickte. Er ließ die beiden durch und nach Erbil weiterziehen. Von dort ging es weiter in den Norden nach Zaxo. In dieser Ortschaft lebten zwei Brüder und zwei Halbbrüder Nadias, dort konnte sie fürs Erste unterkommen und auch ihre Schwester Dimal wiedersehen. Mit den Letzten ihrer Familie zog sie dann in ein Flüchtlingscamp.

Jetzt war es endlich möglich, über alles zu sprechen, was sie und ihre Angehörigen durchgemacht hatten. Einige Zeit schwieg Nadia über die Grausamkeiten, die sie erfahren hatte, über ihre Erniedrigung zur

Sexsklavin, sie stellte fest, dass auch Dimal und die anderen jesidischen Mädchen, die sie im Camp kennenlernte, keine Worte für das fanden, was ihnen angetan worden war. Nein, dachte Nadia, durch unser stilles Dulden helfen wir dem IS. Das darf nicht sein. Zuerst erzählte sie einer Tante alles, was sie erlitten hatte, haarklein. Als diese Tante in Tränen ausbrach und sie umarmte, wusste Nadia: Ich kann meine Geschichte veröffentlichen, ich werde nicht verstoßen, ich werde angehört. Und so verfuhr sie.

Was sich in ihr regte, war indes nicht nur die Liebe zur Wahrheit. Es war auch das Bedürfnis, Gerechtigkeit walten zu lassen und diejenigen, die ihr und so vielen anderen ohne jeglichen Grund das tiefste Leid zugefügt hatten, zur Verantwortung zu ziehen. »Ich träume davon, eines Tages alle Kämpfer des IS vor Gericht zu bringen, nicht nur die Anführer, sondern alle Bewacher und Sklavenhalter, jeden Mann, der den Abzug betätigt und dann die Leichen meiner Brüder in das Massengrab gestoßen hat, jeden Kämpfer, der versucht hat, kleine Jungen umzuerziehen, bis sie ihre Mütter hassten, weil sie Jesidinnen waren, jeden Iraker, der die Terroristen in seiner Stadt willkommen hieß und dabei dachte: ›Endlich sind wir diese Ungläubigen los.‹ Sie alle sollen sich vor der ganzen Welt verantworten, so wie einst die führenden Vertreter des Nazi-Regimes nach dem Zweiten Weltkrieg, und keine Gelegenheit erhalten, sich zu verstecken.«

Aus Baden-Württemberg in Deutschland gelangte im Jahre 2015 ein Angebot in Nadias kurdisches Flüchtlingslager, das besonders gefährdeten jungen jesidischen Frauen zur Aufnahme und zu einem Neubeginn im Raum Stuttgart verhelfen wollte. Nadia und Dimal bewarben sich und wurden eingeladen. Nadia spricht anerkennend von einer »freundlichen Aufnahme« in Deutschland, mit der vorgeschlagenen Therapie aber konnte sie nichts anfangen. Sie wusste selbst, was sie tun wollte und tun musste. Zunächst besuchte sie einen Deutschkurs. Sie lernte schnell. Dann erzählte sie ihre Geschichte – ohne etwas wegzulassen oder hinzuzufügen, und die westlichen Medien horchten auf. Sie wurde gebeten, in Genf vor einem Forum für Minderheiten der Vereinten Nationen zu sprechen. »Ich zitterte, als ich meine Rede vom Blatt ablas. So ruhig ich konnte, schilderte ich die Einnahme von Kocho und wie Mädchen wie ich als ›Sabaya‹ verschleppt worden waren. Ich erzählte davon, wie ich wiederholt vergewaltigt und geschlagen wurde und wie ich schließlich entkam. Ich erzählte von der Ermordung meiner Brüder. Das Publikum hörte mir schweigend zu. Anschließend kam eine Türkin zu mir. Sie weinte. ›Mein Bruder ist getötet worden‹, sagte sie. ›Unsere ganze Familie steht unter Schock. Wie jemand es verkraftet, sechs Brüder auf einmal zu verlieren, kann ich mir nicht vorstellen.‹ ›Es ist sehr schwer‹, sagte ich. ›Aber es gibt Familien, die noch mehr Menschen verloren haben.‹« Eine Einladung nach New York schloss sich an. Nadia trat der jesidischen Aktivisten-Gruppe Yazda bei, die sich für eine Sühnung der Verbrechen des IS und Unterstützung der Opfer von den USA aus einsetzt. Sie erhielt 2016 den Titel einer *Sonderbotschafterin der Vereinten Nationen für die Würde der Überlebenden von Menschenhandel*, auch der Vaclav-Havel-Preis für Menschenrechte wurde ihr zuerkannt. Die Anwältin Amal Clooney, Ehefrau des berühmten Filmstars George Clooney und spezialisiert auf Internationales Recht, wurde auf sie aufmerksam und bot ihre Unterstützung an bei der Vorbereitung eines Prozesses gegen den IS.

Dass Nadia Murad 2017 für den Friedensnobelpreis nominiert worden ist, mutet auf den ersten Blick seltsam an, denn diese junge Frau fällt ja vor allem durch ihren Kampfgeist auf. Aber sie weiß und sagt, dass es keinen Frieden ohne Gerechtigkeit geben kann, und eben das hat das Nobelpreis-Komitee erkannt und gewürdigt. 2018 bekam sie den Preis tatsächlich, zusammen mit Denis Mukwege, einem Arzt aus dem Kongo. Beide Menschenrechtsaktivisten hätten sich in hervorragender Weise gegen sexuelle Gewalt als Kriegswaffe eingesetzt, so die Begründung des norwegischen Nobelkomitees. Aus Nadia Murads Osloer Dankesrede: »Seit fast vier Jahren reise ich nun durch die Welt, um meine Geschichte und die der Jesiden und anderer gefährdeter Gemeinschaften zu erzählen, ohne dass ich irgendeine Gerechtigkeit erlangt hätte. Die Männer, die gegen jesidische und andere

Frauen und Mädchen sexuelle Gewalt verübt haben, werden für ihre Taten immer noch nicht zur Verantwortung gezogen. Wenn keine Gerechtigkeit geübt wird, wird sich dieser Völkermord an uns und anderen gefährdeten Gemeinschaften wiederholen. Die juristische Aufarbeitung ist unerlässlich, damit eine friedliche Koexistenz zwischen den Bevölkerungsgruppen des Irak möglich wird. Wenn wir nicht wollen, dass sich die massenhafte Vergewaltigung und Gefangennahme von Frauen wiederholt, müssen wir diejenigen zur Rechenschaft ziehen, die sexuelle Gewalt als Waffe eingesetzt haben.«

Der IS hat inzwischen weitgehend an Boden verloren. Im Mai 2017 wurde Kocho befreit. Noch befindet sich Nadia Murads großes Projekt, der Prozess gegen die Terrororganisation IS vor einem Internationalen Strafgerichtshof, im Vorbereitungsstadium. Sie selbst lebt im Raum Stuttgart. Sie hat großes Heimweh nach dem Irak – trotz allem. Nach der Befreiung besuchte sie Kocho, da war das Dorf noch ganz verlassen. Sie ging dann zurück an ihre neuen Wirkungsstätten in aller Welt, an denen sie an der Sühne für die Gewalt und Vernichtung arbeitet, die ihre Heimat in eine unbewohnte Zone verwandelt haben.

Links

🐦 nadiamuradbasee
f NadiaMuradBasee
◎ nadia_murad
◎ nadiasinitiative
https://www.nadiasinitiative.org
https://www.yazda.org

»WIR KAUTEN WURZELN«

YEONMI PARK (GEB. 1993)

Die geflüchtete Nordkoreanerin und ihr Kampf gegen den
Menschenhandel

Nordkorea ist ein Land, das nur verlassen kann, wer sein Leben riskiert. Denn der Fluchtversuch gilt als kriminelle Handlung, als Verrat,
und wer sich, aus welchen Gründen immer, auf den Weg über die
Grenze macht und dabei geschnappt wird, was leicht passieren kann,
kommt ohne viel Federlesens ins Gefängnis oder ins Arbeitslager.
Also bleiben die Menschen schön ruhig zu Hause. Es sei denn, der
Druck wird zu groß, etwa weil ihnen im Inland Verhaftung droht oder
weil sie Hunger leiden. Dann nimmt der eine oder die andere schon
mal die Gefahr auf sich und versucht, sich im Norden nach China oder
am anderen Ende des Landes nach Südkorea durchzuschlagen. Manche kommen durch.

So eine ist auch die Koreanerin Yeonmi Park; ihr gelang im Frühling
des Jahres 2007 zusammen mit ihrer Mutter die Flucht nach China
über den nördlichen Grenzfluss Yalu. Sie war erst dreizehn Jahre alt,
sehr zart und schwach, denn ihre Kindheit in der Ortschaft Hyesan,
nah beim Yalu gelegen, war geprägt vom Mangel. Zeitweilig hatte die
Familie, zu der außer Yeonmi und die Mutter noch die zwei Jahre ältere Schwester Eunmi und der Vater gehörten, nicht einmal genug zu
essen – zu schweigen von der ewigen Knappheit beim Allernötigsten
wie Wasser, Brennholz und Strom. Elektrizität war in diesem bitter

armen Land nur phasenweise zu haben, und die Menschen wussten nie genau, wann. Sie ließen deshalb immer irgendein Gerät oder eine Lampe eingeschaltet, damit sie merkten, ob und wann es elektrischen Strom gab. Das war öfters mitten in der Nacht der Fall. Dann erhob sich auch die Familie Park von ihren Matten nahe der Feuerstelle und freute sich daran, dass die Lampe brannte und es möglich war, ein Radio einzuschalten. »In unserem Teil des Landes war es normal, dass man Wochen und Monate keinen Strom hatte, und Kerzen waren sehr teuer. So spielten wir Kinder im Dunkeln.« So berichtet es Yeonmi in ihrem Buch *Meine Flucht aus Nordkorea*.

Als Yeonmi und ihre Mutter sich zur Flucht entschlossen, war die Familie schon auseinandergebrochen. Die fünfzehnjährige Eunmi hatte sich kurz zuvor auf eigene Faust davongemacht – niemand wusste, wo genau sie war, alle nahmen an, dass sie irgendeinen Weg gefunden hatte, nach China durchzukommen. Vater Park saß in Haft. Er hatte, wie viele Nordkoreaner jener Zeit, beim Schwarzmarkthandel mitgemischt, es ging nicht anders, man musste krumme Wege gehen, um sich das Lebensnotwendige zu besorgen. Mutter Park und Yeonmi hatten keine Ahnung, wann der Vater entlassen werden würde und ob sie ihn überhaupt je wiedersähen. Das war der Zeitpunkt, an dem sie zu einander sagten: Wir müssen flüchten. Am Grenzfluss Yalu hatte die kleine Yeonmi seit ihren frühen Jahren die Lichter auf der chinesischen Seite gesehen und die Feuerwerke bestaunt, wenn ein neues Jahr begann. So war China für sie eine Art Verheißung. Aber das Ziel hieß nicht China, sondern Südkorea. Dort sollte das Leben leichter und freier sein, dorthin wollten Mutter und Tochter Park letztlich gelangen. Von China aus sollte ein geheimer Weg über die Mongolei nach Südkorea führen. Fluchtrouten wurden in der Bevölkerung insgeheim besprochen und Tipps und Kontakte zu Schleusern weiter gegeben. Man musste sehr vorsichtig sein. Nordkorea war – und ist – nicht nur ein sehr armes Land, sondern auch ein Überwachungsstaat. Schon wer die Auswanderung nur plante, galt als Verräter und musste die Todesstrafe gewärtigen.

Waren Flüchtlinge auf der anderen Seite des Yalu in China angekommen, hieß das nicht, dass sie es geschafft hätten. Denn die Chinesen wollten sie nicht haben. Erwischte man sie, schickte man sie umstandslos über den Fluss zurück in die Arme der nordkoreanischen Grenzwächter, von da aus hieß die nächste Station Knast. Die nordkoreanischen Gefängnisse versorgten ihre Insassen dürftig und ließen sie von früh bis spät schuften, viele starben in der Haft. Wer also die Flucht nach China angetreten hatte, musste nach der Überquerung des Yalu sehr schnell untertauchen, brauchte mithin eine Adresse, wo er halbwegs sicher sein konnte. Das ganze Unterfangen, das Mutter und Tochter Park auf sich genommen hatten, barg gleich mehrere hohe Risiken, und der Zeitpunkt wie auch der Ort, an dem sie sagen könnten »Jetzt haben wir's geschafft«, lagen in weiter Ferne, waren völlig ungewiss. Dennoch zogen sie los. Sie ahnten dabei nicht, dass es noch andere Gefahren gab als die, von denen man gemeinhin sprach und die sie vor Augen hatten.

Die Halbinsel Korea war nach dem Zweiten Weltkrieg längs des 38. Breitengrades geteilt, der Norden mit der Hauptstadt Pjöngjang von der Sowjetunion, der Süden mit Seoul von den USA kontrolliert und subventioniert worden. Da die Sieger des Weltkrieges sich sehr bald als Feinde gegenüber standen, wurden auch ihre Vasallen in die Spannungen hineingezogen; in Korea verwandelte sich der Kalte Krieg 1950 in einen heißen. Drei Jahre lang führten die »Schutzmächte«, die USA mit UN-Truppen und Russland, dem sich Maos China an die Seite stellte, einen Stellvertreterkrieg auf dem Terrain Koreas, den man je nach Perspektive als Fortsetzung des Zweiten oder als Beginn eines möglichen Dritten Weltkriegs gedeutet hat. Der liberale Westen stand dem kommunistischen Osten gegenüber, beide Seiten drohten mit der gefährlichsten aller Waffen, der Atombombe. Der Koreakrieg forderte Hekatomben von Opfern, auf allen Seiten. Das alte Kulturvolk der Koreaner war am Ende völlig ausgeblutet, vorzugsweise Zivilisten verloren ihr Leben. Das Land war verwüstet. Nach dem Waffenstillstand 1953 erwiesen sich die Fronten als genauso verhärtet wie zuvor, eine Einigung war – und ist bis heute – nicht in

Reichweite. Der Norden machte unter der Herrschaft des kommunistischen Parteichefs Kim Il Sung zunächst bessere Fortschritte beim Wiederaufbau, fiel aber dann weit hinter den Süden zurück, dem es in den späten 1960er-Jahren gelang, sein korruptes Regime abzuschütteln und Strukturen einer kapitalistischen Demokratie aufzubauen, mit Öffnung nach dem Westen. Im Norden übernahm 1994 nach dem Tod des »großen Führers« Kim Il Sung dessen Sohn Kim Jong-il die Herrschaft. Die Dynastie der Kims und der Machtapparat um die Kommunistische Partei unterdrückten jegliche Opposition; vom eh geringen Bruttosozialprodukt flossen immense Anteile in die Rüstung. Die Geheimpolizei war allmächtig, das Volk lebte von der Hand in den Mund und zwar schlecht. Die verstaatlichte Wirtschaft ließ keinen Freiraum, also waren die Menschen genötigt zu schmuggeln und zu tauschen, überall entstanden graue Märkte. Als nach dem Zerfall des Sowjetreiches während der 1990er-Jahre die Russen ihre Zuwendungen – wie etwa billige Importe – für Nordkorea einstellten, brach eine entsetzliche Hungersnot aus. Wie viele Menschen an Mangelernährung gestorben sind, ist ungewiss, man schätzt eine Million Opfer in der Dekade der 1990er-Jahre bis weit ins folgende Jahrhundert hinein. Das nach außen hin streng abgeriegelte Regime verweigerte sich fremder Hilfe und ließ die eigene Bevölkerung darben. Yeonmi Park in ihrem Buch: »Viele Kinder jagen gern Libellen. Wenn ich welche fing, aß ich sie auf. Das Gute am Frühling (2003) war, dass wir nicht mehr so viel Brennholz brauchten und zu den Hügeln rings um die Stadt gehen konnten, wo wir uns den Bauch mit Käfern und wilden Pflanzen vollschlugen, damit der Hunger nicht mehr so schlimm war. Manche Pflanzen schmeckten sogar gut, zum Beispiel der wilde Klee. Eunmis Lieblingspflanze hieß ›Katzenpflanze‹ und hatte weiche grüne Blätter. Wir kauten auch manche Wurzeln, ohne sie herunter zu schlucken, nur um das Gefühl zu haben, auf irgendetwas zu beißen. Einmal jedoch kauten wir eine Wurzel, von der unsere Zungen derart anschwollen, dass wir danach stundenlang nicht sprechen konnten. Seitdem waren wir vorsichtiger.«

In Nordkorea existierte kein Zugang zu anderen Informationen als den Verlautbarungen der Partei und des Despoten-Clans der Kims. Die Kinder lernten in der Schule die Sprüche des Diktators auswendig, andere Literatur war verboten. »In der Klasse«, berichtet Yeonmi, »sangen wir Lieder über Kim Jong-il: wie hart er schuftete und durchs ganze Land reiste, um den Arbeitern vor Ort gute Ratschläge zu erteilen, wie er in seinem Wagen schlief und sich von kargen Mahlzeiten aus Reisbällchen ernährte. ›Bitte, bitte, Geliebter Führer, ruh dich gut aus für uns!‹, sangen wir mit Tränen in den Augen. ›Wir alle weinen um dich.‹« Ganz gelingt Abschottung nie, mithin erhielten auch die Nordkoreaner ab und an Einblicke in die Welt jenseits ihres Staatskerkers, ein geheimer Austausch über die Nord- oder Südgrenze ließ sich nicht ganz unterdrücken. So erfuhr auch Yeonmi, dass es jenseits von Südkorea und China noch andere Länder auf der Erde gibt, in denen die Menschen es laut sagen dürfen, wenn sie der Meinung sind, dass die Regierung Fehler macht und in denen niemand hinter ihnen her spioniert, um rauszufinden, mit wem sie Umgang pflegen, welche Bücher sie lesen und welche Pläne sie schmieden. Und in denen es jeden Tag für alle genug zu essen gibt.

Die Familie Park gehörte in Korea zur Mittelschicht. Vater Park hatte Wirtschaft studiert und war in Hyesan in der Finanzverwaltung tätig, bevor er wegen angeblich illegaler Machenschaften ins Arbeitslager kam. Die Mutter war Krankenschwester. Yeonmi, geboren im November 1993, und ihre zwei Jahre ältere Schwester Eunmi wuchsen behütet auf, aber der Druck der Diktatur, die allgegenwärtige Furcht vor Denunziation und die schwer vorstellbare Armut verdüsterten ihre jungen Jahre. Zur Schule gingen sie nicht lange, die Zeiten waren zu hart, es hieß einfach nur: überleben. Oft blieb die Mutter tagelang weg, um per Tauschgeschäft irgendwo Nahrungsmittel aufzutreiben, und die Töchter, gerade mal etwa neun und sieben Jahre alt, mussten allein zurechtkommen. Dabei fürchteten alle drei Tag für Tag um das Leben des Vaters und auch um die eigene Sicherheit. In dieser Not wuchs Yeonmi Park heran, und es kam der Tag, an dem die Mutter zu der Dreizehnjährigen sagte: »Wir müssen fliehen. Ich habe Informationen über einen sicheren Weg nach China und von dort weiter in die Mongolei. Jetzt lass uns ein paar Sachen packen. Wir müssen hier raus, und wir müssen Eunmi finden.«

In ihrem Buch *Meine Flucht aus Nordkorea*, das 2015 in London und im selben Jahr auf Deutsch in München erschien, schildert Yeonmi die erste Etappe der Flucht in allen Einzelheiten gleich zu Beginn. Die Mutter hatte einen jungen Schleuser aufgetrieben und bezahlt. Dieser Mann bestach die Grenzwächter, und so schafften es Yeonmi und ihre Mutter im März 2007, als der Yalu noch zugefroren war, den Fluß zu überqueren, um am anderen Ende von chinesischen Kollegen des Schleusers in Empfang genommen zu werden. Mutter und Tochter sprachen kein Chinesisch, waren aber sehr erleichtert, als sie nun im fremden Lande angekommen waren; schlimmer, so glaubten sie, als in ihrem Zuhause in Nordkorea, könne es ihnen nirgendwo ergehen. Die Kontakte, die die Mutter über eine Bekannte hergestellt hatte, die Verbindung der Schleuser diesseits und jenseits des Yalu waren indes nicht menschenfreundlicher, sondern rein geschäftlicher Natur. Mutter und Tochter Park waren in die Hände von Menschenhändlern gefallen.

Schon am Tag nach der Flucht machte der Chinese, der die beiden in einer schäbigen Hütte unweit des Flussufers aufgenommen hatte, Anstalten, über die kleine Yeonmi herzufallen. Die Mutter legte sich ins Mittel, und der gnädige Fluchthelfer nahm mit ihr vorlieb. »Wir waren wie betäubt. Was meinte dieser Mann mit ›verkauft werden‹? Es war jenseits meiner Vorstellung, dass ein Mensch einen anderen verkauft. Ich dachte, man verkauft nur Hunde, Hühner oder andere Tiere – aber doch keine Menschen.« Man stellte die beiden Flüchtlinge vor die Wahl, nach Nordkorea zurücktransportiert zu werden oder zu akzeptieren, gegen eine festgesetzte Summe – die Mutter sollte sechshundert und Yeonmi zweitausend Dollar einbringen – an je einen chinesischen Junggesellen verkauft zu werden. Die Rückkehr auf die andere Seite des Yalu hätte den Tod bedeutet. Also stimmten Yeonmi und ihre Tochter ihrer Umwandlung in menschliche Waren zu. Die

Situation war äußerst prekär. In China war es in Folge der Ein-Kind-Politik zu einem eklatanten Frauenmangel gekommen. Wenn chinesische Paare nur ein Kind haben durften, dann wollten sie einen Sohn – weibliche Föten wurden abgetrieben, neugeborene Töchter getötet. Jetzt waren die Söhne groß geworden, und viele fanden keine Frau. Das erklärt die Nachfrage nach weiblichen Flüchtlingen aus Korea. Der Menschenhandel allerdings musste im Verborgenen vor sich gehen, Peking wollte es sich mit Pjöngjang nicht verderben. Der Schleuser, den Mutter Park aufgetan hatte, war mit so einem im Untergrund operierenden Menschenhändlerring verbandelt gewesen, das hatte die Mutter nicht ahnen können. Und jetzt waren die beiden in China, wo sie auf Hilfe für die Weiterreise nach Südkorea gehofft hatten, ähnlich schlimm dran wie in dem Land, aus dem sie geflohen waren. Mutter Park wurde tatsächlich an einen ältlichen Chinesen verkauft. Yeonmi aber blieb bei dem Zwischenhändler Hongwei hängen, der sich in sie verliebte und ihr anbot, sie als Nebenfrau zu behalten. Yeonmi hatte keine Wahl, konnte sich aber auch nicht fügen. Hongwei versuchte, sie zu gewinnen, indem er sie mit Geschenken überhäufte, vergebens. Yeonmi lief weg, versteckte sich, Hongwei fand sie, schleppte sie zurück, vergewaltigte sie. »Lange Zeit hielt ich es für eine Geschäftsvereinbarung und nicht für Vergewaltigung. Erst heute, nach einigen Jahren, wird mir das Ausmaß dessen bewusst, was damals passiert ist. Es war entsetzlich. Mein dreizehnter Geburtstag lag erst sechs Monate zurück, und ich war klein für mein Alter. Als Hongwei sich auf mich legte, dachte ich, er sprenge mich auseinander. Ich zitterte vor Angst, und der Geschlechtsakt war so schmerzhaft, abstoßend und gewalttätig, dass ich glaubte, es geschehe nicht mir. Nach einer Weile fühlte ich mich, als hätte ich meinen Körper abgestreift und säße neben dem Bett auf dem Boden. Als sähe ich mir selber zu, aber ich war nicht ich.«

Yeonmi Park hat nach der geglückten Flucht in den Süden ihres Heimatlandes und nach anschließenden Reisen durch Europa und Amerika den Entschluss gefasst, die Geschichte ihrer Flucht zu erzählen. Das sollte ihr Beitrag zur Aufklärung sein: Menschen in aller Welt, seht her, was in Nordkorea und China geschieht! Das Kapitel über ihre Zeit in den Fängen der Mädchenhändler aber wollte sie auslassen. Es kam ihr unbeschreiblich vor, was sie da durchgemacht hatte, sie meinte, sich selbst, ihre Ehre und Würde als menschliches Wesen schützen zu müssen, indem sie diese ihre tiefste Erniedrigung verschwieg. Bis sie eines Morgens erwachte und zu sich sagte: Nein! Ich muss alles bekennen, auch das Allerschlimmste. Die Welt muss wissen, dass es diese Verbrechen gibt, dass sie täglich, ja alltäglich geschehen und dass etwas getan werden muss, um sie zu unterbinden. So wurde Yeonmi Park zur Menschenrechtlerin. »Sobald ich mich entschlossen hatte, mein Geheimnis preiszugeben, fühlte ich mich zum ersten Mal in meinem Leben wirklich frei. Es war, als hätten mich schwere, dunkle Wolken niedergedrückt, doch nun klarte sich der Himmel auf, und ich konnte endlich wieder atmen.«

Einstweilen lebte Yeonmi im Jahr 2008 an der Seite des kriminellen Hongwei ein Leben im Untergrund, getrennt von ihrer Familie, oft auf der Flucht – vor ihrem Peiniger ebenso wie vor der chinesischen Polizei. Sie war eine Abtrünnige, eine Überläuferin, ein Mensch dritter Klasse, ohne Papiere, ohne Rechte, eine mögliche Jagdbeute für Verbrecher und die Büttel der jeweiligen Regime diesseits und jenseits des Grenzflusses Yalu. Da konnte es sie auch nicht trösten, dass sie in China die moderne Zivilisation kennenlernte, erstmals eine Dusche und ein WC benutzte, ein Telefon in die Hand nehmen konnte und in einem Auto und einem Fahrstuhl fuhr. Dass sie den Verlockungen des Konsums gegenüber stand: Jeans, Turnschuhe, Parfüms und Bijouterie. Und dass sie jeden Tag genug zu essen hatte. Aber sie und ihre Mutter hatten doch noch Glück im Unglück. Die Tatsache, dass Hongwei in seine Sexsklavin verliebt war, schlug ihr zum Vorteil aus. Als er – nach vielen Monaten erst – begriff, dass das koreanische Mädchen ihn nicht wiederliebte, ließ er von ihr ab, löste die Mutter aus und sorgte dafür, dass Mutter und Tochter wieder zusammen kamen. Und er tat noch manches für die zwei bei der Vorbereitung zu den nächsten Etappen ihrer Flucht. In dieser Zwischenzeit hatte auch der Vater, aus der Lagerhaft entlassen, zu seiner Familie nach China gefunden.

Gemeinsam fahndeten die Parks nach Eunmi, entdeckten sie jedoch nirgends. Und der Vater, ausgezehrt und krebskrank, starb nach kurzer Zeit. Jetzt waren Mutter und Tochter wieder ganz auf sich gestellt. Ihr Ziel hieß nach wie vor Südkorea.

Es war eine christliche Organisation, die den beiden schließlich weiterhalf. In China war es der protestantischen Mission erlaubt, ihren Glauben zu zelebrieren – was diese Menschen insgeheim trieben: nordkoreanischen Flüchtlingen einen Weg nach Südkorea zu bahnen, das wusste die Regierung in Peking nicht, alles verlief hochgeheim. Nordkorea war und ist – wie auch China – ein atheistisches Regime; der traditionelle Konfuzianismus war verboten, anbeten durfte und sollte die Bevölkerung ausschließlich Kim Jong-il. So wusste die areligiöse Yeonmi mit dem Christengott nichts anzufangen, auch von Jesus hatte sie noch nie gehört. Aber sie war lernfähig und neugierig; von dem Gott dieser opferbereiten Menschen wollte sie gern mehr wissen, und wenn er ihr helfe, nach Südkorea zu gelangen, wollte sie auch zu ihm beten. Mit acht weiteren geflüchteten Nordkoreanern bestiegen Mutter und Tochter Park im Februar 2009 einen Bus, der sie von der chinesischen Stadt Shenyang, in die es sie verschlagen hatte, zur Hafenstadt Qingdao weit im Süden brachte. Dort würden Angehörige der Mission sie in Empfang nehmen und auf die Reise in die Mongolei weit im Norden vorbereiten. In China war es für geflohene Nordkoreaner ausgeschlossen, Papiere zu erhalten, um eine legale Reise nach Südkorea anzutreten. Von der Mongolei aus aber war dies möglich. Seit der Unabhängigkeit nach dem Zerfall des Sowjetreiches hatte es in diesem Land eine Liberalisierung gegeben, die Parks hatten dort Chancen auf einen Pass. Und damit auf einen Flug nach Seoul, der Hauptstadt Südkoreas.

Yeonmi beschreibt auch diese letzte große Strecke ihrer Flucht sehr genau, die Fahrt im Bus bis zur Wüste Gobi, die nächtliche Durchquerung dieses Landstrichs bei eisigen Minusgraden, und wie nur die Solidarität der Flüchtlinge – ein Mann gibt der Mutter seine Ersatzschuhe – das Erfrieren der Schwächsten verhindert. Der Trupp kriecht unter fünf Stacheldrahtzäunen hindurch bis er endlich die Grenze zur Mongolei passiert hat. Dort ist man keineswegs erfreut über die verfrorenen Gestalten, die auf die Grenzpatrouille zutaumeln, droht mit Rücktransport, gewährt ihnen dann aber doch Obdach in einem Internierungslager. »Am 20. April 2009 holte uns ein Vertreter Südkoreas ab und brachte uns zum internationalen Flughafen von Ulan Bator. Da wir keine Ausweise hatten, gab man uns Pässe mit falschen Namen, die uns durch den mongolischen Zoll und die Passkontrolle bringen sollten. Man legte uns nahe, am Flughafen nicht Koreanisch zu sprechen, wir saßen dann schweigend in der Abflughalle und wagten kaum zu atmen.« So kamen Yeonmi und ihre Mutter nach Seoul.

Das Mädchen war fünfzehn Jahre alt, schulisch auf dem Niveau einer Drittklässlerin, sie hatte nahezu völlige Entkräftung, das Fast-Verhungern und Fast-Erfrieren, tiefste Demütigung und Gewalt erlebt und war von dieser Vita der Entbehrungen gezeichnet; zugleich aber war sie entschlossen, ganz von vorn zu beginnen. In Seoul gibt es Programme für Flüchtlinge aus dem Norden, denn obwohl man im Süden dieselbe Sprache spricht, ist doch die Kultur dort eine ganz andere geworden: offener, vielfältiger, bunter. Yeonmi nimmt mit Erstaunen wahr, dass die Amerikaner keineswegs die menschenfressenden Ungeheuer sind, als die sie im Norden geschildert wurden. Sie lernt Wörter wie »Einkaufszentrum« und »Parlament«, sie lernt Englisch und liest Tag und Nacht. »Ich inhalierte Bücher wie andere Leute Sauerstoff.« Die Mutter sucht derweil weiter nach ihrer ältesten Tochter Eunmi, einstweilen noch ohne Ergebnis. Das Bildungsprogramm, das Yeonmi sich selbst auferlegt und im Eiltempo durchzieht, zeitigt Erfolg. Schon zweieinhalb Jahre nach ihrer Ankunft in Südkorea kann sie sich für die Aufnahmeprüfung an der Universität anmelden. Sie will Polizeimanagement studieren. »Ich hatte ja nicht geahnt, dass Wissen solche Glücksgefühle auslösen konnte. Als ich klein war, träumte ich davon, eines Tages einen ganzen Haufen Brot essen zu können. Jetzt wurden meine Träume größer.«

Im Fernsehen gibt es eine Reihe, in der nordkoreanische Flüchtlinge von ihren Erfahrungen berichten. Auch Yeonmi wird in diese Sendung eingeladen. Sie sagt zu, vor allem, weil sie hofft, auf diesem Wege ein Lebenszeichen von ihrer Schwester zu erhalten. Es ist der Beginn ihrer Laufbahn als Menschenrechtsaktivistin, als Bekennerin, die darlegt, was sie durchgemacht hat und die der Welt die Brutalität vor Augen führt, der die Menschen in ihrem Heimatland ausgesetzt sind. 2011 ist Kim Jong-il gestorben, sein Sohn Kim Jong-un folgt ihm nach. Yeonmi erfährt jetzt, dass die Kims nur Menschen sind wie sie selbst, ohne göttliche Gaben, ja weniger Mensch als sie, weil sie ihr Land und ihre Untertanen zerstören. Sie redet sich in den TV-Shows die Tragödie ihrer Kindheit und Flucht von der Seele, sie kommuniziert über alle Grenzen hinweg übers Internet. Im Ausland wird man auf sie aufmerksam. Eine christliche Jugendgruppe vermittelt ihr einen mehrmonatigen Aufenthalt in den USA. Dort erfährt sie, während sie mit ihren Gastgebern *Thanksgiving* feiert, am Telefon von der Mutter, dass Eunmi sich gemeldet hat. Sie ist in Seoul. Wie es ihrer Schwester in den vergangenen Jahren ergangen ist, erzählt Yeonmi nicht, das könne nur Eunmi selbst tun, meint sie. Das Buch *Meine Flucht aus Nordkorea* lesend ahnt man, dass Eunmis Los wenig anders ausgefallen ist als das Yeonmis.

Was sie geworden sei, nennt Yeonmi Park selbst ein »Sprachrohr« der entrechteten und erniedrigten Menschen Nordkoreas. Es versteht sich, dass das nordkoreanische Regime darauf reagieren musste. Man schmäht sie dort in den staatlich gesteuerten Medien als Verräterin und »als Giftpilz, der aus dem Müll wuchs« und sagt ihr ein übles Ende voraus. Sie fühlt sich – zu Recht – beobachtet und verfolgt und muss Maßnahmen ergreifen, um ihre Sicherheit zu gewährleisten, sie erhält in Seoul Polizeischutz. Yeonmi lebt zwischen den Welten: Südkorea, Amerika – und Europa, von woher auch Einladungen an sie ergehen. Im Jahre 2014 wird sie gebeten, auf dem »One-Young-World«-Gipfel in Dublin zu sprechen, einer Organisation junger Leute, die sich für Menschenrechte einsetzen. Sie fliegt in diese Stadt, steigt auf die Bühne, ergreift das Mikrofon – und beginnt zu schluchzen. Man lässt ihr Zeit. Sie erzählt alles. Ihre Schlussworte: »Bei meiner Flucht durch die Wüste Gobi hatte ich weniger Angst vor dem Sterben als davor, vergessen zu werden. Ich hatte Angst, dass ich dort in der Wüste starb, ohne dass jemand davon erfuhr, ohne dass sich jemand an mich erinnerte, ohne dass es jemand interessierte, ob ich gelebt hätte oder nicht. Ihr aber habt mich angehört. Ihr habt Interesse gezeigt.«

Im Jahre 2016 zog Yeonmi Park nach New York, um ihr Jurastudium an der Columbia Universität fortzusetzen. Sie heiratete und bekam einen Sohn. Sie kämpft für Freiheit in einem elementaren Verständnis: zu leben ohne Angst vor Hunger und Frost, ohne Angst vor Überwachung und Gewalt, zu leben mit der Aussicht, diese Welt zu verstehen, sich an ihr zu freuen und in ihr einen Platz zu finden.

Links

https://www.yeonmi.com

yeonmi_park

https://www.youtube.com/c/YeonmiParkOfficial

»I AM KENYAN« (= ICH BIN KENIANERIN)

SOPHIE UMAZI MUSIMBI MVURYA (GEB. 1994)
Die Designerin und ihre Kampagne für Frieden und
Entwicklung in Kenia

MEMORY BANDA (GEB. 1997),
eine Mädchenrechte-Aktivistin aus Malawi

Die Zugehörigkeit zu einer Gemeinde, einer Ethnie, einem Stamm
oder einer Nation bedeutet den meisten Menschen viel, manchen sogar alles. Sie verbinden ihren persönlichen Stolz mit dem Bewusstsein, Teil oder Mitglied eines großen Kollektivs zu sein, und sie grenzen sich von denen ab, die nicht darunter fallen, weil sie jenseits der
Grenze leben, weil sie anders aussehen, einen anderen Glauben bekennen, eine andere Sprache sprechen, eine andere Geschichte haben.
Diese Abgrenzung geht fast immer mit einer Abwertung einher. Wir
hier sind das großartige Volk, die Menschen drüben dagegen das min-
derwertige. Bloß: Die Ethnie, der Stamm, die Nation jenseits der
Grenze denkt und fühlt genauso. Auch sie hält sich für überlegen, für
von Gott auserwählt, für aller Achtung und Bewunderung wert.
Kommt es zu Konflikten, zu Grenzstreitigkeiten beispielsweise, wird
die beiderseitige, ja multilaterale Selbstüberhebung gefährlich. Jedes
Volk wähnt das Recht auf seiner Seite, da es von der eigenen Superi-
orität zutiefst überzeugt ist. Die Waffen werden aus den Arsenalen
geholt, man führt Krieg. Das passiert nicht nur zwischen Staaten,
sondern in solchen Weltteilen, in denen die Staatlichkeit schwach

ausgeprägt ist, auch zwischen Volksgruppen oder Stämmen. Die Anthropologen, Historiker und Philosophen aller Zeiten und Länder haben versucht, einen Weg zu finden, um den Menschen aus dieser Zwickmühle herauszuhelfen. Sie konnten ihnen weder die Selbstüberschätzung austreiben noch die Neigung, ihre Nachbarn herabzusetzen; diese Vor- oder besser Fehlurteile blieben bis heute weitgehend unerschütterlich. Was den Frieden zu wahren half, waren höchstens Drohungen mit immer schrecklicheren Waffen und, diese flankierend, Verhandlungen und Verträge. Einen wahren Fortschritt im Sinne von Schluss mit dem ewigen protzigen Gehabe auf Grund einzig des nationalen Umfelds, in das man hineingeboren worden ist, beziehungsweise der Verachtung all der anderen, die jenseits der eigenen Grenze genauso sich selbst über alle anderen stellen, hat es nie wirklich gegeben.

Einem Mädchen aus dem afrikanischen Staat Kenia blieb es vorbehalten, auf einen Konflikt in ihrem Land mit einer Kampagne zu reagieren, die den ganzen Irrsinn des ethnischen oder Nationalstolzes und der ihm entspringenden Aggression zugleich bloß- und an den Pranger stellt. Im Dezember 2007, Sophie Umazi Musimbi Mvurya war dreizehn Jahre alt, wurde in Kenia gewählt. Der Amtsinhaber Präsident Kibaki behauptete, die Wahl erneut für sich entschieden zu haben, was die Opposition bestritt. Es kam zu Unruhen, Ausschreitungen, Gewaltakten. Die politische Kontroverse befeuerte ethnische Voreingenommenheiten, der eine Stamm, der sich im Recht und überlegen wähnte, ging auf den anderen los, der ebenso von sich überzeugt war, es kam zu Gefechten der sogenannten ethnischen Milizen, viele Unbeteiligte, Frauen und Kinder, wurden hingemetzelt. Über anderthalbtausend Menschen starben, noch mehr wurden verwundet, und Hunderttausende verloren Hab und Gut, als sie in Nachbarländer flüchteten. In der Hauptstadt Nairobi wurden an die hundert Häuser niedergebrannt. Sophie Umazi gehört einem Stamm an, dessen Hautfarbe eine etwas hellere Tönung aufweist als der gegnerische Stamm; eines Tages drangen Männer von dunklerer Hautfarbe in ihr Haus ein, entschlossen, die Bewohner, die sie der feindlichen Ethnie zurechneten, auszulöschen.

»Ich konnte den Hass dieser Männer spüren, aber ich war nicht wütend auf sie. Sie taten mir Leid. Ich konnte nicht verstehen, warum sie mir das Leben nehmen wollten – auf der Grundlage eines Umstandes, den ich nicht beeinflussen konnte: meiner körperlichen Erscheinung.« Umazi blieb am Leben. Sie redete auf die Angreifer ein – und deren Wut verrauchte. Sie stürmten hinaus, um ihr Zerstörungswerk woanders fortzusetzen. Das Mädchen blieb zurück, lebendig und unverletzt, aber tief und für immer erschrocken, zumal in ihrem Freundeskreis etliche Gleichaltrige zu Waisen geworden oder gar umgekommen waren. »Mein Urvertrauen in die Menschheit war erschüttert.« Was tun Menschen einander an, so dachte sie damals und denkt es immer noch, warum müssen sie einander abschlachten, nur weil ihre Hautfarben unterschiedlich sind und sie bloß eine, ihre eigene, gelten lassen können? Das ist doch aberwitzig. Doch was ist sonst der Grund? Eine Wahl, die vielleicht gefälscht war? Das kann nicht sein. Das war nur der Auslöser. Woher kommt diese Mordlust? Und wie kann man ihr begegnen? Jetzt hatte sich eine Frage in Sophie Umazis Geist gebohrt, der sie nachgehen würde – über lange Zeit. »Wir sind doch alle menschliche Wesen«, sagt sie, »bevor wir Bürger und Bürgerinnen eines Staates sind.« Sie hat nunmehr ein großes Ziel: Sie will sich für den Frieden einsetzen. In Kenia und auf der ganzen Welt. Es gibt nichts Kostbareres, denkt sie, als den Frieden.

Fünf Jahre später stand in Kenia wieder eine Wahl an. Und wieder würde es im Vorfeld und danach ein Gerangel zwischen den Parteien geben und im Anschluss ein Hin und Her mit Schuldzuweisungen und Fälschungsvorwürfen, und in diesem Klima wäre ein abermaliges Auflodern der ethnischen Hasspotenziale sehr wahrscheinlich. Sophie Umazi Musimbi Mvurya war inzwischen siebzehn Jahre alt und hatte in Südafrika ein Studium der Internationalen Politik, der Finanzwissenschaften und der arabischen Sprache begonnen. Sie hatte Englisch gelernt, war unablässig in den Sozialen Netzwerken unterwegs und zählte sich selbst zu den »Changemakern«, den jungen Menschen, die in der Welt der festgefahrenen Fronten etwas bewegen können. Gerade weil sie so weit weg von Zuhause war, wollte sie etwas dafür tun, dass es diesmal bei den Wahlen in Kenia friedlich zugehe. Mit einer Gruppe von Mitstudentinnen und Freunden startete sie eine Kampagne, die sie *I am Kenyan* (= Ich bin Kenianer/in) nannte. Übers Internet forderte sie Menschen in aller Welt auf, ihr ein Porträtfoto mit dem eingearbeiteten *tag* (= Schriftzug): *Ich bin Keniaer/in* zu schicken, die sie alle auf Facebook posten würde. Sie wollte damit eine Orientierung anbieten, die über Stammeszwistigkeiten hinausweist und die verschiedenen Volksgruppen in der Kenianischen Identität aufgehen lässt. Der Rücklauf war, anders als erwartet, riesig: Über 21 000 Fotos wurden eingesandt! Und die besondere Pointe: Auch Menschen aus fernen Ländern schickten ihr Porträts mit dem Schriftzug: »I am Kenyan«, wodurch dann noch eine supranationale Ebene etabliert wurde. Unter dem Gesichtspunkt der Solidarität waren im Zusammenhang einer Drohung von Bürgerkrieg und Mordbrennerei auch Zeitgenossen aus Amerika, Indien oder Europa »Kenyans«, und damit Parteigänger und Partisaninnen des Friedens. Genauso hatte Umazi es sich gewünscht. Nicht nur die Stämme, auch die Nationen sollten relativiert werden, sollten einen neuen Bezug finden – zum Ganzen der Welt und zum Frieden. *Stand up for Peace* (= Steht auf für den Frieden) lautete die Losung dieser Online-Bewegung, die über viele Wochen und dann noch über Jahre weiterging und Sophie und ihren Gefährten und Mitkämpferinnen über acht Millionen Follower einbrachte. Durch diese Kampagne wurde Mvurya berühmt und von der BBC im Jahre 2016 zu einer der Top Ten Teens, die die Welt verändern, gekürt.

Im Zeichen des Friedens sollte die kenianische *Nation* dann auch wieder ein Angebot an die zerstrittenen Bewohner Kenias sein, sich ihrer Heimat, ihres Landes, ihrer Vergangenheit und ihrer Kultur gemeinsam zu vergewissern. Kein Mensch lebt irgendwo in der Luft, auf der Erde ist jedoch immer auch eine Scholle, ein Wald oder ein Garten, gibt es Besitzansprüche und Neid, Geltungsansprüche und Streit, aber auch Einigung. In einem Fernsehinterview von 2014 trägt die neunzehnjährige Sophie Umazi ihr Haar kurz und am Kopf anliegend, sie hat es golden gefärbt. »Warum?« fragt die Interviewerin. »Ich mag

mein Haar so«, sagt Sophie Umazi. In ihrer Welt muss eine Afrikanerin kein schwarzes Kraushaar haben – wie auch Nicht-Afrikanerinnen
sehr wohl schwarzes Kraushaar haben dürfen. Sie hat sich mit so vielen jungen Menschen – aber es haben sich auch steinalte gemeldet –
in aller Welt ausgetauscht, dass sie sicher ist: Es gibt eine globale
Energie, die für den Frieden ist und auf die sie und andere pazifistisch
gesonnene Aktive bauen können. Bei den Wahlen in Kenia 2012/13
flackerten die Stammesfehden tatsächlich erneut auf. Aber es gab
nicht derart viele Todesopfer wie 2007.

Mvurya hat großen Ehrgeiz bewiesen, hat drei Fächer zur gleichen
Zeit studiert und in allen dreien einen Abschluss gemacht. Internatio-
nale Politik musste sie belegen, um informiert zu sein und mitreden
zu können, wenn die Situation in ihrem Heimatland unter globalen
Perspektiven diskutiert wird. Finanzwissenschaft war für die Fragen
der Entwicklung wichtig. Da gab es viel zu klären: Wie sieht es mit
dem Haushalt der Regierung aus, warum werden nicht mehr Straßen,
Schulen, Kliniken, Sporthallen und Theater gebaut? Was kann der
Staat in die Wege leiten, und wo ist die Zivilgesellschaft gefordert?
Und Arabisch wollte sie lernen, weil diese Sprache in Teilen ihres
Landes gesprochen wird und weil Mvurya hofft, durch den Sprach-
erwerb Verständnis für Bevölkerungsgruppen zu erlangen, die ihr
jetzt noch fremd sind.»Kenia ist ein äußerst diverses Land«, sagt sie,
»es gibt viele Stämme und Gruppen, in den Städten sind es Viertel und
Nachbarschaften, in denen die Menschen verschiedene Sprachen oder
Dialekte sprechen.« Zwar ist die Sprache der einstigen britischen
Kolonialherren – Kenia wurde 1963 unabhängig – immer noch die
Amtssprache und die kenianische Mittelschicht verfügt meist über
diese Sprache, aber draußen auf dem Land kann man kaum Englisch-
kenntnisse erwarten, hier ist Swaheli verbreitet, das Mvurya auch
beherrscht. Sie möchte am liebsten alle in Kenia gebräuchlichen
Mundarten können, denn sie hat die Idee, dass es das Verständnis für-
einander ist, das in Kenia wachsen muss. Die Menschen sollten neugierig aufeinander sein, anstatt sich vom Andersreden und Anderssein
des Nachbarn zu Wut und Hass aufstacheln zu lassen. Sie sollten als

Kenyan stolz auf die Diversität ihres Landes sein. Für diese Idee will sie werben. Sie sagt: »Wir kennen unser Land nicht gut genug. Deshalb können wir es nicht so nehmen und schätzen, wie es ist.« Das ist ihre Antwort auf die brennenden Fragen, die ihr im Kopf herumgehen, seit sie damals dem Tod ins Auge sah. »Wir wissen zu wenig.« Die Unkenntnis führt zu Angst, die Angst zu Zorn, der Zorn zur Gewalt. »Wir müssen uns selbst zuerst als Kenianer und Kenianerinnen sehen, bevor wir uns mit ethnischen Gruppen identifizieren. Wir müssen die Vielfalt wertschätzen, anstatt sie lediglich zu tolerieren.«

Sophie Umazi hat nicht nur in Südafrika studiert, sondern auch am Oberlin College in Ohio, eine Lehranstalt, die sich historische Verdienste erworben hat, indem sie afrikanischen Studierenden Plätze anbot. »Es war erfrischend für mich, mit so vielen Menschen zusammen zu sein, die denken wie ich«, sagt sie. »Ich wurde ordentlich gefordert am Oberlin College.« Sie kann ihre Kampagne *I am Kenyan* von Ohio aus genauso weiterführen wie in Südafrika oder in Kenia, dank des Internets, das ihre ortlose dritte Heimat ist – nach Kenia und dem Globus. Am College gründete sie auch ein Online-Fitness-Studio mit Namen *Suzifit*. Das wuchs im Netz sehr rasch, denn Umazis Ansatz ist nicht der Schlankheitswahn, sondern die Vorstellung eines aktiven Körpers, der sich selbst und die Welt erkunden will. »Wir haben Mitglieder aus Dubai, Südafrika und Kenia, Studentinnen aus den USA und aus dem Vereinten Königreich. Es ist eine globale Angelegenheit.«

Aber Mvurya arbeitet auch offline an der Völkerverständigung. Sie sagt von sich selbst, sie sei ein visueller und ein künstlerischer Mensch, entsprechende Betätigungen hat sie gewählt. So posiert sie als Model für klassisch afrikanische Kleiderlabels, auch *hairstyling* liegt ihr, sie praktiziert es nicht nur bei sich selbst, sondern auch bei Models auf Modeschauen. Und sie hat sich als Web-Designerin einen Namen gemacht. Ferner sorgt sie dafür, dass *I am Kenyan* sich offline fortsetzt – in Konferenzen, Seminaren und Workshops, bei denen es um die Themen Patriotismus und Frieden geht. Oft wird Mvurya gefragt, ob sie später in die Politik gehen wolle. Doch sieht sie sich eher als Künstlerin. »Ich möchte auf den Feldern künstlerischer Produktion die Bedingungen dafür verbessern, dass kreative Menschen von ihrer Arbeit leben können. Das ist besonders wichtig für afrikanische und schwarze Künstler und Künstlerinnen, die heutzutage immer noch unterschätzt werden – obwohl es ihre Ausdruckskraft und ihre Werke sind, die derzeit in aller Welt die Bewegungen für Gleichheit und Frieden beeinflussen. Die Welt selbst ist ein Kunstwerk, und Kunst hat die Macht, die Gesellschaften zu verändern. Ich glaube fest daran, dass, wenn diese Macht und diese Ausstrahlung der Künste weiter kultiviert werden, dass dann die schöpferischen Menschen die Welt zum Guten hin verändern werden. Dieses Ziel wird nicht leicht zu erreichen sein. Aber es ist die Sache wert. Letzten Endes ist es vor allem unsere Leidenschaft, die die Dinge voranbringt.«

In Malawi, einem kleinen afrikanischen Staat südlich von Kenia, lebt MEMORY BANDA. Sie ist heute 24 Jahre alt. Als Dreizehnjährige hat sie miterlebt, wie ihrer jüngeren Schwester, die schon vor ihr in die Pubertät gekommen war, etwas Entsetzliches angetan wurde. Die kleine Schwester musste, nachdem sie mit elf Jahren zum ersten Mal ihre Monatsblutung bekommen hatte, für eine Woche in ein Camp gehen, wo sie mit anderen sehr jungen Mädchen zu lernen hatte, was es heißt, eine Frau zu sein. Dieser Initiationsritus war in weiten Teilen Malawis der Brauch, und so dachte sich die Mutter nichts dabei, ihre jüngere Tochter in das Camp zu schicken. Es war so üblich, alle Mädchen, so hieß es, machten gegen Ende ihrer Pubertät diese Erfahrung. Die Mutter, eine Witwe, stammte aus dem Norden Malawis, wo man einen solchen Ritus nicht kannte – deshalb war sie arglos und sehr entsetzt, als ihre Jüngste völlig verzweifelt und körperlich angeschlagen nach Hause zurückkehrte. Es kam nun heraus, dass die Mädchen, zwischen neun und vierzehn Jahre alt, auf diesem Kursus nicht nur Kochen und Putzen und Haushaltsführung lernten, sondern dass sie am Ende des Lehrgangs von einem sehr viel älteren Mann, den der Gemeinderat auswählte, eine wie die andere rituell vergewaltigt wurden. Alle Mädchen kommen traumatisiert, manche auch schwanger aus diesen Camps zurück. Die Schule wird dann von den meisten aufgegeben; was die Mädchen zu gewärtigen haben, ist die Trennung von ihrer Familie, ist eine Frühehe mit einem meist unbekannten und älteren Mann, sind viele Schwangerschaften und Geburten. Das war auch das Schicksal von Memorys Schwester. Nach ihren eigenen Wünschen und Zielen im Leben hatte sie niemand gefragt.

Memory erlebte, wie nicht nur ihre Schwester, sondern auch Cousinen und Freundinnen, Mädchen aus ihrer Schulklasse, verstört und verweint aus den Camps zurückkehrten – und als es dann auch für sie so weit gewesen wäre, widersetzte sie sich. »Ich gehe dort nicht hin.« Die Mutter, ihrerseits unglücklich wegen des Schicksals der Jüngeren, unterstützte jetzt aber ihre ältere Tochter. Doch die Nachbarn, Verwandte im Süden, etliche Tanten und nicht zuletzt die Gemeindevorsteher reagierten erzürnt: Wie konnte dieses Mädchen nur ihre eigene Tradition in Frage stellen! Und was nahm die Mutter sich heraus, der Tochter bei diesem Frevel zur Seite zu stehen. Man wollte Memory und ihrer Mutter weismachen, dass Tod und Verderben über ihre Familie komme, wenn sich das Mädchen dem Ritus verweigere. Memory indes blieb standhaft. Sie warb für ihre Sicht der Dinge und zog schließlich mit einer Schar gleichaltriger Mädchen vor den Gemeinderat, um die Abschaffung der grausamen Initiation zu fordern. Natürlich stieß sie zunächst auf Widerstand, aber die Möglichkeit, sich per Internet des Zuspruchs anderer Afrikanerinnen und darüber hinaus der weiten Welt zu versichern, gab ihrem Einspruch Durchschlagskraft. Die Hüter der Tradition begannen umzudenken. Inzwischen ist in Malawi das legale Heiratsalter auf mindestens achtzehn Jahre heraufgesetzt worden, und in vielen Gemeinden sind die Camps jetzt verboten. Memory in einem Interview mit der *Frankfurter Allgemeinen Zeitung*: »Es war ganz schön hart. Wir waren nur eine Gruppe junger Mädchen aus meiner Gemeinde. Die ersten, die den Status quo in Frage stellten. Inzwischen gibt es immer mehr junge Frauen, die sich wehren. Aber je mehr wir mit den Gemeindeoberhäuptern diskutierten, desto besser verstanden sie uns. Am Anfang haben sie uns nur als Rebellinnen gesehen, die sich gegen die eigene Kultur auflehnten.« Die Interviewerin fragt, ob auch die Jungen eine Initiation durchmachen müssen. Memory: »Ja. Da geht es sehr viel um Männlichkeit. Sie werden beschnitten, weil auch das nach unseren Traditionen einen Mann definiert. Mädchen lernen, sich zu unterwerfen; Jungen lernen, dass sie die Macht haben und das Familienoberhaupt sein sollen. Das ist doch verrückt. Männer können im Grunde heiraten, wann sie wollen. Es ist ihre persönliche Entscheidung. Warum ist das für Mädchen anders?«

Memorys Schwester war nach der »rituellen« Vergewaltigung schwanger geworden, sie wurde schnell verheiratet, um die »Schande« zu vertuschen. Mit sechzehn hat sie drei Scheidungen hinter sich – und drei Kinder. »Was soll ich denn jetzt nur tun?« fragt sie ihre Schwester. Mit Memorys Hilfe und Nachhilfe setzt die junge Frau ihre Schulbildung fort und macht ihren Abschluss. Memory selbst hat eine weiter reichende Konsequenz gezogen und eine Organisation gegründet, die sie *Formation 4 Girls Leadership* (= Verband für Mädchen in Führungspositionen) nennt. »Immer mehr Menschen haben begriffen, dass es höchste Zeit für Veränderung ist und unterstützen mich. Nachdem ich mich gegen das Camp entschieden hatte, sahen die jüngeren Mädchen: Es passiert ja gar nichts, wenn man nein sagt! Weder Tod noch Verderben ist über meine Familie gekommen, ganz im Gegenteil, es geht ihr gut. Und dann gibt es ja auch all diese Beispiele aus anderen Teilen des Landes, aus dem Norden, wo meine Mutter herstammt. Dort gibt es diese furchtbaren Traditionen nicht. Man wird zur Frau, ohne all das durchzumachen.« Es war eine große Sache für Memory Banda, erst von ihren Mitschülerinnen und dann vom Gemeinderat gehört zu werden, zu erfahren, dass sie andere überzeugen kann. »Ich möchte meine Organisation ›Formation 4 Girls Leadership‹ weiter ausbauen. Es soll ein Ort sein, wo Mädchen ihre Führungsstärke entdecken und entwickeln können. Und natürlich würde ich eines Tages gerne in die Politik gehen.« Inzwischen studiert sie Englisch und Philosophie. 2019 erhielt die damals 23-Jährige den *Young Activist*-Preis der Vereinten Nationen, in Genf nahm sie ihn entgegen.

Die Verankerung in Tradition und Glauben, das »Es war doch schon immer so« macht Rituale wie die Initiation in Malawi und andernorts und in deren Rahmen oft auch die Beschneidung so unwiderstehlich und verpflichtend. Just für gläubige Menschen aber wäre der Gedanke, dass Gott schon gewusst hat, was er tat, als er die Geschlechtsorgane von Mädchen und Jungen formte und dass man ihm als sein Geschöpf besser nicht ins Handwerk pfuschen sollte, vielleicht hilfreich. Die jungen Rebellinnen in Afrika jedenfalls sind sich ihres Körpers auf eine neue Art bewusst: als eines Geschenks der Natur oder Gottes, das zu pflegen und gegen Ausbeutung, Missbrauch und Zerstörung zu beschützen ihnen aufgegeben ist. Die Tradition, ob religiös oder auch nur »spirituell«, ist in Afrika überall vollständig männerdominiert. Mädchen und Frauen waren für ihre Herren vorwiegend Beute, Besitz, Gefäß und Mittel zum Zweck der Erhaltung ihres Stammes. Der jungen Frauengeneration in Afrika gehen jetzt die Augen auf, und sie findet zu sich.

Links

https://www.umazi.co

𝗳 UMvurya

𝗳 IAmKenyanProject

⊡ _iamkenyan

KLIMA UND UMWELT

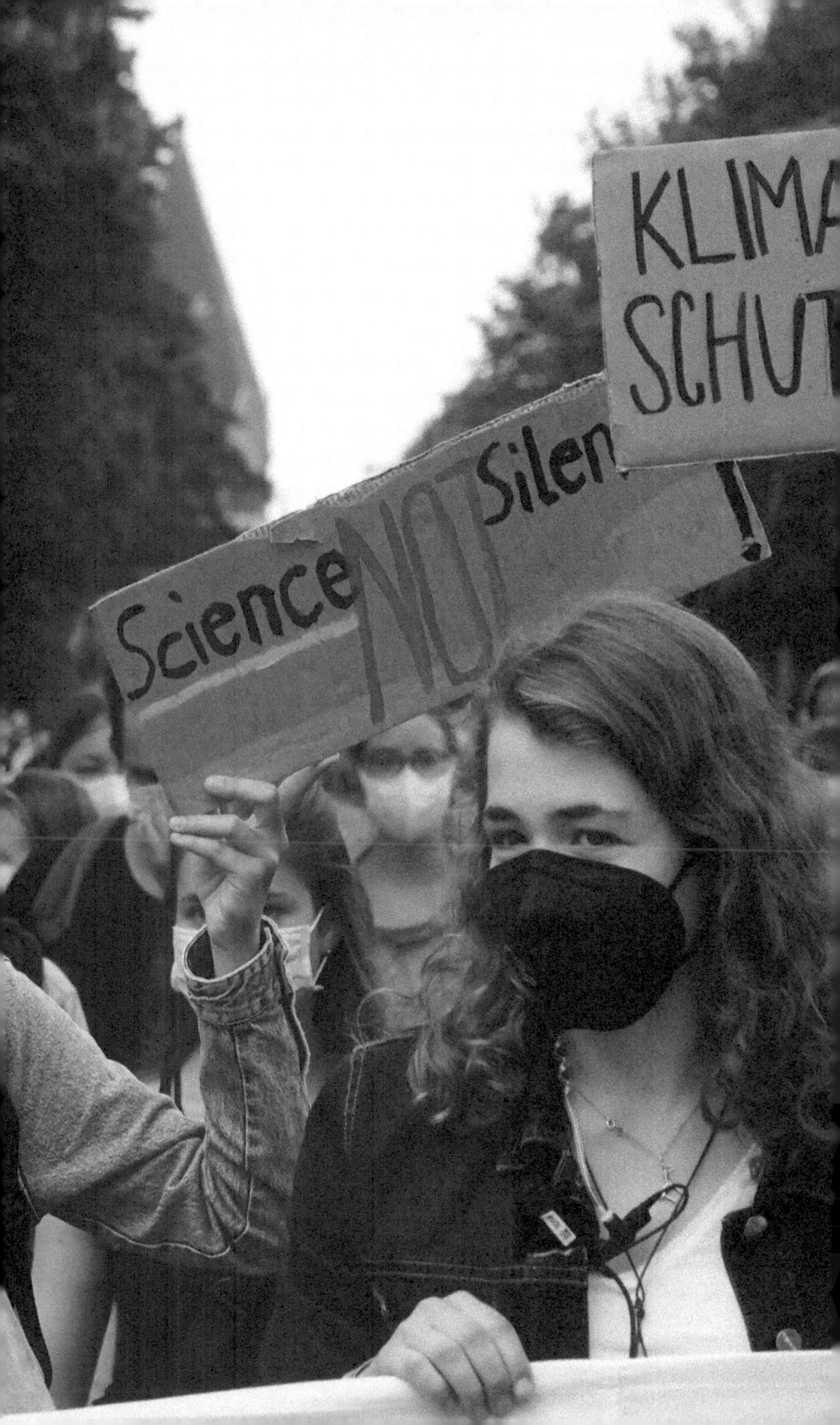
Science NOT Silen
!
KLIMA
SCHUT

»WIE KÖNNT IHR ES WAGEN!«

GRETA THUNBERG (GEB. 2003)

Die schwedische Klimaaktivistin und ihr Kampf um
Aufmerksamkeit für die Erderhitzung

»Ich überdenke alles. Manche Menschen können Dinge einfach vergessen, aber ich kann das nicht, besonders wenn es etwas gibt, das mir
Sorge bereitet oder mich traurig macht.« Das ängstliche kleine Mädchen aus Stockholm, Greta Thunberg, ist acht Jahre alt, als sie zum
ersten Mal davon hört, dass sich das Erdklima aufheizt und womöglich irgendwann, wenn die Polkappen schmelzen, der Meeresspiegel
steigt und ganze Kontinente überflutet werden, kein menschliches Leben mehr auf diesem Sonnentrabanten existieren wird. Sie kann all
das keine Sekunde vergessen. Es geht ihr im Kopf herum, die Vorstellung der Apokalypse zerstört ihre Lebensfreude und macht einen tief-
traurigen Schatten ihrer selbst aus ihr. Dabei hat sie eine liebevolle
Familie, die Mutter ist eine bekannte Sängerin, der Vater, ein Schauspieler und Musikproduzent, managt seine Frau. Und eine Schwester
hat Greta auch. Aber ihre Familie kann das Mädchen nicht trösten und
schon gar nicht auf andere Gedanken bringen. Die Mutter beschreibt
die Situation so: »Unsere Tochter verschwindet in einer Art Dunkel-
heit und hört quasi auf zu funktionieren. Sie hört auf, Klavier zu spielen. Sie hört auf zu lachen. Sie hört auf zu reden.«

Mit elf Jahren verliert Greta ihren Appetit. Sie verweigert die gemein-
samen Mahlzeiten, sie wird streichholzdürr und nimmt erst wieder

etwas zu sich, als die Eltern sie in eine Klinik einweisen wollen. Die Ärzte sagen, Greta leide am sogenannten Asperger-Syndrom, das ist eine milde Form des Autismus, die mit besonderer Empfindlichkeit einhergehen kann. Oft auch mit hoher Intelligenz, einem Mangel an Einfühlung in die Subjektivität anderer und der Fähigkeit, sich einer einzigen Sache mit Haut und Haaren zu verschreiben. Die Psychiatrie spricht von einer »Inselbegabung«. Gretas »Insel« ist die bedrohte Erde, sie will und muss alles darüber wissen und vertieft sich in eine anhaltende Lektüre über Klima und Umwelt und die politischen Möglichkeiten, beides zu schützen. Sie erkennt, dass man eigentlich alles weiß, aber längst nicht genug tut, um einer Katastrophe vorzubeugen. Dabei gibt es immer wieder sogenannte Klima-Konferenzen, zu denen die Länder der industrialisierten Welt ihre Vertreter schicken, die dort reden und rechnen und sich »Klimaziele« setzen, so auch in Paris im Jahre 2015. Es waren 196 Staaten, die das dort erarbeitete Abkommen unterzeichnet haben. »Paris« verlangt von den reichen Ländern, in Vorleistung zu gehen, um den ärmeren, die eine Industrie erst aufbauen, mehr Zeit zur Entwicklung zu geben und dabei zugleich das Klima zu schonen. Um mindestens 15 % müssten die Länder des wohlhabenden Westens, allen voran Greta Thunbergs Heimat Schweden, ihre Treibhausgasemissionen jährlich senken, damit die im Abkommen festgelegten Ziele erreicht werden. Greta liest alles, was sie zum Thema findet. Sie denkt auch, ebenso wie ihre Co-Aktivistin Luisa Neubauer in Deutschland, über die Begrifflichkeit nach. Das Wort »Klimawandel« erscheint ihr keineswegs zutreffend, es klingt viel zu gemütlich. Man muss schon deutlich werden und von Krise reden, besser noch von »Klimakatastrophe«. Auch »Erderwärmung« hält Greta für einen Euphemismus. Der Ausdruck »Erderhitzung« trifft es besser, schließlich geht es um eine globale Gefahr. Sie stellt fest, dass die Umweltpolitik in Europa und Amerika all ihre Kreativität in das Erfinden von Ausreden steckt, um nichts für das Klima tun zu müssen oder aber sich mit minimalen Schritten zu begnügen. Im Jahr 2015, Greta ist zwölf Jahre alt, nimmt sie an einem Wettbewerb zum Thema Umweltpolitik teil, den eine Zeitung ausgerichtet hat. Die Kinder sollen einen Artikel schreiben, der beste wird im *Svenska Dagbladet* abgedruckt. Greta gewinnt. Das ist ihr erster Schritt in die Öffentlichkeit.

Sie überdenkt alles, und sie denkt jetzt um. Ihre Besorgnis und ihre Angst hatten sich zu einer Depression gesteigert, als sie ein Kind war. Jetzt ist sie eine Jugendliche, ist sechzehn Jahre alt und beschließt, die Welt herauszufordern. Ihre Besorgnis und ihre Angst schlagen um in Aggression, in Kampfesmut. »Unser Haus brennt« wird sie später den Staatslenkern in aller Welt zurufen. »Wie könnt ihr es wagen zu glauben, dass man das Problem lösen kann, indem man so weitermacht wie zuvor?« Es kann doch nicht sein, denkt sie, dass die Menschheit sehenden Auges in den Untergang schlittert. Jemand muss sie aufschrecken. Jemand muss ihr klar machen, was los ist. Wenn es sonst niemand tut, muss ich eben diejenige sein, welche. »Ich mag es nicht«, sagt sie, »wenn Menschen nicht tun, was sie versprechen. Wenn sie etwas anderes tun, als sie angekündigt haben.«

Nur – wer ist das, »die Menschen«? Wer ist »die Welt«? Wie lautet ihre Adresse? In der politischen Verantwortung stehen weltweit ältliche Würdenträgerinnen und Staatslenker, die alle miteinander nicht mehr am Leben sein werden, wenn die Welt, verstanden als Lebensraum, untergeht. Klimapolitik ist eine langfristige Angelegenheit, und die politische Führung in den europäischen Ländern, in den USA, in Osteuropa, auch in Asien, Afrika und Südamerika denkt kurzfristig, ihr Horizont reicht gerade mal bis zur nächsten Wahl, ob demokratisch oder nicht. Das ist einer der Gründe, dass niemand mit der nötigen Konsequenz handelt – zum Beispiel bei der Reduktion von Treibhausgasen, der Schließung von Kohlekraftwerken, der Umrüstung auf Elektromobilität und der kritischen Überprüfung des Konsums. Die Menschen verbrauchen viel zu viel unnötigen Krimskrams, dessen Produktion immense Mittel bindet und auf eine steigende Umweltbelastung hinausläuft. Wenn Greta im Stockholmer Haus ihrer Eltern, wo es früher im Jahr und früher am Abend dunkel wird als in südlichen Ländern, ein Zimmer verlässt, macht sie immer das Licht aus. Sie ist besessen von Sparsamkeit. Aber sie weiß längst, dass sie dabei nicht stehen bleiben kann. Sie muss das mit dem Aufschrecken, dem

Aufstören hinbekommen. Die Zusammenhänge in Sachen Klimaschutz, die Details für eine rettende Strategie liegen ja auf dem Tisch, sie kennt sie besser als mancher Umweltminister. Sie vertraut der Wissenschaft und ackert sich durch deren Publikationen. Sie kann rechnen und Zahlen im Kopf behalten, eine Diskussion scheut sie nicht. Ihr Englisch – in Schweden Hauptfach an allen weiterführenden Schulen, weil die Sprachgemeinschaft der Schweden zu klein ist für den internationalen Verkehr – ist perfekt. Jetzt plant sie ihren zweiten Schritt in die Öffentlichkeit.

Am 20. August des Jahres 2018, es ist der erste Schultag nach den Sommerferien, steht Greta Thunberg, ein großes Schild mit der Aufschrift *Skolstrejk för Klimatet* (= »Schulstreik für das Klima«) haltend, vor dem Schwedischen Reichstag, dem Parlamentsgebäude. Sie trägt lange Zöpfe, eine helle karierte Bluse und blickt ernst, fast abweisend vor sich hin. Die Leute gehen vorbei, einige stutzen. Am nächsten Tag steht etwas darüber in der Zeitung, auf der Internetseite des *Aftonbladet*; am nächsten Tag und auch am übernächsten steht Greta wieder da, mit ihrem Schild. Heute spricht man von der ikonografischen Macht dieses Bildes: Ein Mädchen mit kindlicher Ausstrahlung, jünger aussehend als eine Sechzehnjährige, ein verloren wirkendes Kind stellt sich vor den Ort der schwedischen Demokratie und teilt mit, dass es nicht zur Schule geht, weil es sich Sorgen um das Klima macht. Ein allgemeines Kopfschütteln hebt an. Wer oder was steckt dahinter? Haben die Eltern womöglich ihr Kind vorgeschickt, sind sie Öko-Freaks und funktionalisieren die Kleine für ihre Botschaft? Aber nein, die Eltern Thunberg sind zwar umweltbewusste Menschen, aber überhaupt nicht dafür, dass ihre Tochter die Schule schwänzt. Und was sagen die Lehrerinnen? Schließlich geht es doch nicht an, dass Kinder entscheiden, ob sie zur Schule gehen wollen oder nicht. Genau mit diesen Einwänden hat Greta gerechnet. Sie sagt, das bedrohte Erdklima sei das Thema und nicht die Schulpflicht. Und wenn sie nur dadurch, dass sie eine Regel bricht, Aufmerksamkeit für das Erdklima generieren kann, dann will sie diese Regel brechen. Sie richtet ein Twitter-Konto ein, auf dem sie ihren Standpunkt erläutert. Diesen Standpunkt markiert eine Stelle vor dem Reichstag, an dem sie Tag für Tag, ganze drei Wochen lang, mit ihrem Schild Posten bezieht. Ihre Hartnäckigkeit macht Eindruck. Immer mehr Medien berichten. Am 9. September 2018 wird in Schweden gewählt. Bis zu diesem Tag demonstriert Greta täglich, danach bezieht sie ihren Streikposten immer freitags.

Spätestens diese Aktion, die als *Fridays for Future (= FfF)* viral ging, fand Zuspruch in vielen Ländern und Städten, noch im selben Jahr. In Deutschland streikten Schüler und Schülerinnen »für das Klima« das erste Mal im Dezember in Bad Segeberg. Greta Thunberg und ihr Appell: Denkt an das Klima! Rettet die Erde! lief rund um die Welt und inspirierte überall vorwiegend sehr junge Menschen. Und brachte Ältere in Harnisch: Was erlaubt sich dieses Mädchen! Sie soll erst lernen, bevor sie belehrt. Aber Greta hat genug gelernt. Sie sucht jetzt Verbündete innerhalb der globalen Jugend, die ihr helfen sollen beim Aufwecken und Aufscheuchen der Älteren und der Forderung Nachdruck verleihen, dass das, was beschlossen ist, auch umgesetzt werde, dass die Führungseliten in den Parlamenten und an den Konzernspitzen die Ziele der Pariser Konferenz von 2015 ernst nehmen müssen. Sie sagt: »Viel zu lange standen die Politiker und die Leute an der Macht im Wege, ohne irgendetwas zu tun, um gegen die Klimakrise und die ökologische Krise zu kämpfen. Aber wir werden sicherstellen, dass sie nicht länger damit durchkommen.« Von der Jugend wird Greta spontan verstanden. Es bilden sich Protestgruppen in ganz Europa und weiter in den USA, Australien, Kanada, Mexiko, Chile, Indien und Japan. Sie alle greifen Gretas an die alte Generation gerichteten Ruf auf: »Ich möchte, dass ihr in Panik geratet!« und gehen freitags nicht in die Schule, demonstrieren stattdessen.

Alles in allem werden es in diesem und im nächsten Jahr 1,6 Millionen vorwiegend junge Menschen sein, die für den Klimaschutz auf die Straßen gehen – in 133 Ländern. Kongresse werden anberaumt, Greta wird eingeladen und hält Reden. Ein neues Leben als Aktionistin in Sachen Klimaschutz beginnt für sie.

Im Oktober 2018 spricht sie in London vor Umweltschützern. Sie rät den Engländern, die Sache mit dem Brexit aufzugeben und sich um das Klima zu kümmern. Offen spricht sie ihr Anderssein an. »Ich habe das Asperger-Syndrom. Deshalb kenne ich nur schwarz oder weiß, nichts dazwischen. Manchmal glaube ich, dass wir Autisten die Normalos sind und die anderen Leute ganz schön verrückt. Sie wiederholen jeden Tag, dass der Klimawandel eine existenzielle Bedrohung ist und dennoch machen sie so weiter wie bisher. Sie ändern nichts.«

Die Eltern Thunberg haben inzwischen eingesehen, dass ihre Tochter mit Beharrlichkeit und Durchhaltevermögen gesegnet ist und dass sie besser daran tun, sie zu unterstützen als zu versuchen, ihren Aktivismus auszubremsen. Zumal sie Gretas Ziele teilen: Ihren Konsum und ihre Ernährung haben sie auf Nachhaltigkeit hin umgestaltet, sie benutzen das Flugzeug nicht mehr, und im Dezember 2018 fährt Vater Thunberg seine Tochter im Elektroauto zur UN-Klimakonferenz nach Katowice in Polen. Dort trifft Greta den UN-Generalsekretär António Guterres und richtet in einer Rede direkt an ihn das Wort. Luisa Neubauer ist auch in Katowice, sie vertritt *FfF* in Deutschland, und die beiden kampflustigen Mädchen können sich hier erstmals die Hand geben. Luisa ist ähnlich gut informiert über die Einzelheiten der Klimakrise und hat schon mehrfach auf Diskussionsforen und in Talkshows die Vollprofis aus Politik und Industrie korrigieren können. »Nein, Herr Sowieso, tut mir Leid, zwei Grad zusätzliche Erderwärmung sind zu viel. Wir müssen auf 1,5 Grad gehen, möglichst noch weiter runter.«

Im Januar 2019 fand die 49. Zusammenkunft des Weltwirtschaftsforums in Davos statt. Seit 1971 trifft sich hier jährlich eine prominente Schar von Staatsmännern und -frauen, wissenschaftlichen Kapazitäten und Wirtschaftsexperten, um globale Fragen der Ökonomie, der Umwelt- und Sozialpolitik zu diskutieren, natürlich sind auch Medienleute dabei. In diesem Jahr wurde das Mädchen, das *Fridays for Future* gegründet hatte, hinzu gebeten. Greta Thunberg kam, sie reiste mit der Bahn an. Als sie schließlich an der Reihe war, ihre Rede zu halten, waren die Vertreter der Energiekonzerne, denen sie gerne vorgerechnet hätte, wie viel Schaden sie anrichten, schon abgereist. Der damalige Präsident der Vereinigten Staaten, Donald Trump, der zugesagt hatte, ließ sich entschuldigen, der französische Staatschef Emmanuel Macron sagte kurzfristig ab. Hatten diese Großkopfeten Angst vor einem jungen Mädchen? Sie gaben es nicht zu, sie verwiesen auf ihre Prioritäten. Aber es bleibt ein Verdacht: Die Mächtigen kneifen. Wie schändlich wäre es aber auch, von einem noch nicht mal volljährigen jungen Ding vorgeführt zu werden. Man weiß von Thunberg, dass sie nicht nur hartnäckig ist, sondern auch offensiv. Und dass sie sich um gebotene Formen und Höflichkeit im Zweifel nicht schert.

Im Februar 2019 spricht sie vor dem Europäischen Wirtschafts- und Sozialausschuss in Brüssel und verlangt von der EU, den CO_2-Ausstoß bis zum Jahre 2030 um 80 Prozent herunterzufahren. Der Nachdruck, den sie dabei auf die Energie- und Verkehrspolitik legt, verstört die Konzernvertreter. Auch die hohe Politik wird unruhig, der Ton in den Messenger-Diensten, im TV und den Printmedien wird rauer. Was nimmt sich diese Göre heraus! Thunbergs Gegner scheuen sich nicht, sie unter Anspielung auf ihre Diagnose als »gestört« zu bezeichnen, auch Präsident Trump haut in diese Kerbe. Es sieht so aus, als ob die Rührung, die das Bild Gretas als einsamer Schulstreikposten für das Klima ausgelöst hatte, verbraucht sei. Aber die Abwehr, auf die sie jetzt stößt, ist bloß ein Zeichen dafür, dass sie einen Nerv getroffen hat, dass die Klimasünder weltweit zusammenzucken und sich zum Gegenschlag rüsten.

Ein konservatives deutsches Magazin wirft ihr vor, sie »vergifte« das Klima, wobei hier an das Meinungsklima gedacht ist. Andere Presseorgane stoßen sich an der »Emotionalisierung«, die Greta angeblich betreibe, an ihrem »Populismus«. Ihr Mangel an Kompromissbereitschaft wird als antidemokratischer Affekt ausgelegt. Immer wieder klingt Empörung mit, dass ein so junges Mädchen sich an einem Thema vergreife, für das man lange studiert haben müsse, um es zu verstehen. Doch Greta lässt sich nicht beirren. Sie ist nicht nur davon überzeugt, dass die Welt ohne entschlossenes Umsteuern in den Untergang trudeln wird, sie kann es auch belegen. Ihre *Follower* auf allen Seiten des Globus sind ebenfalls sehr jung, und auch sie haben nachgerechnet. Es stimmt, was Greta sagt: »Mit den Emissionsmengen von heute wird das verbleibende CO_2-Budget in weniger als achteinhalb Jahren aufgebraucht sein.« Einige seriöse Wissenschaftler melden sich zu Wort und stellen sich öffentlich auf die Seite Gretas und der *FfF*-Bewegung. Der deutsche Klimaforscher Stefan Rahmstorf sagt: »Ich würde mir wünschen, mehr Politiker wären so gut über die Klimaforschung informiert wie dieses Mädchen. Warum ist das nicht der Fall?« Da sehen die Spötter alle miteinander ziemlich alt aus. Sie flüchten sich fürs Erste ins Schweigen.

Im September 2019 findet der UN-Klimagipfel in New York statt, Miss Thunberg ist eingeladen. Ihre Widersacher feilen schon an den hämischen Kommentaren, mit denen sie sich zu Gretas Flug in die USA äußern werden. Aber es kommt anders. Ein deutscher Segler namens Boris Herrmann macht der Aktivistin das Angebot, sie auf seinem Boot hinüber in die Staaten zu bringen. Greta nimmt an und landet rechtzeitig an der amerikanischen Ostküste. Dort bereiten ihr junge Klimaschützerinnen und *FfF*-Sympathisanten einen begeisterten Empfang.

Ihre Rede vor den Vereinten Nationen wurde aufgezeichnet und ist in Ausschnitten im Internet und in verschiedenen Dokumentationen über sie und ihr Anliegen abrufbar. Man sieht darin, dass es gerade Gretas angeborene Hemmung ist, ihr Gefühl sprechen zu lassen, die das Publikum, wo immer sie auftritt, in ihren Bann zieht. Das klingt paradox, und das ist es auch, es ist aber trotzdem richtig. Greta Thunberg besaß auch im September 2019, als sie vor der UNO sprach, das Aussehen und die Ausstrahlung eines weisen, »alles durchdenkenden« Kindes. Sie sprach ein blitzblankes Englisch, redete frei, flüssig, klar, einfach. Lächeln und Werben ist ihre Sache nicht. Sie schimpft und zetert aber auch nicht. Es ist eher Fassungslosigkeit, die ihre Stimme zuweilen zittern lässt, es ist Verzweiflung, dass sie vor gar nicht langer Zeit in eine Welt hineingeboren wurde, die im Begriff ist, sich selbst zu zerstören. Sie erhebt einen massiven Vorwurf, den sie nach vielerlei Seiten hin ausdifferenziert. »We want a future«, ruft sie (= Wir wollen eine Zukunft). Sechzig Staats- und Regierungschefs müssen ihr zuhören und sich ihr später so berühmtes »How dare you!«

(= Wie könnt ihr es wagen!) an den Kopf werfen lassen. Überall erfahre man vom Artensterben, von Extremwetterlagen, von Dürreperioden und Wirbelstürmen, und alles, worüber die Politiker sprächen, sei »das Geld und die Mär vom unendlichen Wirtschaftswachstum«. Die politische Führung in aller Welt wüsste doch Bescheid, wüsste genau, dass ihre Behauptung, sie täte, was sie könne, eine Lüge sei. »We are running out of time« (= Unsere Zeit läuft gerade ab). Greta war die Sensation auf diesem Gipfel, der im Rahmen der UN-Vollversammlung stattfand. Alle drängten sich um sie, wollten Autogramme, wollten sie berühren. Aber sie scheut den Rummel. Wenn sie gesagt hat, was sie zu sagen hatte, geht sie in ihr Quartier.

Zurück nach Europa, zur nächsten Klimakonferenz in Madrid, fuhr sie wieder per Boot, diesmal auf einem Katamaran, als Gast eines australischen Video-Blogger-Paares. Im Dezember 2019 erscheint Greta Thunberg auf dem Cover des amerikanischen Nachrichten-Magazins *Time* als »Mensch des Jahres« – eine Ehrung, von der Präsident Trump sicher gewesen war, dass sie an ihn gehen werde. Wenn der damals mächtigste Mann der Welt gefragt wurde, was ihm zu den Vorhaltungen der Aktivistin einfalle, antwortete er gerne: »Greta – who?«, das heißt, er tat so, als habe er noch nie von ihr gehört. Jetzt musste er eingestehen, dass sie ihn »geschlagen hatte«, wie er selbst es ausdrückte. Sie wurde ihrerseits gefragt, was sie ihm sagen würde, falls sie die Gelegenheit bekäme, ihn zu treffen. Ihre Antwort: »Er hört ja nicht mal auf die Wissenschaft. Wie sollte er da mir zuhören? Ich möchte meine Zeit nicht mit ihm vergeuden.«

Im folgenden Januar im Jahr 2020 wird Greta wieder nach Davos eingeladen. Diesmal können es sich die einflussreichen Persönlichkeiten aus Politik und Wirtschaft nicht leisten, die junge Klimakämpferin aus Schweden zu ignorieren, sie müssen sich mit ihr und ihrer Ungeduld auseinandersetzen, sie müssen mit den Kennzahlen für die Klimakrise so sicher umgehen können wie sie. Bald darauf, in Lausanne, spricht Thunberg auf einer Kundgebung nach einer Demonstration für den Umweltschutz vor circa zehntausend Menschen. Sie ist inzwischen auf ihre Art ein Profi, tritt sicher auf und redet mit fester Stimme, manchmal lächelt sie sogar. Aber sie bleibt immer Greta –

nicht ganz von dieser Welt und vielleicht gerade deshalb dazu berufen, diese Welt zu retten. Erst die Corona-Pandemie bricht die Welle der Popularität, die das bezopfte Mädchen mit seinem Furor und seiner leisen, aber festen und oft zornerfüllten Beredsamkeit von Konferenz zu Konferenz getragen hat. Jetzt muss sie eine Pause einlegen. Eigentlich widerspricht das ihrer Strategie der Unduldsamkeit, aber gegen das Virus ist auch sie machtlos.

Im Jahre 2019 hat Greta Thunberg eine ganze Reihe von Anerkennungen, Ehrungen und Preisen erhalten, sie wurde sogar für den Friedensnobelpreis nominiert. Sie bekam den hoch dotierten norwegischen *Fritt Ords Pris* (= Freies Wort-Preis), das Geld spendete sie Greenpeace. In Frankreich nahm sie den *Prix Liberté* entgegen, der in Erinnerung an den D-Day im Juni 1944 von der Region Normandie verliehen wird. Auch dieses Preisgeld gab sie Verbänden, die sich für den Klimaschutz engagieren. Am 4. Dezember 2019 wurde Greta Thunberg mit dem *Right Livelihood Award* geehrt, der in Deutschland »Alternativer Nobelpreis« heißt. Er wird aus Spenden finanziert und seit 1980 von einer internationalen Jury an Menschen oder Organisationen verliehen, die sich für menschenwürdige Lebensgrundlagen auf dieser Erde einsetzen. Im Januar 2021 erschien eine neue schwedische Briefmarke mit einer Abbildung Gretas im gelben Regenmantel.

Greta Thunberg ist gefragt worden, ob sie stolz sei auf ihren Erfolg. Ihre Antwort: »Nein. Ich habe doch noch gar nichts erreicht. Selbst wenn es jetzt Demonstrationen rund um die Welt gibt, ist das nur ein Anfang. Die Erwachsenen müssen erkennen, dass sie die Zukunft ihrer Kinder und der Generationen danach aufs Spiel setzen, wenn sie so weiter machen. So lange das nicht passiert und wir nicht genug öffentlichen Druck ausüben, werden die Politiker das Thema weiter ignorieren. Es ist ihnen nicht wirklich bewusst, wie schwerwiegend die Klimakrise ist. Dabei geht es hier um die größte Krise der Menschheitsgeschichte.«

Links

https://theyearofgreta.com
🅾 gretathunberg
𝐟 gretathunbergsweden
🐦 gretathunberg
https://fridaysforfuture.org
🅾 fridaysforfuture
𝐟 FridaysForFuture.org

»DAS GUTE IST MACHBAR«

LUISA NEUBAUER (GEB. 1996)

Die deutsche Stimme von Fridays for Future und die
Klimakrise

Nein, wir sind nicht radikal, sagt das Mädchen. Wir fordern ja nur,
dass eingehalten wird, was beschlossen und ratifiziert wurde. Geht es
angepasster? Es gab da mal eine Klimakonferenz im Dezember 2015.
Das war nicht die erste. Die Staaten der Welt nahmen teil und verpflichteten sich nach langen, intensiven Verhandlungen auf ein gemeinsames Vorgehen. Sie wollten tun, was immer in ihrer Macht
stand, um die Erderwärmung unter 2 Grad Celsius zu drücken. Wichtigste Maßnahme ist dabei die Senkung von Treibhausgasen, vor allem von Kohlendioxyd-Emissionen, die als »Klimakiller Nr. 1« die
größte Gefahr für unseren Planeten und seine Bewohnbarkeit darstel-
len. Den CO_2-Ausstoß also gelte es in allererster Linie zu senken. Und
woher kommt das Kohlendioxyd? Beispielsweise und in starkem Maße aus den Kohlekraftwerken zur Stromerzeugung. Das weiß die Welt
schon lange. Und sie steuert gegen und entwickelt alternative Energiequellen: Sonne etwa und Windkraft. Auch bei der Fortbewegung
mittels Fahrzeugen, die von Verbrennungsmotoren angetrieben werden, entsteht zu viel CO_2. Die Industrie und die moderne Landwirtschaft wären gleichfalls zu nennen. Man kann CO_2 sparen. Aber tut
man es? Hier und da ein wenig, aber beileibe nicht in dem Ausmaß,
der nötig wäre, um die einst in Paris beschlossenen »Klimaziele« zu
erreichen.

Ist radikal, wer fordert, dass die Staaten sich auf ihre eigenen Beschlüsse besinnen und die nötigen Schritte gehen, damit die Erde sich nicht weiter so heftig, sondern moderat, unter 2 Grad, möglichst nur um 1,5 Grad, aufheizt? Nein, eigentlich nicht, findet das Mädchen. Diese Forderung ist nur vernünftig. Sie ist menschenfreundlich. Die Staatsmänner und -frauen, die damals in Paris verhandelt haben, sind irritiert. Sie halten das Mädchen für neunmalklug und vorwitzig. Sie pochen auf ihre Verantwortung. Schließlich würde eine weitgehende Umsteuerung zum Beispiel weg von der Kohle und hin zu erneuerbaren Energien eine Unmenge Arbeitsplätze kosten und große Strukturprobleme aufwerfen, zu schweigen von einer Umrüstung aller Industrieanlagen, Maschinen, Fahrzeuge und Heizungen und von einer Deindustrialisierung der Landwirtschaft. Von diesen Dingen versteht das Mädchen nichts. Es soll den Mund halten. Das tut es aber nicht. Stattdessen bestreikt es jeden Freitag seine Schule, um auf das ungelöste Problem aufmerksam zu machen. Es besteht darauf, dass die einmal festgelegten Klimaziele eingehalten werden müssen, denn es sieht zweierlei: zum einen, dass das eben nicht geschieht, dass die Industriestaaten der Welt weiterhin auf Wachstum setzen und sogar neue Kohlekraftwerke bauen, zum anderen, dass dieses Nichtgeschehen Folgen zeitigt – die Erde erwärmt sich rapide, man merkt es an Extremwetterlagen, Dürren, Stürmen und schmelzenden Polkappen, man weiß es aus den Studien von Experten, die davor warnen, dass der Meeresspiegel steigen wird und Städte wie New York, Rio de Janeiro, San Francisco oder Hamburg in nicht allzu ferner Zeit buchstäblich ertrinken werden. Dass die erhitzte Erde ihrer Unbewohnbarkeit entgegenrollt. Die Umweltminister und Staatschefinnen, die heute im Amt sind, werden dann schon gestorben sein, aber das Mädchen wird mitten im Leben stehen und womöglich auf der Flucht sein – mit ihren Kindern oder Enkeln, in einer von den Helden des »Anthropozän« verwüsteten Welt, ohne Hoffnung auf eine neue Eiszeit, denn die desaströse Erhitzung wird unumkehrbar sein.

Das Mädchen hat viele Namen. In Deutschland heißt es Luisa Neubauer – und außer dieser Aktivistin für die *FfF = Fridays for Future*

gibt es noch sehr viele weitere. Luisa war eine der ersten und kampf-
lustigsten, die diese Bewegung junger Menschen für die Rettung des
Klimas in der Bundesrepublik durchgesetzt und vorangebracht haben.
»Wir sind da, wir sind laut, weil ihr uns die Zukunft klaut« heißt die
Parole. Nein, sie sind wirklich nicht radikal, diese Schülerinnen und
Schüler, die freitags demonstrieren statt zur Schule zu gehen, wenn
man unter Radikalität die Forderung nach einem Umsturz versteht.
Sie glauben daran, und sie weisen es nach, dass eine weit stärkere
Senkung des CO_2-Ausstoßes möglich wäre, als sie derzeit passiert.
Sie nennen sich *Possibilisten*, das sind Leute, die durchsetzen wollen,
was möglich ist und dabei auch wissen, was alles möglich ist. Sie
verschweigen nicht, dass sie an sich denken, wenn sie auf die Straße
gehen. Ja, sie wollen die Welt retten, aber vor allem, weil sie selbst
diese Welt in zwanzig, vierzig und sechzig Jahren noch brauchen werden. Im Gegensatz zu den meisten Politikerinnen, Industriekapitänen,
Autofahrerinnen und Piloten von heute.

Luisa Neubauer wurde 1996 in Hamburg geboren. Nach dem Abitur
2014 ging sie für ein Jahr nach Tansania, um dort in einem Entwick-
lungshilfeprojekt zu arbeiten. Sie studierte Geografie in Göttingen,
schloss 2020 mit dem Bachelor ab. »Ich gehöre zur Paris-Genera-
tion«, sagt sie, das sind die jungen Leute, die nach dem Klimaabkommen 2015 dachten, nun werde etwas getan, was eine Wende in der
Klimapolitik zu nennen wäre und bald darauf feststellen mussten,
dass dem nicht so war. »Es ist ja nichts Neues, dass sich junge Menschen über die Regeln beklagen und ihren Eltern sagen: Wir wollen es
anders machen. Aber wir sagen nicht, wie es anders und besser geht.
Wir sagen: Leute, könntet ihr mal bitte schleunigst durchsetzen, was
ihr schon 1992 in Rio und 2002, 2006 und 2015 alles beschlossen
habt?«

Anfang Dezember 2018 war Luisa Neubauer als Jugenddelegierte von
der Deutschen Gesellschaft für die Vereinten Nationen beim Weltkli-
magipfel im polnischen Katowice dabei und traf dort die schwedische
Aktivistin Greta Thunberg, die im Sommer desselben Jahres den

Schulstreik für das Klima erfunden hatte. Und damit auf Anhieb erfolgreich war. Denn überall in der Welt hörten junge, noch schulpflichtige Menschen ihren Ruf und verstanden ihre Geste. Sie stellte sich immer freitags, ein Schild vor sich haltend, auf dem »Schulstreik fürs Klima« stand, in Stockholm vor dem Parlament auf und schaute vor sich hin. Eine sehr schlichte Inszenierung, die auf ein weltweites Echo stieß. Thunberg: »Erwachsene sagen immer wieder: Wir sind es den jungen Leuten schuldig, ihnen Hoffnung zu geben. Aber ich will eure Hoffnung nicht. Ich will, dass ihr in Panik geratet, dass ihr die Angst spürt, die ich jeden Tag spüre.« Diese Worte richtete die junge Schwedin an die globalen Entscheider.

Neubauer reiste von Katowice aus mit Thunberg nach Brüssel, Wien, Paris und Berlin. Dort beriet sie sich mit anderen Jugendlichen, was zu tun sei, um den Schulstreik auch in Deutschland als neue Protestform durchzusetzen. Sie fand schnell viel Resonanz. Der erste FfF-Schulstreik, von ihr mitorganisiert, fand am 14. Dezember 2018 in Berlin statt. »Ich hatte den allergrößten Respekt vor jeder einzelnen Person, die an diesem Dezembermorgen mit uns vor dem Bundestag gegen Zukunftsklau und Klimazerstörung demonstrierte. Mit kalten Händen und Füßen. Sie alle kamen, ohne zu wissen, worauf das hinauslaufen sollte; auf einen Erfolg oder einfach nur eine verschwendete Fehlstunde und den entsprechenden Stress mit Eltern und Lehrer*innen. Sie kamen, weil sie nicht länger um ihre Zukunft betrogen werden wollten. Diese Menschen kamen, weil sie das Gefühl hatten, dass die Veränderung möglich, machbar ist. Es ist so leicht, Menschen zu unterschätzen.«

Fünfhundert Ortsgruppen sind mittlerweile entstanden. »Was wir machen, ist wahnsinnig nachhaltig. Wir binden Menschen in Strukturen ein, wir versuchen, die Veranstaltungen so zu gestalten, dass man etwas lernen kann. Und wir führen Grundsatzdebatten über das, was wir uns unter Klimaschutz vorstellen.« Luisa Neubauer näherte sich der Nichtregierungsorganisation *ONE* (Kampagnen gegen weltweite Armut), deren Jugendbotschafterin sie ist und der Partei der GRÜNEN.

»Was uns antreibt, ist nicht der Glaube, dass alles gut wird, sondern die Überzeugung, dass die Katastrophe nicht unausweichlich und viel Gutes noch machbar ist.« Da spricht die Possibilistin. Neubauer hält es für nicht unmöglich, noch weitere 824 Freitage zu streiken – denn so viele Freitage würden kommen und vergehen bis zum geplanten Kohleausstieg der Bundesregierung im Jahre 2038. Denn das sei viel zu spät. Die *Fridays for Future*-Bewegung fordert den Kohleausstieg bis 2030. Das Jahr 2038, das die Kohlekommission als Datum des endgültigen Ausstiegs nannte, sei, so Neubauer, »ein leiser Anfang. Aber es zeigt in aller Schärfe, was am Verhandlungstisch gefehlt hat: Den Preis für weitere zwanzig Jahre der Kohleverstromung zahlt nicht nur das Klima. Die Rechnung geht an uns, an die Menschen, die in zwanzig Jahren mitten im Leben stehen.«

Die unverhohlene Wir-Bezogenheit der FfF-Aktiven, die Ablehnung der Helden-Pose: Nein, wir wollen nicht selbstlos die Welt retten, sondern die Welt für uns retten, weil wir sonst nicht überleben, nimmt aller Kritik, die auf jugendlichen Idealismus abhebt, den Wind aus den Segeln. Die Mädchen und Jungen wollen etwas für sich selbst, eine Welt, in der sie atmen können, also muss man sie anhören. Es gerieten dann aber die Mittel in Verdacht und unter Beschuss. Waren das nicht lauter Schulschwänzerinnen, die da schwadronierten? Besonders in Deutschland, wo man so gern den Zeigefinger hebt, wurden Stimmen laut, die den Jugendlichen vorwarfen, sie verstünden doch eh nichts von der Materie und sollten mal lieber zur Schule gehen, um das zu ändern. Aber das war nur zu Anfang so. Es stellte sich nämlich bald in Debatten, Konferenzen und Talkshows heraus, dass die jungen Leute Vieles wussten und sich bis hinein in die Einzelheiten gut in der komplizierten Klima-Thematik auskannten. Allen voran Luisa Neubauer. Sie hatte ihre Hausaufgaben gemacht, auch ohne freitags in die Schule beziehungsweise zur Universität zu gehen. In Talkrunden und Interviews versuchte man immer wieder, das Mädchen der Ahnungslosigkeit zu überführen, damit sie begreife, dass es sehr, sehr lange dauern werde, bis die Klimaziele schön eins nach dem anderen ohne allzu hohe ökonomische und soziale Kosten zu erreichen seien. Aber

das ging schief, denn Neubauer fuhr wie ein kluger Kistenteufel dazwischen, indem sie nachwies, dass da Fehler in den Berechnungen
der Energiekonzerne und der ihnen hörigen Politik steckten und dass
man sehr viel schneller sehr viel weiter kommen könne. Die Modera-
toren und Interviewerinnen stutzten. Was war denn das? Eine Protest-
lerin, die sich auskannte? Die mehr wusste über die Luft und deren
Verschmutzung durch industrielle Fertigungsprozesse, die mehr gelesen hatte über die Erde und die Kohlespeicher, die darin ruhten, die
besser erklären konnte, was Nachhaltigkeit bedeutete als der promo-
vierte Experte in Sachen Atmosphäre und der Vorstandsvorsitzende
des großen Energiekonzerns? Sie alle gingen doch von denselben Tatsachen aus. Wie konnten sie zu so verschiedenen Ergebnissen kommen? Tatsachen und Strategien sind eben zweierlei. Das politische
ebenso wie das wirtschaftliche Establishment will zu seinen Lebzei-
ten möglichst geringe Kosten tragen, deshalb interpretiert es die erho-
benen Daten so, dass noch viel Zeit bleibt. Sie betreibt Aufschieberi-
tis. Die junge Generation aber ist gesteuert von Ungeduld. Denn sie
möchte eine Erde erben, auf der zu leben es sich lohnt. Deshalb interpretiert sie die Tatsachen anders und entwickelt eine Strategie, in der
der Zeitfaktor eine viel mächtigere Rolle spielt als in der Politik der
alten weißen Männer und Frauen. Sie kann und will nicht mehr be-
schwichtigen, will auch keine »Hoffnung« mehr von den Müttern und
Vätern geschenkt bekommen. Sie hat ihre eigene *possibilistische*
Hoffnung, und hinter der sitzt Druck: Jetzt etwas zu ändern. Vieles zu
ändern.

Die Bewegung *Fridays for Future* verbreitete sich über die ganze
Welt. Sie versteht sich als Graswurzelbewegung – es gibt keine Hierarchie und keinen Vorstand, entscheidend sind die Ortsgruppen. In
Deutschland tagt eine FfF-Konferenz, zu der die Gruppen ihre Dele-
gierten entsenden. Die Kommunikation erfolgt vorwiegend über Soziale Medien und Messenger-Dienste. Am 15. März 2019, dem großen internationalen Schulstreik- und Demonstrationstag fürs Klima,
gingen Menschen in ganz Europa auf die Straße, so in Belgien, Italien,
Frankreich, England, Skandinavien, Russland, und, global gesehen, in

Australien, Brasilien, China, Indien, Japan, Kanada, Thailand und den Vereinigten Staaten. Ferner gründeten sich in mehreren Ländern Hilfsprojekte für die FfF-Bewegung, so etwa Wissenschaftler für die Zukunft, Künstler für die Zukunft und Unternehmer für die Zukunft.

Im Jahre 2019 veröffentlicht Luisa Neubauer mit Alexander Repenning, einem in Genf lebenden FfF-Unterstützer, ein Buch: *Vom Ende der Klimakrise. Eine Geschichte unserer Zukunft.* Das Autoren-Duo erwägt darin die Notwendigkeit, eine neue Sprache zu finden, die dem Ernst der Lage gerecht wird – genau wie es Greta Thunberg in Schweden getan hat. So weckt »Klima- oder Erderwärmung« falsche Assoziationen. Erwärmung ist etwas Angenehmes, Menschen »erwärmen« sich für eine Idee, schließen sich ihr also auf. Solche positiven Gefühle sollten besser nicht entstehen, wenn von der Klimakrise die Rede ist, es sollte klar werden, dass eine große reale Gefahr droht. Also wäre »Klimaerhitzung« das passendere Wort. Auch »Klimawandel« haut nicht hin. Im Wort »Wandel« verbirgt sich die Annahme von Autonomie: Wenn sich etwas wandelt, so tut es das, denkt man, von innen heraus, von sich aus. Der sogenannte Klimawandel aber ist von Menschen gemacht, das Klima hat sich eben nicht von selbst gewandelt, das ist ja gerade das Unheil und die Herausforderung. Also wäre »Klimanotstand« oder wenigstens »Klimakrise« der treffendere Begriff.

Auch mit der Standardfrage, die fast jedes Interview abschließt, befassen Neubauer und Repenning sich kritisch. »Was tun Sie selbst, um den Klimawandel zu stoppen?« fragen die Journalisten und Reporterinnen gern am Ende eines Gesprächs. Sie möchten dann hören, dass Luisa Neubauer Fahrrad fährt, nicht mehr fliegt, vegan lebt und Müll vermeidet. Und so förderlich es ist, wenn viele Menschen eine solche Lebensweise annehmen, so irreführend ist doch dieser Rekurs auf die individuelle Konsumhaltung, wenn vom Öko-Notstand die Rede ist. Dieser Rekurs ist zugleich eine Verkürzung, denn er weckt den Anschein, als müssten wir uns nur alle etwas Mühe geben und auf dies und das verzichten, und schon geht es gut aus. Seit Luisa Neubauer einen Shitstorm durchgemacht hat, weil ein Nutzer der Sozialen Medien herausgefunden hatte, dass sie mit einem Flugzeug unterwegs gewesen war, ist sie für diese Verkürzung besonders sensibilisiert. Hinter der Abholzung des Regenwaldes, des Treibhauseffektes, der Überfischung der Meere und der Entstehung neuer Wüsten durch Überweidung und der Zunahme von CO_2 in der Atmosphäre stecken weltweit Profitinteressen und Industriepolitiken, die nicht durch Müllvermeidung und Vegetarismus aufgehalten werden können. Dazu braucht es eine entschlossene Ökopolitik, die diese Interessen in den Blick nimmt und durch Auflagen zügelt.

Kann denn nicht der Markt, wie die um das Klima durchaus besorgten Spitzenpolitiker hier und anderswo gern betonen, die zuverlässige letzte Instanz sein, die eine Klimakatastrophe abwendet? Etwa mittels CO_2-Emissionshandel oder technischer Innovationen, die klimaschonend wirken? Da ist die Generation Paris skeptisch. Sie glaubt nicht, dass es ohne Ge- und Verbote abgehen werde, also durch staatliches Handeln, das die Neoliberalen in der westlichen Welt als so schädlich für die Wirtschaft und den Wohlstand erachten. Aber staatliches Handeln ist nicht per se für die ökonomische Sphäre nachteilig, sie ist als Strukturpolitik für sie sogar nötig. Auch die Sklavenwirtschaft, so schreiben es Neubauer und Repenning in ihrem Buch, sei nicht aus ökonomischen Erwägungen, will sagen als unrentabel, abgeschafft worden, sondern aus humanistischen Motiven heraus, nicht als Akt oder Aktion wirtschaftlicher Rationalität, sondern als Akt der Menschlichkeit. Eine solche Art von Rücksicht braucht auch das Klima.

Aber gibt es nicht auch Stimmen, die die Erderhitzung bestreiten oder als vorübergehendes Phänomen abtun? Die gibt es, das wissen die FfF-Aktivistinnen nur zu gut, sie sprechen hier von einer gestörten Kommunikation. Die sogenannte Klimaskepsis sei gezielt gefördert worden, von eben den Kräften, die um ihre Pfründe fürchten müssen, wenn die Vernunft sich durchsetzt, allen voran die Energiemultis. Da bleibt eine Menge Aufklärungsarbeit für die Generation Paris, auch Klimajugend genannt. Es bleibt dieser Jugend gar nichts anderes übrig, als genauer zu forschen, zu erkennen, zu berechnen und zu schlussfolgern als die Mächtigen, die davon profitieren, dass sich die Bevölkerung der großen Industrienationen immer wieder Sand in die Augen streuen lässt von gekauften Wissenschaftlern und Kommentatoren, die den Klimanotstand zu einem von Hysterikern heraufbeschworenen Phantom erklären. Die jungen Leute müssen eben noch besser informiert sein. Und sie machen diesen Eindruck, sie überzeugen – zumindest ihre eigene Generation. Sie arbeiten unermüdlich an einer Entstörung der Kommunikation.

Als Radikalinskis wollen sie sich nicht abstempeln lassen, die Luisas und Gretas und alle ihre Brüder und Schwestern in der weiten Welt. Sie machen den Radikalinski-Vorwurf vielmehr ihren Gegnern: »Was ist radikal daran«, fragen Neubauer und Repenning in ihrem Buch, »umwelt-, klima- und gesundheitsschädliche Geschäftspraktiken zu verbieten? Radikal ist es, sie nicht zu regulieren. Radikal ist es, stattdessen Anreize zu schaffen, die Unternehmen, die Umwelt, Klima und Gesundheit schädigen, steuerlich zu entlasten. Radikal ist es, einen anhaltenden ökologischen Wahnsinn im Namen der Freiheit zu verteidigen. Radikal – auf die denkbar destruktivste Weise.« Dem vor Hauruck-Verfahren warnenden Wirtschaftsminister Peter Altmaier hielt Neubauer entgegen: »Hätten wir vor zwanzig Jahren begonnen, global vier Prozent Emissionen pro Jahr einzusparen, könnten wir das Pariser Klimaabkommen problemlos einhalten. Stattdessen müsste man dafür jetzt weltweit 18 Prozent CO_2 im Jahr einsparen. Wir rasen in einer enormen Geschwindigkeit auf ökologische Schäden zu, die in keiner Weise zu reparieren sind.«

Als Graswurzelbewegung hat *Fridays for Future* so ihre Probleme mit Prominenten. Man sieht die Bewegung als offen und basisdemokratisch, herausragende Einzelne sind eigentlich nicht willkommen. Das war einst auch bei den Grünen so, bis der junge Politik-Nachwuchs dort einsah, dass die Medienöffentlichkeit ihre eigenen Gesetze erlässt und Graswurzelbewegungen diese nicht außer Kraft setzen können. So werden sich auch die FfF-Aktiven damit abfinden müssen, dass Greta Thunberg eine globale Symbolfigur geworden ist und Luisa Neubauer »das Gesicht« der Bewegung in Deutschland. Warum sie das wurde? Sie war zur rechten Zeit am rechten Ort, ist *well informed and independent* = gut informiert und unabhängig – so lautete einst das Ideal für den *citizen* in der sich entwickelnden britischen Demokratie. Die zeitgenössische Öffentlichkeit ist zu einem guten Teil von den sogenannten neuen Sozialen Medien bestimmt, das heißt, die dort wirkenden Mechanismen, die Popularität und Prominenz in kürzester Frist zugleich erzeugen und belohnen, werden weiter dafür sorgen, dass smarte Einzelne öfter angeklickt und eingeladen werden, als es der basisdemokratische Grundkonsens sympathisch findet. Jede Masse, die ein gemeinsames Ziel verfolgt, muss sich vertreten lassen, um gehört zu werden; die Abstimmungsprozesse, die garantieren, dass der *social contract* = der Vertrag über das gemeinsame Ziel, auch eingehalten wird, sind die eigentliche Probe auf die Demokratie. Ohne Eminenz, ohne das Herausragen einzelner, auch mehrerer Personen geht es dabei nicht ab. Das war schon in der Antike so, in der ein einzelner Rhetor sich zwar hervortat, aber – im guten Fall – für das Volk sprach. Das war im Mittelalter so, als sprachbegabte Mönche auf dem Marktplatz für ein Gott wohlgefälliges Leben warben. Und das ist heute so, wo eine weltweite Vernetzung von FfF-Gruppen durch die digitalen Medien möglich geworden ist, zugleich aber Bilder Einzelner sich einprägen sollen – auch im Lager der Gegner. Denn eine entstörte Kommunikation ist immer eine von Mensch zu Mensch, und wenn sie von Berlin nach Neuseeland geht, ist man froh, wenn man nicht nur am Telefon die Stimme eines solidarischen Mitkämpfers, einer Mitkämpferin hört, sondern auch noch das Bild einer Person sieht und zwar während sie spricht. Was Luisa Neubauer ihre Rolle vorn in der Front der FfF-Bewegung verschafft hat, ist nicht nur ihr Wissen um die Ziele, die sie vertritt und die Unbeirrbarkeit, mit der sie sie vertritt, sondern auch ihr Mut, sich in der ersten Reihe aufzustellen und sich dort mit Staatslenkern, Ministerinnen, Managern und Kirchenleuten in die Debatte zu begeben. Einstweilen hält sie sich darin gut. Und sie versucht, den Begriff und die Wirklichkeit von »Radikalität« umzudeuten und positiv aufzuladen. An die Adresse der deutschen Bundeskanzlerin hat sie in ihrem Buch diese Worte gerichtet: »Werden Sie zur Verbündeten derjenigen, die verstanden haben, dass Klimaschutz nicht ›gemäßigt‹, sondern immer radikal sein muss, denn diese Krise fordert Radikalität im besten Sinne.« Ihr Podcast *1,5 Grad* gewann am 9. Juni 2021 den deutschen Podcastpreis in der Kategorie »Best Newcomer.«

Jetzt hat sich im Mai des Jahres 2021 das Bundesverfassungsgericht in einem aufsehenerregenden Urteil den jungen Weltenretterinnen an die Seite gestellt und ihnen einen kräftigen Rückenwind verschafft. Es verfügte, dass die Pariser Klimaziele als eine einklagbare Verpflichtung zu behandeln seien. Dieses Urteil erzeugt nun einen zusätzlichen Druck auf die Regierenden in Bund und Ländern, über politische Schritte nachzudenken, die zu klimaneutralem Wirtschaften und Leben schon im Jahre 2045 führen werden. Der kritischen Jugend wurde von höchster Stelle Recht gegeben.

Links

https://luisaneubauer.com

luisaneubauer

Luisamneubauer

https://fridaysforfuture.de

fridaysforfuture.de

FridayForFuture

fridaysforfuture.de

RETTET DEN REGENWALD!

HELENA GUALINGA (GEB. 2002)
Die ecuadorianische Aktivistin und ihr Kampf für die Natur am
Amazonas und die Rechte ihres Volkes

RAYANNE CRISTINE MAXIMO FRANCA (GEB. 1994)
Die brasilianische Aktivistin und ihr Kampf für die Umwelt
und die Rechte indigener Frauen

Unter dem Regenwald liegt schon das Öl. Erst im Jahre 1967 wurde
es entdeckt, auch in anderen Gegenden des Landes, dann kam die
Pipeline zum Pazifik, und seitdem ist Ecuador ein wichtiger Erdölex-
porteur. Man hat ausgerechnet, dass die riesigen Mengen, die noch im
Boden lagern, dem Staate Ecuador bei gleichbleibender Förderungs-
intensität 25 Jahre lang die gewohnten Einkünfte aus dem Ölgeschäft
sichern würden. Aber wem gehört das Öl eigentlich, und wer macht
die Geschäfte damit?

Die Frage ist schwieriger zu beantworten, als man denken sollte. Anfangs hatten sich amerikanische Firmen die Bohrlizenzen gesichert,
aber mit der Zeit lugte hinter dem Segen, der auf das Land in Form
von Petrodollars niederging, der Fluch hervor. Die Pipelines waren
kostengünstig errichtet worden, was in der Praxis hieß, dass sie öfter
mal Leck schlugen und Rohöl auslief. Auch waren sie keineswegs
erdbebensicher, was in Ecuador mit seinen vielen Vulkanen und den
in ständiger Bewegung befindlichen seismischen Platten, auf denen

das Land liegt, ein großer Nachteil ist. Die Verseuchung ganzer Landstriche durch Ölpest rief Umweltschützer auf den Plan. 2006 kündigte der Staat den Amerikanern und übernahm die Förderung zu Anteilen selbst. Das änderte nichts an den Umweltproblemen. Und dann gab es da Menschen, durch deren Siedlungen die Pipelines führten, die aber am Profit aus dem Ölgeschäft nicht partizipierten, wobei sie die Umweltschäden zu ertragen hatten: die indigene Bevölkerung. Die betrachtete das Wirken der Ölfirmen mit tiefer Skepsis. Von Regierungsseite hieß es immer, der Reichtum, der im Öl Ecuadors beschlossen liege, käme doch allen zugute, Arbeitsplätze würden geschaffen und Straßen gebaut, im Land würde alles mächtig vorwärts gehen.

Doch für die Ureinwohner änderten sich die Dinge nur zum Schlechteren. Sie waren hilflos. Manche Stämme ließen sich überreden oder bestechen und gestatteten den Projektleitern den Zugang zu ihrem Land – schweren Herzens oder mit der Faust in der Tasche. Massiv wurde der Protest, als im Osten, mitten im Regenwald, neue Bohrungen geplant wurden, da, wo es eine ungewöhnlich artenreiche Fauna, unendliche Urwälder und Naturparks gibt – und Dörfer, in denen Menschen leben, die glauben, das Land, auf dem sie ihre Hütten gebaut hatten, gehöre ihnen. Eines dieser Dörfer heißt Sarayaku, es ist die Heimat von 1500 Menschen und liegt in der Provinz Pastaza im Osten des Landes, da, wo die Flüsse Curaray, Tigre, Pinoyacu, Conambu und weitere auf den Amazonas zuströmen. Die indigenen Bewohner gehören zum Volk der Kichwa und sprechen ihre eigene Sprache. Schon Ende der 1980er-Jahre gab es Versuche von Firmen, mit der Erdölförderung auf dem Gebiet der Kichwa zu beginnen – aber die Menschen vertrieben die Vorposten der Erdölfirmen und organisierten den Widerstand. Einer der ihren, Eriberto Gualinga, drehte einen Film über Sarayaku und dessen Gegenwehr gegen die argentinische Firma, die hier bohren wollte. Er und andere installierten einen Satellitenempfang, um damit den Anschluss des Dorfes ans Internet zu bewerkstelligen, und so wurde die Auseinandersetzung in Amazonien zum weltweiten Ereignis.

Wie war die Gesetzeslage? Den Kichwa von Sarayaku stand tatsächlich ein Recht auf ihren Grund und Boden zu. Die Schätze im Bodeninnern aber sollten allen gehören – also dem Staat. Für eine Förderung des Öls allerdings müssten die Menschen, die – von jeher, schon lange vor dem Eindringen der Europäer – dort siedelten, ihre Zustimmung geben. Und eben diese verweigerten die Sarayakuer. Als die Kämpfe hitziger wurden und sowohl die Regierung in Quito als auch die Ölfirmen begannen, die Indigenen zu bedrängen und zu bedrohen und sich Übergriffe leisteten – es soll Tote gegeben haben –, zog das Dorf vor Gericht. Im Jahr 2012 entschied der Interamerikanische Gerichtshof für Menschenrechte in Costa Rica zugunsten des Dorfes. Die Kichwa erhielten eine Entschädigung für das ihnen angetane Unrecht, die Regierung und die Ölmultis hatten fürs Erste verloren. Das hieß aber nicht, dass in anderen Teilen des Landes über die Ölförderung neu nachgedacht wurde. Auch im Osten, im »Amazonastiefland«, führten die Begehrlichkeiten des ecuadorianischen Staates und der internationalen Konsortien, die am Hafen von Guayaquil das Rohöl verschiffen, zu weiteren Verhandlungen mit den Ureinwohnern. Nicht alle waren so standhaft wie die Kichwa. Mit einem Wort: Die Gefahr einer Umweltkatastrophe in Amazonien war noch lange nicht gebannt. Die Wirtschaft Ecuadors und damit auch Staat und Gesellschaft hängen ab von dem »flüssigen Gold«, dessen Gewinnung einen großen Teil des Bruttosozialprodukts ausmacht. Das Land kann nicht einfach mal so die Erdölförderung zurückfahren. Die Folgen wären eine ökonomische und soziale Katastrophe. Aber was wäre, wenn die Forcierung und der Ausbau der Erdölproduktion zu einer noch größeren Katastrophe führten, nicht nur in Ecuador?

Bei den Kichwa im Amazonastiefland gibt es eine Frauenversammlung, die Beschlüsse für die Belange ihrer Dörfer fasst und die auch den Widerstand gegen die Ölkonzerne angeführt hat. Deren Vorsitzende Noemí Gualinga brachte im Jahre 2002 in Sarayaku ihre Tochter Helena zur Welt. Vater des Mädchens ist der aus Nordeuropa stammende Biologieprofessor Anders Sirén, der in Turku, Finnland, lehrt. Helena wuchs in Sarayaku mitten in der großartigen Natur dieser

Gegend auf, zog dann aber zum Schulbesuch nach Turku zu ihrem Vater. Sie war bald in zwei Welten zu Hause. Ihre Heimat ist das Dorf Sarayaku im Regenwald des ecuadorianischen Amazonien, wo die Menschen wissen, dass der Wald, die Sümpfe, die Flüsse, die Täler und Hügel und natürlich auch die Tiere – hier leben Affen, Jaguare und Adler – eine Seele haben, ein Dorf, das sich gegen die da oben in Quito durchgesetzt hatte und in dem viele ihrer Verwandten, auch ihr Onkel, der Filmemacher Eriberto Gualinga, leben. Ihre zweite Heimat ist Finnland, wo sie die europäische Kultur kennenlernt, sich an den Komfort der westlichen Lebensart gewöhnt und schnell Freunde findet. Ihre Eltern haben sich einst in Sarayaku kennengelernt, als der Vater dort auf Forschungsreise war. Jetzt erforscht seine Tochter die Hintergründe des Schicksals ihres Dorfes.

Sie lernt Englisch in Turku und hat Zugang zu allen Publikationen, die sich mit der Umwelt und dem Klima befassen. Auch ihre Großmutter, ihre Tante und ihre ältere Schwester waren oder sind Sprecherinnen des Dorfrates, deshalb ist es für Helena fast selbstverständlich, sich an die Öffentlichkeit ihres Landes zu wenden – als Vertrauensfrau ihrer indigenen Gemeinschaft. Es geht inzwischen nicht mehr nur um Rechtsstreitigkeiten mit der Regierung, es geht um ein globales Problem: die Klimakrise. Wirbelstürme mit nie gekannter Vehemenz ziehen in Amazonien auf, die Flüsse treten immer öfter über die Ufer, und Waldbrände hinterlassen Wüstenstreifen. Helena hat sich durch die einschlägige Literatur gearbeitet, sie hat begriffen, dass es nicht nur darauf ankommt, den Yasuní-Nationalpark vor Entstellung durch Bohrtürme und Pipelines zu bewahren, sondern dass die auf dem Erdöl basierende Energiewirtschaft weltweit in Frage gestellt werden muss. Die Kichwa haben die Klimaveränderungen lange schon beobachtet, ohne irgendeinen Zugang zu wissenschaftlichen Veröffentlichungen über diese Phänomene. Sie leben enger an und mit der Natur und können deshalb die Unwucht, die sich in Stürmen und Bränden mitteilt, sofort registrieren. Jetzt kommt Helena mit ihrem Wissen hinzu und erzählt ihren Leuten etwas über CO_2-Emissionen und die Notwendigkeit, im globalen Maßstab zu handeln, die Energiewirtschaft von fossilen Brennstoffen weg- und zu erneuerbaren Energiequellen hin zu steuern. Sie besucht die Schulen in ihrer Umgebung und klärt die Kinder und Jugendlichen auf. Sie meldet sich über die Sozialen Medien als Vertrauensperson für die Angelegenheit der indigenen Bevölkerung und findet im Internet ebenso Informationen und Austausch über die Klimakrise wie Resonanz und Unterstützung für Bemühungen, die Rechte der Kichwa zu wahren.

Im Jahre 2019 führte die ecuadorianische Regierung erneut Verhandlungen über Bohrrechte mit ausländischen Unternehmen, darunter ein chinesisches. Auch Amazonien und das Dorf Sarayaku wären betroffen. Niemand bezog die Menschen, die dort leben, in die Beratungen ein. Auf dem UN-Klima-Gipfel im September 2019 demonstriert Helena für die Rechte ihres Volkes; sie hält ein Transparent mit der Aufschrift: »Sangre indígena, ni una sola gota más« (= Das Blut der Indigenen – kein Tropfen mehr). Im Dezember desselben Jahres tagt die 25. UN-Klimakonferenz in Madrid. Gualinga reist hin und hält eine flammende Rede vor dem Plenum. Viel Zeit bekommt die Siebzehnjährige nicht. Die nutzt sie für einen Frontalangriff auf die Ölindustrie: »Sie kommen in unsere Territorien. Sie vergiften unser Wasser. Sie vergiften unsere Luft und unser Land. Und unsere Regierung erteilt Firmen, die nach Erdöl bohren wollen und für die weltweite Klimakrise an erster Stelle verantwortlich sind, immer noch Konzessionen, sodass deren Ingenieure und ihre Maschinen in unser Land eindringen können. Das ist kriminell.« Mit den Ergebnissen der Konferenz, die auf einen völlig unzulänglichen Minimalkompromiss hinauslaufen, ist sie keineswegs zufrieden. Sie teilt ihre Enttäuschung mit der schwedischen Umweltschützerin Greta Thunberg, der sie zuvor in New York begegnet war. Greta ist sehr jung und sehr klug, genau wie Helena. Beide sind fest entschlossen, in ihren Warnungen vor dem Klimakollaps nicht nachzulassen und den Staaten der Welt die schönen, aber leeren Worte und die mangelnde Tatkraft nicht durchgehen zu lassen. Wobei Helena noch ein zweites großes Anliegen hat: die Rechte der Kichwa und anderer indigener Stämme gegen die Übergriffe der Erdöl-Konzerne aus dem In- und Ausland zu verteidigen. Mit zweihundert weiteren Klimaaktivisten und Kämpferinnen für die Rechte der indigenen Völker initiiert die achtzehnjährige Helena Gualinga im Januar 2020 die Kampagne *Polluters Out* (= Raus mit den Umweltverschmutzern!). Diese Kampagne will den kurzen Draht zwischen Erdölindustrie und Politik in Ecuador durch Einspruch, Einmischung und Intervention kappen. Als erstes fordert *Polluters Out*, dass auf und für Klimakonferenzen kein Geld aus der Petro-Branche mehr fließen dürfe. Angesprochen sollen sich auch die Banken fühlen, welche die ecuadorianische Ölindustrie finanzieren, allen voran die großen Schweizer Banken und andere europäische wie auch amerikanische Geldinstitute.

Im April 2020, auf dem Höhepunkt der ersten Welle der Corona-Pandemie, kommt es im Amazonasgebiet zu einem Erdrutsch unter dem Wasserfall San Rafael, dabei gehen zwei Pipelines der staatlichen Erdölfirma Petro Ecuador, gebaut in den 1970er-Jahren, zu Bruch. Rohöl läuft in großen Mengen aus, es sind mehr als zwei Millionen Liter. Flüsse und Seen werden über lange Strecken kontaminiert, die Bevölkerung der Umgebung ist vom Trinkwasser abgeschnitten, Mensch und Vieh erkranken, der Fischfang muss eingestellt werden. Die Regierung entzieht sich der Verantwortung, schiebt die Schuld auf »höhere Gewalt«, dabei hatten Geologen gewarnt: Das Erdreich unter einem Wasserfall kann immer ins Rutschen geraten, hier dürfe man keine Pipelines entlangführen. Die Hilferufe der betroffenen Gemeinden, es sind Zehntausende von Menschen, werden kaum gehört, denn die Medien haben, zur Erleichterung der Regierung, mit nichts anderem als dem neuartigen Corona-Virus zu tun. Einzig Helena und ihre Organisation *Polluters Out* reagieren auf Twitter und stellen einen Bericht über das Desaster online. Bald spricht man von einer der schlimmsten Umweltkatastrophen der letzten Jahrzehnte. Wieder reichen die Bauern und Fischer der Gegend Klage ein, um von der Regierung eine Entschädigung zu erzwingen. Die Corona-Krise indes verzögert das Verfahren, Anhörungen werden ausgesetzt, die doppelt gestraften Menschen aus der Umgebung des Wasserfalls versuchen, sich irgendwie über die Runden zu retten. Im Sommer kommt es dann noch zu starken Regengüssen mit Überschwemmungen, das ausgelaufene Öl wird weit über die Felder verteilt, auf denen die Landbewohner ihre Nahrungsmittel angebaut hatten. Die Lebensgrundlagen von mehr als tausend Familien sind zerstört.

Viele indigene Ecuadorianer, aber auch Bewohner der Küsten- und der Andenregion des Landes, die sich Helena Gualingas Ruf nach einem Ende der Erdölförderung bisher verschlossen hatten und eine Entwicklung des jungen Staates ohne das Ölgeschäft für unmöglich hielten, denken jetzt noch einmal neu nach und erkennen, dass die Rettung des Regenwalds vor der Verunreinigung und die Rettung des Klimas vor dem Kohlenstoff eben doch zusammenhängen. Helenas *Polluters Out* gewinnt Anhänger in- und außerhalb Ecuadors, der globale Horizont des Problems mit den fossilen Energieträgern leuchtet vielen ein. Dank des Internets und der Sozialen Medien kann Helena ihren Einsatz für das Klima und die Rechte der Indigenen von Finnland aus weiterführen, wo sie derzeit lebt und sich auf ein Universitätsstudium vorbereitet. Sie möchte einen sozialen Beruf ergreifen. Die Losung von *Polluters Out* lautet:»Der wichtigste Schritt zum Stopp der Klimaveränderung ist ein Stopp der Förderung fossiler Brennstoffe.« Das Geschäft mit dem Öl kostet die Welt ihr gesundes Klima.

Der Amazonas entspringt in Peru und fließt im Norden Brasiliens in den Atlantik. Entlang seiner Küste wohnten immer schon die indigenen Völker, denn er lieferte ihnen Wasser und fruchtbare Ufer, im Hinterland den Regenwald mit seinen Früchten zum Pflücken und Anbauen und seinen Tieren zum Jagen und Zähmen. Die modernen Zeiten haben mit der Industrie, der Motorisierung, dem Straßenbau und nicht zuletzt der Erdölförderung das Gesicht des Amazonasbeckens und seiner Verläufe im Norden Brasiliens stark verändert. Aber man erkennt die Grundzüge, und Ureinwohner gibt es immer noch, auch in Brasilien. Sie leben in dörflichen Strukturen im engen Austausch mit der Natur und werden von der modernen Zivilisation, sofern sie ihnen nahe kommt, gleichsam kolonisiert. Die Kontakte zwischen der alten und der neuen Welt am Amazonas verliefen nie friedlich. Die portugiesischen Eroberer brachten Sklaven aus Afrika mit und bekämpften die Ureinwohner ihrer Kolonie ohne Interesse an deren Kultur. Bis heute fremdeln die Indigenen und die portugiesisch sprechenden Brasilianer miteinander, aber es gibt auch Brückenbauer. Zu ihnen gehört RAYANNE CRISTINE MAXIMO FRANCA, geboren 1994 im Gebiet der Ureinwohner, die sich heute für die Rechte der Indigenen ebenso wie für den Umweltschutz stark macht. Die 25-Jährige arbeitet bei einem UN-Frauenprojekt mit, das zum Ziel hat, die Stimmen der indigenen Frauen zu verstärken – denn die werden bislang kaum gehört. Franca spürt die Diskriminierung am eigenen Leib, als sie siebzehnjährig mit dem Segen ihrer Familie an der Universität in der Hauptstadt Brasilia eine Ausbildung zur Krankenschwester beginnt. Unter 22 000 Studierenden gab es nur 35, die aus einer indigenen Gemeinde kamen. »Die Lehrkräfte machten sich über uns lustig. Eine fragte, warum wir überhaupt zur Uni gingen, und sagte, wir sollten nackt herumlaufen und im Wald leben.« Das Projekt, für das Franca sich bei der UNO engagiert, heißt *The empowerment of indigenous women* (= Für die Handlungsfähigkeit indigener Frauen), es fordert gleiche Rechte für Frauen und deren Partizipation an politischen Entscheidungen.

Franca: »Vorurteile und Rassismus sind die Hauptprobleme, mit denen wir konfrontiert sind, da die brasilianische Gesellschaft insgesamt unsere Existenz gerne leugnet. Es ist ein langer Kampf, den wir kämpfen, es geht um nichts weniger als darum, die Existenz der Ureinwohner Brasiliens anzuerkennen. Trotz aller Bemühungen um Integration gibt es indigene Bevölkerungsgruppen, denen daran liegt, ihre Identität zu bewahren. In den letzten Jahren wird eine Stärkung dieser Identitäten zum Zweck der Rettung und Aufwertung unserer Kultur von solchen Brasilianern missbilligt, die einen seltsamen Stolz darauf empfinden, dass sie diejenigen, die anders sind als sie, nicht mögen. Diese Ablehnung kann dazu führen, dass wir uns schämen, unsere eigenen Sprachen zu sprechen und uns als eigenständiger Teil einer Nation zu fühlen. Außerdem bleibt der Zugang zu Informationen und die Beteiligung an der öffentlichen Ordnung für junge indigene Frauen eine Herausforderung.«

Und noch etwas kommt hinzu: Der Regenwald am Amazonas wird großflächig und rücksichtslos abgeholzt. Die Bewohner dieser Gegenden sehen dem Kahlschlag fassungslos zu. Seit Rayanne Cristine und alle, die sich mit ihr engagieren, im Internet laut geworden sind, schauen nicht nur die brasilianischen Anrainer des großen Flusses, sondern die Menschen in aller Welt auf den Tatort Amazonas. Denn der Regenwald, der das klimaschädliche CO_2 bindet, kann nicht weiter schrumpfen ohne Auswirkungen auf das Wetter und die Atmosphäre weltweit.

Das Holz aus dem Urwald wird von Firmen aus aller Welt geschlagen, verschifft und gehandelt, Gesetze, die zum Beispiel das kostbare Tropenholz Mahagoni schützen, werden umgangen, und die brasilianische Regierung erweist sich vor allem in letzter Zeit als Komplize der kriminellen Händler – sie lässt die Abholzung zu. Doch auch ganz legale Unternehmen führen letztlich zum Kahlschlag, denn für den Straßenbau, für Minenanlagen, Kraftwerke und vor allem Großplantagen muss Wald gerodet werden. Im Jahre 2008 hat die brasilianische Regierung noch einen Fonds zum Schutz des Regenwalds am Amazonas aufgelegt und den Zusammenhang von Rodung, Bodenerosion und Klimaerwärmung ausdrücklich anerkannt. Aber seit im Jahre 2019 Präsident Jair Bolsonaro ins Amt kam, der öffentlich die Holzfäller als Stützen der Wirtschaft lobt, wird der Umweltschutz als überflüssig eingestuft, und die Abholzung des Regenwaldes nimmt erneut Fahrt auf.

Waldbrände ereignen sich zu Hunderten gleichzeitig, dicke dunkle Rauchwolken drücken auf große Teile des Landes; in Sao Paulo wurde der Ausnahmezustand erklärt, weil man die Hand nicht vor Augen sah. Man schätzt, dass diese multiplen Feuersbrünste schon Folgen der Klimaerhitzung sind oder gar mutwillige Brandstiftungen im Interesse der Großfarmer stattfinden. Die Schutzrechte der indigenen Völker werden überall aufgeweicht oder ignoriert, ihr Lebensraum wird immer enger. Rayanne Cristines Protestprogramm umfasst also eine breite Agenda. Für sie ist klar, dass der Schutz des Regenwaldes und die Rechte der Indigenen auf das Land und den Wald, die sie seit Generationen bewirtschaften, zusammengehören. Franca: »Frauen aus dem Amazonasgebiet sind entschlossen, gegen die schnelllebigen Bedürfnisse des Konsumkapitalismus und seiner Propaganda vorzugehen, die unser Land, unsere Kultur und unsere Rechte nicht respektieren. Die Regierung genehmigt große geschäftliche Anstrengungen wie die Installation mehrerer Wasserkraftwerke im Amazonasbecken. Wir – Frauen und Mädchen – besetzen Räume, in denen unsere Gegner bauen wollen, und prangern ihren illegalen Bergbau an, der unsere Körper mit Quecksilber vergiftet. Unsere Maxime lautet: Es geht um *unser* Territorium. Es geht um unsere Körper, unseren Geist. Wir haben uns durch den Austausch von Informationen in Netzwerken organisiert und suchen nach immer mehr Plattformen, um Workshops, Kurse und Seminare zur Verteidigung unserer Rechte durchzuführen.« Der Aktivismus der indigenen Jugend in Brasilien ist lebhaft und gut begründet, denn das Wissen und die Grundsätze der brasilianischen Mehrheitsgesellschaft werden jetzt von den Indigenen erobert und gegen ihre Bedrücker gekehrt. Unterstützung in Wort, Tat und mit Geld kommt immer häufiger aus fernen Erdteilen. Die UN-Arbeitsgemeinschaft, in der Rayanne Cristine Maximo Franca tätig ist, wird von einer norwegischen Organisation für den Umweltschutz finanziert. Franca trat dem indigenen Jugendnetzwerk in Brasilien (REJUIND) bei. »Ich betrachte mich nicht als Führerin, aber ich habe das Bedürfnis, mich stark auf internationalen Plattformen zu positionieren, mit der festen Absicht, ausdrücklich klar zu machen, dass wir die Verletzung und den Missbrauch indigener Rechte nicht stillschweigend akzeptieren werden. Ich sage jeden Tag laut Nein. Indem wir nicht aufgeben, ehren wir unsere Vorfahren. Wir erinnern uns, woher wir kommen und an welchen Werten wir festhalten, weil wir einen Fuß in der Gemeinde und einen anderen in der Stadt haben. Ich mag Teil der Jugendbewegung sein, aber ich denke daran, dass ich auch für die nächsten Generationen kämpfe.«

Links

🄾 helenagualinga

🐦 sumakhelena

𝐟 Helena Gualinga

https://pollutersout.org

🐦 UN_Women

🄾 unwomen

DEMOKRATIE UND SELBST-BESTIMMUNG

»FÜR EINE ANSTÄNDIGE SLOWAKEI«

KAROLÍNA FARSKÁ (GEB. 1999)
Die Politaktivistin und ihr Kampf gegen die Korruption

Es war im April 2017, als in Bratislava ein Protestmarsch durch die Straßen zog, wie ihn die slowakische Hauptstadt seit dem historischen Wendejahr 1989 nicht mehr erlebt hatte. Etliche Tausend Menschen demonstrierten gegen die Korruption im Land. Aufgerufen hatte dazu eine achtzehnjährige Schülerin namens Karolína Farská aus der Kleinstadt Dubnica nad Váhom, 150 km nördlich der Hauptstadt. Sie hatte kurz zuvor auf ihrem Notebook eine Parlamentsdebatte verfolgt und miterlebt, wie ein Misstrauensantrag der Opposition gegen den Ministerpräsidenten Robert Fico (von der Sozialdemokratischen Partei) ohne viel Federlesens vom Tisch gewischt wurde. Der MP guckte bloß ein paar Löcher in die Luft und schüttelte den Kopf. Unter dem Vorwand, irgendwelche Verfahrensvorschriften seien missachtet worden, landete der Antrag auf dem Stapel für zu vertagende Nebensachen. Dabei war er gut begründet gewesen, die Opposition hatte hier nichts aus der Luft gegriffen. Karolína stockte der Atem. Sie hatte eben einem Übergriff der Exekutive beigewohnt, das wurde ihr schlagartig klar. Im Grunde war dieser Eklat im Parlament keine Überraschung, Korruption galt seit Jahren als heißes Thema im Land. Aber dass es für Beschuldigte so einfach sein sollte, sich herauszuwinden, konnte Karolína dennoch kaum glauben – hier in ihrer Slowakei, einem europäischen Land, verfasst als parlamentarische Demokratie, in der ja doch den Regierenden auf die Finger gesehen werden sollte … Karolína griff zu ihrem Smartphone und rief ihren Schulfreund Dávid Straka an. »Wir müssen sofort handeln!« Die beiden posteten ihre Empörung auf Facebook. Die Rückläufe waren sensationell. Es kamen immer mehr Solidaritätsbekundungen, Farská und Straka waren keineswegs die einzigen, die fanden, jetzt sei die Regierung zu weit gegangen. Und so beschlossen die zwei, eine Demonstration in der Hauptstadt Bratislava zu organisieren, und zwar auf dem »Platz des slowakischen Nationalaufstands«, der eine historische Bedeutung hat. Dort versammelte sich einst der Widerstand gegen die Besatzung durch die deutsche Wehrmacht im Jahre 1944, und 1989 brach hier die »Samtene Revolution« aus. Farská und Straka hatten mit ein paar hundert Gleichgesinnten gerechnet. Als Tausende aufmarschierten, konnten sie es zuerst kaum fassen. Karolína: »Eine Parlamentsdebatte, die unter einem Vorwand beendet wird, ist vielleicht nur eine Kleinigkeit. Denn in diesem Land passieren seit Jahren die unglaublichsten Korruptionsskandale. Bei mir war diese Episode trotzdem der Tropfen, der das Fass zum Überlaufen brachte. So fing alles an.« Auf der Großdemonstration wurde die Forderung erhoben, dass eine unabhängige Kommission die Korruptionsvorwürfe überprüfen müsse.

Die Slowakei ist in ihrer jetzigen Verfassung ein junger Staat, nur wenig älter als Karolína Farská selbst. Im Jahre 1993 sagte sich das Land nach dem Zusammenbruch des Ostblocks friedlich von der Tschechoslowakei los und wurde so unabhängig – den Wandel, der im Jahre 1989 anhob, bezeichnete die Weltpresse als »Samtene Revolution«, eine Anspielung auf die Gewaltfreiheit der Vorgänge. Als sozialistisches Land hatte die Slowakei ihre Schlüsselindustrien verstaatlichen müssen; mehr schlecht als recht erwirtschafteten Bergbau, Autoindustrie, Waffenschmieden und die in Agrargenossenschaften überführte Landwirtschaft ein unzureichendes Bruttosozialprodukt. Nach der Wende wurde das alles privatisiert, und jetzt schlug – wie auch sonst im zerfallenden Ostblock – die Stunde des Nepotismus und der Korruption. Die Parteien – auf der Linken Sozialdemokraten, auf der Rechten Christdemokraten, sowie einige weitere – schickten gewählte

Vertreter in die Parlamente, und diese bastelten Gesetze, die einen Übergang der staatlich gelenkten in eine privatwirtschaftlich-liberale Ordnung bewerkstelligen sollten. Es ist nur logisch, dass sich Gelegenheiten, guten Freunden einen Gefallen zu tun oder sich bei der Übergabe von Lizenzen, Konzessionen und Produktionsmitteln einfach selbst zu bereichern, öfters ergaben. Und sie wurden selten nicht wahrgenommen. Vor allem auf dem Energiesektor bildete sich eine Schicht von Nutznießern, die man – wie in Russland – *Oligarchen* nannte. Die am Aufbau der privaten Ökonomie beteiligten Politiker ließen sich Begünstigungen gut bezahlen, und die Begünstigten durften von den Politikern erwarten, dass diese Gesetzesvorlagen erarbeiteten, die ihnen zupass kamen. Alles musste nach außen hin legal erscheinen, was es zuweilen sogar war – zuweilen aber auch nicht.

Eine freie Presse war auch etwas Neues in der Slowakei ab 1993 – und die jungen Journalisten und Redakteurinnen nahmen zu großen Teilen ihre Aufgabe ernst und versuchten, in das geheime Kartell aus neuen Reichen und Aufsteigern aus den Reihen der Politiker hineinzuleuchten. Dass es Leute gab, die während und nach der Privatisierung der Wirtschaft plötzlich als Millionäre durch die Gegend stolzierten, war kein Geheimnis. Aber die Bevölkerung wollte ganz gerne wissen, wie es dazu gekommen war und wie es weitergehen würde. In den ersten Jahren nach der Wende schrumpfte das Bruttosozialprodukt, Betriebe wurden geschlossen, da sie nicht wettbewerbsfähig waren, eine Marktwirtschaft musste erst etabliert werden. Aber dann ging es aufwärts, die Wachstumsraten waren beträchtlich, 2004 erfolgte der Beitritt in die Europäische Union. Investoren strömten ins Land und errichteten moderne Chemie- und Maschinenbaubetriebe. Aber es wuchs auch die Schicht der Oligarchen. In der Bevölkerung, vor allem in der Jugend, war ein gesundes Misstrauen verbreitet. Insofern war es abzusehen gewesen, dass sich auf Karolínas und Dávids Aufruf so viele junge Menschen meldeten.

Die ältere Generation kannte ja noch den realen Sozialismus und die Unterdrückung durch die Kommunistische Partei, und die Großeltern erinnerten sich an die Niederschlagung des *Prager Frühlings* 1968, eines Aufstandes gegen die Diktatur. Vielen Menschen wurde damals eine Mitwirkung am politischen Leben nachhaltig vergällt. Karolínas Eltern gehören auch zu der eher frustrierten Mittelschicht, die Politik als schmutziges Geschäft ansieht und lieber nichts damit zu tun haben möchte. Der Vater arbeitet bei einer Firma für Sicherheitstechnik, die Mutter ist Erzieherin in einer Kita. Sie haben ihre Tochter gewarnt: Du kannst eh nichts verändern. Finde dich ab. Aber dann kam es ganz anders. Plötzlich steht die Tochter im Mittelpunkt einer großen Bewegung gegen unsaubere Praktiken bei der Privatisierung der Wirtschaft. Und die Demonstrationen gehen weiter, den Sommer über, bis in den Herbst hinein. Die Eltern wundern sich. Sie freuen sich über den Erfolg ihres Mädchens, glauben aber nicht, dass der Zuspruch anhalten wird. Du hast es versucht, klopfen sie Karolína auf die Schulter, du hast bestimmt so manchen aufgeweckt. Aber versprich dir nicht zu viel von diesen Demonstrationen in Bratislava. Karolína ist weiter in den Sozialen Medien aktiv, ihre Reichweite ist ungeheuer gewachsen. Es sieht nicht so aus, als ob all die neuen Follower bald wieder in Schweigen versinken würden. Zumal es auch Gegenstimmen gibt, die finden, dass die jungen slowakischen Regierungskritiker das Maul halten und dem Land dienen sollten oder sie als ausländische Agenten abqualifizieren. Es ist offenbar, dass die Slowakei es noch nicht gelernt hat, eine Opposition – auch außerhalb des Parlamentes – auszuhalten und Gesellschaftskritik als Ferment für die Entwicklung eines Landes gutzuheißen.

Einer der jungen Leute, die sich dafür einsetzten, die slowakischen Korruptionsskandale aufzuklären und hofften, die Spur des Geldes verfolgen und Hintermänner dingfest machen zu können, hieß Ján Kuciak und war investigativer Journalist. Zu seiner Spezialität gehörten die Aufdeckung von Steuerschwindel, der Zweckentfremdung von EU-Fördergeldern und die Verfilzung von organisierter Kriminalität und Großunternehmertum in der Slowakei. Er war auch an der Analyse der sogenannten *Panama Papers* beteiligt, die Steuerbetrug im großen Stil dokumentieren. Seine Recherchen ergaben Kontakte zwischen der süditalienischen Mafia, der 'Ndrangheta, mit slowakischen Wirtschaftsbossen, die sich bis in die Spitzen der Regierung hinein fortsetzten. Der Unternehmer Marián Kočner, über dessen mutmaßlich kriminelle Aktivitäten Kuciak berichtet hatte, drohte dem 27-Jährigen: Er werde sich gegen die Verleumdungen zu wehren wissen. Kuciak ließ sich nicht beirren und recherchierte weiter. Doch kurz bevor er seine Enthüllungsstory, die hochrangige Persönlichkeiten der Verstrickung in Steuerbetrug und der Beihilfe zur Unterschlagung überführen würde, veröffentlichen konnte, wurde er im Februar des Jahres 2018 in seiner Wohnung in Veľká Maca, Westslowakei, erschossen. Er schlief, als der Todesschütze auf ihn anlegte, seine Verlobte Martina Kušnírová, die neben ihm im Bett lag, wurde ebenfalls umgebracht. Man fand die beiden Toten erst vier Tage später. Martinas Mutter hatte sich Sorgen gemacht, weil sie ihre Tochter nicht erreichen konnte.

Als Karolína die Nachricht von diesem Doppelmord erhielt, wollte sie es zunächst nicht glauben. »Das muss eine Falschmeldung sein. So etwas Furchtbares kann in der Slowakei doch gar nicht passieren«, beschreibt Farská ihre erste Reaktion. Wer würde so weit gehen, einen kritischen Journalisten einfach zu töten? Offenbar hatte Kuciak etwas aufgedeckt, was derart große Angst in gewissen Kreisen auslöste, dass jedes Mittel recht war, um einem Skandal zuvorzukommen. Aber war dieser Tod von zwei jungen Menschen nicht der in jedem Fall größte Skandal? Karolína hätte sich eigentlich auf das Abitur vorbereiten müssen, aber jetzt setzt sie Prioritäten. Sie ruft Dávid und ihre anderen Mitkämpfer und Gefährtinnen von den Anti-Korruptions-Demos an und erklärt ihnen, dass die Proteste wieder aufgenommen werden müssten. Unverzüglich. Die Jugendlichen kommen zusammen. Sie beschließen, ihrer Bewegung einen Namen zu geben und einigen sich auf die Devise: *Für eine anständige Slowakei*. Sie wollen keine Partei gründen, sie wollen ihr ursprüngliches Ziel, Korruption in der Slowakei aufzudecken und zu ahnden, weiterverfolgen und dabei ganz bewusst einen moralischen Ton anschlagen. Gingen sie in die Politik, könnten sie das nicht, da müssten sie Kompromisse schließen und sich Sachzwängen unterwerfen. Aber als Bewegung haben sie die Freiheit, auf Anstand und Gerechtigkeit zu pochen. Das ist ihnen wichtig. Außerdem verlangen sie eine rückhaltlose Aufdeckung des Doppelmordes.

Der Funke zündet erneut. Woche für Woche mobilisieren Karolína und ihre Getreuen Zehntausende von Menschen, die auf Kundgebungen ihre Forderungen anhören, ihnen zustimmen und gegen die Regierung demonstrieren. Diesmal sind auch viele Ältere dabei. Allein in Bratislava gehen 80 000 Menschen auf die Straße, doch auch in kleineren Städten kommt es zu Versammlungen und Demos, überall wird Druck gemacht. Seit der Samtenen Revolution hat es solche Massenaufläufe nicht gegeben. »Das ist ein Signal, dass man in diesem Land etwas verändern kann«, sagt Farská, »aber es ist erst der Anfang einer großen Veränderung, die wir erreichen möchten. Wir reden hier über die Grundwerte der Demokratie, über Presse- und Meinungsfreiheit. Es muss sich jetzt etwas ändern, wir haben genug.« Farská ist ein zartes, blasses, rothaariges Mädchen, sie scheint nicht zur Volksrednerin geboren. Aber es ist womöglich gerade ihre bescheidene Art, unterlegt von einem Zorn, den große Teile der Bevölkerung ebenso empfinden, die sie als Sprecherin von *Für eine anständige Slowakei* so überzeugend sein lässt.

Der Regierungschef hält sich fürs Erste bedeckt. Er hofft, dass die Wogen sich bald wieder glätten. Als aber der Präsident Andrej Kiska seine Bestürzung über die Morde erklärt, kann auch der Premier nicht länger schweigen. Er behauptet, die Protestbewegung sei von ausländischen Agenten unterwandert, welche die Slowakei destabilisieren wollten, das Ganze gehe zurück auf eine Verschwörung des Milliardärs George Soros. Gleichzeitig setzt er eine Belohnung für die Ergreifung der Täter im Falle Kuciak aus. Neue Transparente tauchen auf den Demos auf: Ficos Rücktritt wird gefordert. Außerdem noch einmal eine unabhängige Kommission, die sowohl die Morde als auch die Bestechungsskandale aufklärt. Das Vertrauen der Menschen in ihre eigene Regierung und auch in die Justiz ist arg lädiert. Der Kulturminister, seit Längerem schon unfroh in seinem Amt, wirft hin. Die Zeitungen veröffentlichen jetzt Ján Kuciaks Artikel über Verbindungen slowakischer Politiker mit der süditalienischen Mafia, den sein Autor nicht mehr hat zu Ende schreiben können. Dann brennt es plötzlich im Finanzamt. Man geht davon aus, dass bei dem Feuer Unterlagen vernichtet werden sollten, auf die sich Ján Kuciak gestützt hat. Die da oben scheinen vor lauter Furcht in Raserei zu verfallen und blindwütig um sich zu schlagen. Premier Fico gerät in Wut und beschuldigt die Presse, Lügen zu verbreiten. Karolína Farská und ein enger Mitarbeiter, der 27-jährige Jurist Juraj Seliga, treffen sich mit anderen Nichtregierungsorganisationen, um das weitere Vorgehen zu besprechen, eine Gegenöffentlichkeit entsteht. Und die mobilisiert weite Teile der Bevölkerung, die Demonstrationszüge werden immer länger. Journalisten aus dem Ausland kommen angereist und wollen vor allem die jungen Leute von *Für eine anständige Slowakei* interviewen. Fico ist nicht mehr zu halten. Es ist März 2018, als er zurücktritt, sein Innenminister Robert Kaliňák, der Betrugs- und Korruptionsaffären slowakischer Oligarchen gedeckt haben und mit einem sogar Geschäfte gemacht haben soll, geht mit ihm. Und der Polizeipräsident Tibor Gašpar, dessen Name in Ján Kuciaks Artikel in einem nicht sehr anständigen Zusammenhang auftaucht, muss ebenfalls seinen Hut nehmen. Das ist ein großer Erfolg – für die Bewegung, für die vielen unzufriedenen und empörten Menschen, für Karolína Farská. Sie sagt: »Wenn mir vor zwei Jahren jemand erzählt hätte, was wir alles erreichen werden, hätte ich gesagt: niemals!« Und Juraj Seliga fügt hinzu: »Wir möchten die Politik kontrollieren und erreichen, dass in diesem Land transparente und rechtsstaatliche Verhältnisse herrschen. Zugleich möchten wir den Menschen in der Slowakei vermitteln, wie wichtig es ist, dass sie ihre Stimme erheben und am politischen Leben teilnehmen.«

Die Vorkämpfer für eine neue Slowakei treten in die Fußstapfen der einstigen Dissidenten, es ist ihnen aber klar, dass sie es leichter haben. Denn damals herrschte eine gnadenlose Diktatur, heute gibt es immerhin Demonstrationsfreiheit. Sie schließen bewusst an die Samtene Revolution an. Dereinst hatten die Demonstranten auf der Straße ihre Haustürschlüssel hervorgeholt und mit ihnen ein weithin hörbares Gerassel veranstaltet. Es sollte bedeuten: Wir wollen die Tür aufsperren für eine neue Gesellschaft, und wir wollen, dass die derzeit Mächtigen nach Hause gehen und ihre Tür endgültig hinter sich zu machen. Diese einfache und deutliche Schlüsselsymbolik taucht auch jetzt, im Jahre 2018, wieder auf. Karolína: »Ich bin 19 Jahre alt, ich habe die Samtene Revolution nicht selbst miterlebt. Aber die Älteren, mit denen ich gesprochen habe, sagten mir: ›So war es damals auch.‹« Es sind jetzt Hunderttausende, die auf die Straße gehen und mit ihren Schlüsseln rasseln, in insgesamt dreißig Städten: »Jetzt ist klar: Sie können uns nicht mehr ignorieren.«

Inzwischen arbeiten die Ermittlungsbehörden unter Hochdruck am Mordfall Kuciak. Italienische Geschäftsmänner, denen Kontakte zur Mafia zugetraut wurden, kommen in Untersuchungshaft, werden aber wieder freigelassen. Erst im Herbst gelingt der Polizei ein Zugriff, der weiter führt: Ein Geheimdienstmann gibt an, dass er beauftragt worden sei, Kuciak zu beschatten. Zwei ehemalige Soldaten gestehen den Mord, der eine hat ihn ausgeführt, der andere hat den Schützen zum Tatort gefahren. 35 000 Euro habe der Täter für diese Liquidierung erhalten. Aber was ist mit den Hintermännern? Wer hat die Soldaten beauftragt? Der Unternehmer Marián Kočner, der das Opfer einst bedroht hat, wird angeklagt, kann sich aber herauswinden. Der Mörder und sein Komplize werden zu 23 Jahren Haft verurteilt. Die Mühlen der Justiz mahlen wie üblich langsam, aber sie mahlen. Im Jahr 2021 wird Kočner erneut angeklagt, der ganze Prozess neu aufgerollt. Auch die politischen Verbindungen des mutmaßlichen Mordauftraggebers werden unter die Lupe genommen. Es ist für den korrupten Filz der Slowakei noch nicht vorbei.

Bei ihren Ermittlungen waren die Strafverfolger zufällig auf neues Beweismaterial über eine Bestechungsaffäre aus den Jahren 2005 und 2006 gestoßen. Es handelte sich dabei um Schmiergeldzahlungen an hochrangige Politiker als Gegenleistung für öffentliche Aufträge. Damals wurde das alles abgestritten, die Sache verlief im Sande. Jetzt aber fanden die Ermittler in der Wohnung von Marián Kočner einen

USB-Stick mit Aufzeichnungen der Gespräche über den anrüchigen Deal. Irgendwie gelangt dieses Beweisstück in eine Redaktionsstube, und dann steht die ganze schmutzige Affäre in der Zeitung. Mittlerweile hat eine neue Staatspräsidentin ihr Amt angetreten, Zuzana Caputová, die Sympathien für die Bewegung *Anständige Slowakei* hegt und als Hoffnungsträgerin gilt. Sie sagt über die Affäre, diese stünde »für die politische Korruptheit einer ganzen Generation«.

Es war im September 2019, als die Justizstaatssekretärin Monika Jankovská zurücktrat; ihr wurde Bestechung vorgeworfen, hatte sie doch dafür gesorgt, dass das Verfahren gegen Marián Kočner eingestellt wurde. Ein ähnlicher Fall ereignete sich im Januar 2020, als ein Generalstaatsanwalt verhaftet wurde, weil er Kočner vor Strafverfolgung geschützt hatte. Noch andere hochrangige Angehörige der Justiz mussten wegen des Verdachts der Korruption, des Amtsmissbrauchs und der Begünstigung des Geschäftsmannes gehen. Der hatte offenbar viele Freunde. Und wo es an Freunden fehlte, konnte er Menschen kaufen, die dann ihre Hände über ihn hielten. Aber ob er letztendlich davon kommt, ist nicht entschieden. Der Prozess gegen ihn läuft noch.

Es ist der jungen Generation in der Slowakei gelungen, ein Gegengewicht gegen die allseits fast übliche und von der Gesellschaft schließlich mit Achselzucken und Resignation – in der Politik seien halt üble Machenschaften gang und gäbe – hingenommene Praxis zu bilden. Moralisch und taktisch, ethisch und politisch. Die Slowakei, meint Karolína, sei ein Land, das sich noch einmal neu erfinden könne, um zu einem Gemeinwesen zu werden, in dem die Menschen gerne lebten und an dessen Verwaltung und Regierung sich zu beteiligen sie wirklich Lust hätten.

Am 3. Mai 2018 zeichnete der Axel-Springer-Verlag Ján Kuciak postum mit einem Sonderpreis aus. Jáns Schwester Maria nahm den Preis stellvertretend entgegen. Die Organisation »Reporter ohne Grenzen« hielt zum ersten Todestag Kuciaks eine Gedenkveranstaltung ab.

Karolína Farská überlegt nun doch, in die Politik zu gehen. Zwar wird sie dort mit Moral alleine nicht weiterkommen, aber sie gehört zu den jungen Politaktivistinnen, denen die Trennung von Moral und politischer Gestaltung ohnehin künstlich vorkommt und im Zweifelsfalle nützlich nur für solche Volksvertreter, denen die Macht über den guten Zweck, das Amt über den Sinn der Sache geht. Für eine politische Karriere muss Farská allerdings einen Traum opfern: Das mathematisch begabte Mädchen hatte ursprünglich vor, Quantenphysik zu studieren. Ihr Ziel war eine Mitarbeit am Kernforschungszentrum CERN in Genf. Doch jetzt findet sie es wichtiger, im Land zu bleiben und ihre Kraft für Reformen einzusetzen. Die Arbeit in der Bewegung hat sie verändert, hat ihr Bedürfnis nach Teilhabe an den öffentlichen Angelegenheiten geweckt. Sie studiert an der Universität Bratislava das Fach »Europäische Studien«, möchte aber weiterhin zunächst außerparlamentarisch politisch wirksam sein. »Ich weiß, ich bin noch jung« sagt sie, »aber ich fühle eine echte Verantwortung für mein Land.«

Links

f karolina.farska99

🐦 karolina_farska

📷 farskakarolina

https://www.zaslusneslovensko.sk/podporte-nas

»EINFACH NUR SELBSTBESTIMMUNG«

AGNES CHOW TING (* 1996)

Die Hongkonger Demokratieaktivistin und die
Regenschirmbewegung

Hongkong ist nicht nur eine Halbinsel an der Mündung des Perlflusses, es gehören auch noch 263 kleine Inseln dazu; über sieben Millionen Menschen leben hier. Wie in allen Städten, die an Flussmündun-
gen liegen und von einem bergigen Hinterland begrenzt werden, ist es
in Hongkong eng. Die zu bebauende Fläche ist klein. So baute man in
die Höhe. Hongkongs Skyline gehört zu den spektakulärsten der Welt.
Die wechselvolle Geschichte der Stadt mit ihrem Archipel hat dazu
geführt, dass es in Hongkong auch politisch eng geworden ist. 1841
war das Stadtgebiet als eine Kronkolonie unter die Herrschaft des britischen Empires geraten. Das blieb auch so, als die Kommunistische
Partei Chinas 1949 in Peking die Macht errang. Zuvor waren während
des Bürgerkrieges 1927–49 viele Chinesen nach Hongkong geflüchtet. Und nun, nach dem Sieg der KP, wollte die Volksrepublik ihr
Territorium gerne arrondieren, das heißt, sie war darauf aus, sich
Hongkong einzuverleiben. Die Menschen aber an der Mündung des
Perlflusses mochten die kapitalistische Wirtschaftsweise, so wie die
Engländer sie dort entwickelt hatten, nicht aufgeben, sie waren es so
gewohnt. Zur ganzen Wahrheit gehört allerdings, dass die sozialen
Unterschiede in Hongkong sehr tiefgreifend sind, dass es eine schwer
vorstellbare Armut und extremen Reichtum gibt und dass diese ab-
grundtiefe soziale Kluft das Leben in der Stadt schwierig und uner-

freulich macht. Doch der Anschluss an Festlandchina, so fürchteten die Hongkonger, würde diese Kluft kaum schließen. Er würde die Bewohner der Stadt einer Diktatur unterwerfen, die sie ablehnen, obschon sie in ihrer großen Mehrheit aus China stammen und durchaus patriotische Gefühle hegen. Es ist eine komplizierte Situation. Sicher ist: In Hongkong gibt es Menschen, die ein politisches System mit freien Wahlen und demokratischer Mitsprache durchsetzen wollen. Derlei aber ist in Peking nicht vorgesehen. So kommt es immer wieder zu Spannungen. Als 1997 die uralten Verträge mit dem Vereinigten Königreich ausliefen, schaute die Welt interessiert und auch ein wenig ängstlich auf Hongkong. Wie würde es dort weitergehen?

Erst einmal wurde die Stadt mit den Inseln zu einer *Sonderverwaltungszone.* Sie erhielt mit einem eigenen »Legislativrat« und eigener Verwaltung eine vorläufige Autonomie bis 2047. Peking begnügte sich mit einer politischen Situation, welche die festlandchinesischen Führer selbst durch die Doktrin »Ein Land, zwei Systeme« charakterisieren. Das bedeutet: Hongkong gehört formell zu China, aber sein altes wirtschaftliches und politisches System, das auch keine freien Wahlen, aber Selbstverwaltung kannte, behält es vorerst bei. Für Peking ist Hongkong als globales Finanzzentrum wichtig, die Volksrepublik hat also ein eigenes Interesse daran, dass sich die ökonomischen Verhältnisse dort nicht von Grund auf ändern. Politisch jedoch war die Lösung mit der Sonderverwaltungszone für die Kommunistische Partei suboptimal. Das zeigte sie, indem sie immer mal wieder nach der Stadt an der Mündung des Perlflusses ausgriff. Vor allem wollte sie verhindern, dass der Demokratie-Bazillus sich dort verbreitete und einer künftigen Wiedervereinigung mit Hongkong unter ihrer diktatorischen Oberhoheit entgegenwirkte. Deshalb nahm sie Einfluss auf den Unterricht an Schulen und Universitäten und auf das Wahlgesetz der Stadt. Dort sollten nach Möglichkeit ausschließlich Peking-freundliche Politiker das Sagen haben. Und die gesamte Bevölkerung Hongkongs sollte sich bitte nach dem Festland und nicht etwa nach dem Westen oder Japan oder Taiwan orientieren wie bisher.

Zu den jungen Stimmen, die den Gedanken der demokratischen Mitbestimmung und der freien Wahlen unter verschiedenen Parteien
hochhalten und die Diktatur einer Einheitspartei verwerfen, gehört die
am 3. Dezember 1996 in Hongkong geborene Studentin Agnes Chow.
Sie war am *Holy Family Canossian College* und später an der
Hongkong Baptist University eingeschrieben, wo sie Politik mit
Schwerpunkt Internationale Beziehungen studiert. Fremdsprachen
liegen ihr, sie spricht außer ihrer Muttersprache Englisch und Japa-
nisch. Letzteres hat sie quasi von selbst beim Schauen beliebter japa-
nischer Fernsehshows gelernt. Sie hat einen eigenen Youtube-Kanal
eingerichtet, auf dem sie in zwei Sprachen, auf Kantonesisch und Ja-
panisch, für die Demokratie in Hongkong nach Sympathisanten sucht.
In japanischen Talkshows ist sie ein gern gesehener Gast, auf Pressekonferenzen spricht sie über Perspektiven der Demokratie in Hongkong. Im Jahre 2014 ging die damals erst sechzehnjährige Agnes mit
vielen Gleichgesinnten auf die Straße; es war bekannt geworden, dass
Funktionäre der KP Chinas ein Komitee zur Verhinderung unliebsa-
mer Kandidaten bei den Wahlen in Hongkong gebildet hatten, also der
Doktrin »Ein Land, zwei Systeme« zuwider handelten, wollten sie
doch durch Manipulation im Vorfeld eine Demokratisierung Hongkongs verhindern. Diese studentischen Unruhen gingen als »Regen-
schirm-Revolution« in die Geschichte Hongkongs ein, wobei die Pro-
testierenden sich gegen das Wort »Revolution« verwahrten, da es mit
Gewalt assoziiert wird. Die Studenten mit den Regenschirmen wollten friedlich demonstrieren, sie nannten sich eine »Bewegung« – für
Demokratie und freie Wahlen. Warum sie Schirme mitnahmen? Wegen der Wasserwerfer, des Tränengases und des Pfeffersprays, das die
Polizei gegen sie einsetzte. Die Ordnungshüter enthielten sich im Übrigen längst nicht so entschlossen der Gewalt wie die Demonstrieren-
den. Im Gegenteil: Sie schlugen kräftig zu. Und verhafteten etliche
friedliche Protestler. Protestlerinnen waren ebenfalls in großer Zahl
dabei, und die wurden wie ihre Kommilitonen hart angefasst und auf
die Polizeireviere geschleppt. Unter ihnen auch Agnes Chow.

Es waren unterschiedliche Initiativen, welche die Protestwelle trugen: Einmal die Bürgerrechtsgruppe *Occupy Central with Love and Peace*, wobei mit »Central« der Finanzdienstleistungsdistrikt in der Mitte der Stadt gemeint war. (Vorgänger und Vorbild war natürlich die *Occupy*-Bewegung von 2011 in Amerika und Europa nach der Bankenkrise.) Ferner kam eine Studentenvereinigung hinzu und schließlich die Aktivistengruppe, der Agnes Chow angehörte und die sich »*Scholarism*« nannte, was so viel heißt wie: Es geht um Forschung und Lehre und um deren Freiheit. Die Gruppe wendete sich seit 2012 vor allem gegen die Einmischung der Staats- und Parteiführung Festlandchinas in die Curricula an Schulen und Unis – denn hier versuchte Peking stiekum, die Legitimität des »Führungsanspruchs« der Kommunistischen Partei durchzusetzen. Die Kampagne sollte im Interesse einer »Moralischen und Nationalen Erziehung« auf die Jugend einwirken und sie auf einen politischen Weg führen, wie Peking ihn für richtig hielt. Agnes Chow war Sprecherin dieser kritischen Scholarism-Gruppe, die auch eine Reform des Wahlrechts auf der Agenda hatte. Sie erzählt, dass sie aus einer eigentlich unpolitischen Familie stamme, aber gegen die Indoktrination aus Peking habe sie eine unwillkürliche innere Revolte verspürt. Gemeinsam mit Gleichgesinnten zog Agnes zum zentralen Regierungsgebäude Hongkongs, um sich gegen »Gehirnwäsche« zu verwahren. Zehntausende Hongkonger schlossen sich den Protestmärschen an. Chow und ihre Mitstreiter Joshua Wong sowie Ivan Lam trugen rote Masken über den Augen – damit wollten sie zum Ausdruck bringen, dass sie sich von der Macht Pekings zugleich geblendet und verdummt fühlten. 79 Tage lang gingen die jungen Leute – es waren natürlich auch Ältere dabei – für ihre Freiheitsrechte mit Regenschirmen auf die Straße. Und tatsächlich machten die Demonstrationen Eindruck. Es kam zu Rücktritten von Abgeordneten des Legislativrates. Die Erziehungskampagne Pekings geriet ins Stocken.

Zwischenzeitlich zog sich Agnes von der politischen Arbeit zurück, es wurde ihr einfach zu viel, sie klagte über Erschöpfung. Aber sie konnte es dann doch nicht lassen und kehrte auf die politische Bühne zurück; mit ihren Freunden gründete sie 2016 eine Partei, die in Hongkong demokratische Strukturen aufbauen wollte: die *Demosistō*. Den Vorsitz übernahm Chows Mitstreiter Nathan Law, Agnes wurde stellvertretende Generalsekretärin. Die Demosistō trat für Rechtsstaatlichkeit ein, für eine freie Presse und Meinungsäußerung, für Versammlungsfreiheit und für ein Referendum, das über die mögliche volle Souveränität Hongkongs nach 2047 entscheiden sollte. Nathan Law gewann dann auch einen Sitz im Legislativrat, er war mit seinen 23 Jahren der jüngste Abgeordnete aller Zeiten. Es stand noch eine Nachwahl an, für die Agnes Chow als Kandidatin aufgestellt worden war.

Peking beobachtete das politische Abenteuer im Süden mit großem Missfallen. Man arbeitete an einem Verbot der neuen Partei beziehungsweise einer Diskreditierung von deren Kandidaten. »Demokratische Selbstbestimmung oder gar ein Referendum über eine mögliche Unabhängigkeit der Stadt verstoßen gegen das Grundgesetz der Sonderverwaltungszone Hongkong. Außerdem widerspreche Selbstbestimmung den Prinzipien der Volksrepublik China«, verkündete der Chef der Pro-Pekinger Stadtverwaltung Matthew Cheung und schloss Agnes Chow und ihre Parteifreunde unter fadenscheinigen Vorwänden von der Nachwahl aus. Die jungen Leute hatten Tag und Nacht gearbeitet, um ihr Programm der Bevölkerung bekannt zu machen und das Verbot abzuwehren. Das war nicht leicht gewesen, denn im Legislativrat und in der Hongkonger Regierung dominierten Peking-treue Politiker, allen voran die Regierungschefin Carrie Lam. Es ging darum, ob der demokratiefreundliche Block im Hongkonger Legislativrat genug Stimmen auf sich vereinen würde, um mit einem Veto den von Peking inspirierten Gesetzesvorhaben entgegentreten zu können. Die 21-jährige Agnes schrieb im Internet: »Die Regierung hat nicht nur Angst vor mir oder meiner Partei Demosistō. Sie will generell junge Menschen loswerden, die eine abweichende Meinung haben gegenüber der Pekinger Zentralregierung.«

2017 protestierten die Demosistō-Gründer und -Sympathisantinnen gegen den zentralchinesischen Führer Xi Jinping und dessen Obstruktion, dabei wurde Agnes Chow mit Nathan Law und Joshua Wong verhaftet. Man unterstellte ihnen verräterische Neigungen, Aktivitäten gegen ihr Land, das sie ja in die Demokratie hatten führen wollen – was aber in Peking als Vergehen, wenn nicht Verbrechen (Terror!) gilt. So konnten sie nicht mehr kandidieren, denn ihr Leumund war beschädigt. Es gibt ein Gesetz, demzufolge solcherart Beschuldigte für fünf Jahre von der Ausübung öffentlicher Ämter ferngehalten werden müssen. Agnes: »Vor ein paar Jahren wurden die Kandidaten ausgeschlossen, die für eine Unabhängigkeit waren. Dieses Mal trifft es Menschen wie mich, die einfach nur Selbstbestimmung fordern.« Vorerst wurden die drei auf freien Fuß gesetzt. Im Jahre 2019 wollten sie mit der ganzen Stadt das fünfjährige Jubiläum ihrer Regenschirmbewegung feiern, aber die Großdemonstration, zu der sie aufriefen, wurde nicht zugelassen. Trotzdem strömten die Aktivisten auf die Straße, errichteten sogar Barrikaden und sägten Laternenmasten entzwei, an denen Überwachungskameras befestigt waren. Die Polizei versprühte jede Menge Tränengas und ließ ihre Schlagstöcke auf dem Rücken der Demonstranten tanzen. Festlandchinesische Soldaten tauchten auf und patrouillierten auf den Straßen. In einem Interview mit der deutschen Zeitung WELT erklärte Agnes: »Jedes Mal greift die Polizei zur Gewalt. Ich und die anderen verfolgen auch die Pressekonferenzen von Carrie Lam und der Hongkonger Polizei. Wir beobachten, wie sie die Geschehnisse bei den Protesten auf irrwitzige Weise erklären. Zum Beispiel gibt die Polizei nicht zu, dass sie schuld daran ist, dass eine Demonstrantin ein Auge verloren hat. Selbst wenn wir arbeiten oder in der Schule sind, checken wir Instagram oder Facebook auf dem Handy, um zu wissen, was gerade draußen los ist. Jeden Morgen gleich nach dem Aufwachen klicke ich auf die Nachrichten auf meinem Account, um rauszufinden, was in der Nacht passiert ist. Wurde Tränengas eingesetzt, wurde jemand verletzt oder inhaftiert? Nicht nur einmal, gleich mehrmals pro Woche finden die Proteste statt.«

In den USA und in Europa schicken besorgte Diplomaten Protestnoten nach Peking. Der deutsche Außenminister Heiko Maas teilt mit:

»Wir sind nach wie vor der Auffassung, dass die Lage nicht weiter eskalieren darf, dass die Menschen, die dort auf die Straße gehen, von
ihrem Recht Gebrauch machen, sich zu versammeln und ihre Meinung zu äußern.« In Peking ignoriert man solche Kritik. Bis es im
Sommer 2020 wieder zu Massenprotesten in Hongkong gegen die Pe-
king-nahe Stadtregierung kommt. Anlass ist diesmal ein neues Sicherheitsgesetz, das Peking den direkten Zugriff auf Hongkongs Justiz ermöglichen und jegliche Opposition im Keim ersticken soll. Die
Demokratie-Bewegung spürt die Gefahr und schwingt sich noch einmal zu Massendemonstrationen auf, ob zugelassen oder nicht. Sollte
das Sicherheitsgesetz Gültigkeit erlangen, wird es ohne Weiteres
möglich sein, die Partei Demosistō zu verbieten. Die Neuauflage der
Regenschirmbewegung bringt 2020 viel Volk auf die Straße. Aber die
Exekutive schlägt machtvoll zurück. Circa 850 Protestierende werden
verhaftet, auch Joshua Wong, Ivan Lam und Agnes Chow. Vorgeworfen wird ihnen die »Anstachelung zur Teilnahme an einer verbotenen
Versammlung« und die Organisation dieser Versammlung selbst, ferner die Kollaboration mit anti-chinesischen Mächten im Ausland. Das
Sicherheitsgesetz kommt durch. Agnes: »Wir haben leider nicht so
viel Glück wie die Menschen in demokratischen Staaten. Deswegen
opfern sich zurzeit viele Menschen in Hongkong auf. Sie werden ins
Gefängnis geschickt, ihnen werden wie mir politische Grundrechte
entzogen, einfach weil sie für mehr Demokratie kämpfen. Ich möchte allen im Westen sagen: Nehmt eure Grundrechte nicht als Selbstverständlichkeit hin. Ich bitte euch: Wisst eure Rechte zu schätzen
und das, was in euren Gesellschaften und euren Ländern geschieht.«
Auf Kaution kommen Joshua, Nathan und Agnes zunächst frei. Aber
ihre Partei ist vom Verbot bedroht. Und es wird ein Prozess vor dem
West Kowloon Magistrates' Court gegen sie angestrengt. Im Dezember 2020 fallen die Urteile: Zehn Monate Haft für Agnes, für Joshua
Wong dreizehn Monate und für Ivan sieben Monate. Man wolle einen
»Abschreckungseffekt« erzielen – so stand es in der Urteilsbegrün-
dung. »Sofortiger Freiheitsentzug ist die einzige angemessene Option.« Agnes: »Der Kampf für mehr Demokratie in Hongkong ist ein
langer Weg. Aber wenn wir aufgeben, für das zu kämpfen, was rich-

tig ist – für Demokratie und Menschenrechte – dann schreitet die Unterdrückung durch das Regime nur umso schneller voran.« Jetzt ist es vorbei mit den Sozialen Medien, die Agnes zuvor so viel bedeutet haben und über die sie so viele engagierte Jugendliche anfeuern konnte. Im Zeitalter des Internets geht den mundtot Gemachten eine enorme Reichweite verloren.

Tausende demonstrieren vor dem Gericht und vor dem Gefängnis, fordern Freiheit für die jungen Angeklagten. Agnes wird von ihren Verehrern die »wahre Mulan« genannt; Mulan ist eine Figur aus einem chinesischen Märchen, eine Kämpferin, die ihr Land vor wilden Eindringlingen rettet. Auch als »Göttin der Demokratie« wird Agnes apostrophiert. Das scheint ihr ein wenig hoch gegriffen, sie glaubt nicht, dass sie diesen Titel verdiene. Aber wenn er dazu beitrüge, dass die Aufmerksamkeit der Welt auf Hongkong gelenkt wird, dann wolle sie ihn akzeptieren. Nathan Law macht von einer Regelung Gebrauch, die es immer noch gibt, obwohl das Vereinigte Königreich nicht mehr über Hongkong herrscht: Bewohner von Hongkong werden bei der Bewerbung um die britische Staatsbürgerschaft bevorzugt berücksichtigt. Nathan Law geht ins Exil nach England.

Zur selben Zeit wird die Partei Demosistō endgültig aufgelöst. Agnes, Joshua und Ivan sind unverzüglich ins Gefängnis verbracht worden, ihre Kautionsanträge wurden abgelehnt. Sie wissen genau, dass sie nur dann etwas bewirken können, wenn sie ausharren. Die 24-jährige Agnes fürchtet sich vor der Haft. »Ich hatte gedacht, es würde mir nichts ausmachen«, sagt sie. »aber mein Körper reagiert anders.« Essen und Schlafen seien plötzlich schwer zu erfüllende Aufgaben. Nach der Urteilsverkündigung bricht Agnes in Tränen aus. Nathan meldet sich auf Twitter mit diesem Post:

»Es ist niederschmetternd zu sehen, wie drei meiner ehemaligen Kolleg*innen, Joshua, Agnes und Ivan, ins Gefängnis kommen. Die Verurteilung ist absurd. Bitte diesen Tweet verbreiten, wenn Du die gleichen Forderungen hast:

- *sofortige Freilassung des Trios*
- *die Strafverfolgung nach dem Gesetz zur nationalen Sicherheit einstellen*
- *Sanktionierung von rechenschaftspflichtigen Regierungsvertretenden.«*

Es gibt in Hongkong auch einen Ableger der Sozialdemokratischen Partei; deren Vorsitzender Avery Ng, langjähriger Aktivist in Hongkong, betont in einem Interview mit der Deutschen Welle, die Regierung in Peking benutze das Urteil, »um ein starkes Signal nicht nur an Hongkong, sondern an die Welt zu senden, dass, egal wieviel Unterstützung man in der Öffentlichkeit oder in der internationalen Gemeinschaft hat, sie die Dissidenten weiterhin mit eiserner Faust unterdrücken werde«. Inzwischen prüft die Staatsanwaltschaft in Hongkong, was den drei Aktiven Chow, Wong und Lam sonst noch vorgeworfen werden könne, waren sie doch seit Jahren auffällig, da müsste sich nach dem neuen Sicherheitsgesetz noch die eine oder andere Insubordination nachweisen lassen. Ein zeitlich rückwärts geltendes Gesetz? Ist das fair? Für Peking schon, und auch für die der KP hörige Hongkonger Stadtregierung. Nathan postet aus London: »Ich fürchte, dass alle drei Demosistō-Getreuen nicht so bald aus dem Knast rauskommen.« Seine Schlussfolgerung: »Es ist jetzt Aufgabe der Genossen draußen, die demokratische Bewegung am Leben zu erhalten.« Der demokratische Untergrund versteht den Wink. Demokratischer Untergrund? Das ist ein Widerspruch in sich. Aber in diesem Widerspruch stecken die Gefolgsleute der aufgelösten Demosistō-Partei und ihrer inhaftierten Mitgründerin Agnes Chow. Solange es keine Freiheit der Meinung, der Presse und der Versammlung gibt, müssen die Demokraten im Geheimen operieren, obschon das Sich-Verstecken zur demokratischen Politik im Widerspruch steht.

Amnesty International hat nach der Urteilsverkündung eine Protestnote geschickt: »Das Urteil ist ohne Zweifel politisch motiviert. Es dient einzig dazu, jene strafrechtlich zu verfolgen, die sich in Hongkong kritisch zu Wort gemeldet und friedlich demonstriert haben. An Wong, Chow und Lam, die zu den zentralen Gesichtern der

Hongkonger Protestbewegung zählen, soll ein Exempel statuiert werden, das eine klare Botschaft sendet: Jede Person, die es wagt, die Regierung offen zu kritisieren, kann die nächste verfolgte sein«, erklärt Theresa Bergmann, Asien-Expertin bei Amnesty International in Deutschland.

2021 wird Agnes Chow für den französischen *Le Prix Liberté (= Der Freiheitspreis)* nominiert, der jungen Menschen zwischen 15 und 25 Jahren für besondere Verdienste um Liberalität und Freiheitsrechte verliehen wird. Das ist ein Zeichen dafür, dass die jungen Menschen im Westen Agnes Chow und ihre Mitkämpfer nicht vergessen. Auskünfte über Agnes' Haftbedingungen, darüber, wie es ihr ergeht, sind kaum zu bekommen. Das einzige, woran die internationale Öffentlichkeit sich halten kann, ist die Hoffnung auf das Fortwirken der demokratischen Bewegung in Hongkong, die diesen einen Vorzug hat: Sie ist sehr jung. Sie hat ihr Leben vor sich, auch ihr politisches. Das sollte für Agnes Chow gleichfalls gelten. Hongkong und der Kampf für Grundrechte warten auf sie.

Im Juni 2021 kommt Agnes Chow wieder auf freien Fuß. Ob die demokratische Bewegung mit ihr gemeinsam neue Fahrt aufnehmen kann, ist offen.

Links

 chowtingagnes

demosisto

VOM AUSLACHEN DER MÄCHTIGEN

NADESHDA TOLOKONNIKOWA (GEB. 1989)

Die Aktionskünstlerin, die Punkband Pussy Riot und die
Opposition in Russland

Am 21. Februar 2012 ereignete sich in der Christ-Erlöser-Kathedrale
zu Moskau ein ungewöhnliches Spektakel: Eine Gruppe junger Frau-
en, gekleidet in farbenfrohe Fantasiekostüme, stürmt den Gang entlang in Richtung auf den Altar. Die Mädchen krakeelen und beginnen
zu singen. Sie sagen, was sie hier vortrügen, sei ein »Punk-Gebet«.
Eine hat ihre Gitarre dabei, sie klopft darauf herum, und es erschallen
die Worte: »Mutter Gottes, jage Putin weg –!« Weiter kommt die
Punkband nicht. Ordnungshüter beenden dieses Happening, sie bug-
sieren die Protestlerinnen aus der Kirche und verhaften ihrer drei. Die
Aktion hat keine Minute gedauert. Doch sie wird ein Nachspiel haben, das sich lange hinzieht. Sie sorgt aber auch, das muss dazu gesagt werden, für weltweite Aufmerksamkeit. Was ist da los in Moskau? Wogegen demonstrierten diese jungen Frauen, die sich »Pussy
Riot« nennen?

Eine der Verhafteten ist Nadja Tolokonnikowa, sie ist 23 Jahre alt
und sagt zu den Beamten: »Warum gerade jetzt? Ihr hättet doch schon
viel bessere Möglichkeiten gehabt, mich mitzunehmen.« Tolokonnikowa ist keine Unbekannte. Sie ist in der Tat schon mehrmals als
Demonstrantin in Erscheinung getreten; den Auftritt in der Christ-
Erlöser-Kathedrale betrachtet sie als missglückt. Er war nicht gut

genug vorbereitet und alles in allem auch viel zu kurz. Das »Gebet« konnte ja gerade mal begonnen werden, sie und die anderen hätten sich vielleicht in der Kirche verteilen und es der Polizei nicht so leicht machen sollen? Aber nun ist es, wie es ist. Nadja und ihre Genossinnen Jekaterina Samuzewitsch und Marija Aljochina werden auf die Wache gebracht. »Wir lachten eher über unsere Verfolger, als dass wir Angst vor ihnen hatten. Wir prusteten los bei dem Gedanken an die Absurdität der Situation, dass eine Heerschar gut ausgebildeter, vom Staat bezahlter Schnüffler einer Gruppe von Freaks mit grellen Klamotten hinterherjagt.«

Was war der Anlass für das »Gebet« der Mädchen? Es ging um Wladimir Putin und um die Provokation, die es für alle einigermaßen politisch aufgeklärten Russen bedeuten müsste, dass dieser mächtige Mensch sich über demokratische Gepflogenheiten hinwegsetzte, indem er verkündete, sich zum wiederholten Mal zur Wahl zu stellen, mithin so gut wie lebenslang Präsident sein zu wollen. Was kann unser Land denn anfangen, schrieb Tolokonnikowa später, »mit diesem durchgedrehten Möchtegern-Superhelden, der halbnackt auf Pferden reitet und vor nichts und niemandem Angst hat, außer vor Homosexuellen? Ein Mann, der so großzügig ist, dass er das halbe Land an seine engsten Freunde verschenkt hat – die Oligarchen?« Das Punk-Gebet sollte ein Zeichen setzen, ein Aufschrei sein: Es reicht, Putin, weg mit dir! Im Nachhinein wurde dieser Schrei sehr wohl vernommen, überall, auch im Ausland. Denn die jungen Frauen kamen vor Gericht, wegen Blasphemie, Rowdytums und Anstachelung zu religiösem Hass nach § 213 des russischen Strafgesetzbuches. Im Juli 2012 gab es einen regelrechten Schauprozess. Nadeshda Tolokonnikowa wurde zusammen mit Marija Aljochina zu zwei Jahren Lagerhaft verurteilt (die Strafe der Jekaterina Samuzewitsch wurde zur Bewährung ausgesetzt). Das war ein unverhältnismäßig harter Richterspruch für eine auch von Gegnern höchstens als geschmacklos zu bewertende Harlekinade in einer Kirche. Die Berufung blieb ohne Erfolg. Die Weltpresse nahm Anteil. Was passierte da in Russland? Ein politischer Prozess? Ein Einschüchterungsversuch gegenüber kritischen jungen

Menschen? Ein Terrorurteil? Wladimir Putin blickte trübselig in die vielen auf ihn gerichteten Kameras und erklärte, er habe mit der Sache nichts zu tun. Die Gerichte seien unabhängig, der Richter habe sein Urteil so gefällt, wie er es für richtig hielt. Ach ja? »Im Grunde genommen«, so Tolokonnikowa in ihrer Abschlusserklärung, »wird in diesem Prozess nicht über drei Sängerinnen der Gruppe Pussy Riot verhandelt. Wäre es so, dann hätten die Vorgänge hier absolut keine Bedeutung. Dies ist eine Verhandlung über das gesamte Staatssystem der Russischen Föderation, das zu seinem eigenen Unglück in seiner Grausamkeit gegen die Menschen, seiner Gleichgültigkeit gegenüber deren Ehre und Würde, so gern das Schlimmste zitiert, was in der russischen Geschichte je geschehen ist. Diese Imitation eines Gerichtsverfahrens kommt dem Muster der politischen Prozesse aus der Stalinzeit nahe. Auch hier gibt es einen Ermittler, einen Richter und einen Ankläger. Und die politische bestellte Repression, die die Worte, Handlungen und Entscheidungen dieser drei vorherbestimmt.«

Nadeshda Andrejewna Tolokonnikowa kam am 7.11.1989 in Norilsk, einer in den 1930er-Jahren hochgezogenen sibirischen Retortenstadt, zur Welt. Sie wuchs bei ihrer Großmutter auf, entwickelte aber auch ein inniges Verhältnis zu ihrem Vater Andrej, der sie bei ihren Protestaktionen unterstützen wird. Mit sechzehn ging sie nach Moskau an die Lomonossow-Universität, um Philosophie zu studieren. Dort lernte sie Pjotr Wersilow kennen, den sie später heiratete und mit dem sie im Jahre 2008 die Tochter Gera bekam. Wersilow gehörte dem Aktionskünstler- und Dissidentenkollektiv *Wojna* an. »Wojna« ist das russische Wort für »Krieg«. Die Wojna-Künstler erklärten sich öffentlich für verrückt, um tun zu können, was sie wollten. Und was sie wollten, war zuvörderst, die Mächtigen im Lande kritisieren – und sich über sie lustig machen: mit Satire und Ironie, mit Schalk und Schmäh. »Wir wollen das Regime entsakralisieren«, sagte Pjotr Wersilow.

Auch Nadeshda machte bei dieser mutigen Gruppe mit: »Das Auslachen der Mächtigen ist eines der besten Mittel der Demokratie.« Im Frühjahr 2008, als Nadja hochschwanger war, veranstaltete das

Kollektiv eine Performance im Moskauer Biologischen Museum. Die Künstler und Künstlerinnen, unter ihnen auch die spätere Pussy-Riot-Punkerin Jekaterina Samuzewitsch, entkleideten sich und ließen sich zum Gruppensex nieder; ihr Ziel war, die russische Politik der Geburtenförderung anzuprangern. Es gab einen Mordswirbel, Anzeigen wegen Unsittlichkeit und viel Aufmerksamkeit im Internet für die aufgenommenen Videos. Drei Jahre später, als Putin nach einem Interim erneut nach der Macht griff, gründeten Nadeshda und Jekaterina mit Marija die Punkband Pussy Riot. Jetzt hatten sie ihre eigene feministische Aktionsgruppe. Nadja: »Ich habe die Aktionskunst nicht gesucht. Sie hat mich gefunden. Eine andere Option hat es für mich nie gegeben. Ereignisse, Situationen, Gedanken, Begegnungen, Bücher, Menschen – alles lief auf Aktionskunst hinaus.« Und es gab viel zu tun im Land. Hieß es doch von Seiten der Orthodoxen Kirche mit Patriarch Kyrill als Sprachrohr und seitens der weltlichen Obrigkeit mit Putin an der Spitze, der Feminismus habe in Russland keine Wurzeln und die russische Frau wolle nichts anderes als eine Familie. Pussy Riot hatten da ihre Zweifel. »Jährlich kommen in Russland 14 000 Frauen durch häusliche Gewalt ums Leben. Weil sie die Schläge nicht mehr ertragen, ermorden dafür jährlich dreitausend Frauen ihre Peiniger. *It is time to be a real bitch.*«

Pussy Riot, kostümiert mit Skimützen und bunten Strumpfhosen, manchmal aber auch mit schwarzen Jacken und weißen Blusen, stets maskiert, begannen mit Interventionen auf öffentlichen Straßen und Plätzen, um gegen die Hausfrauisierung der weiblichen Bevölkerung zu demonstrieren. »Wir starteten mit einer Tour im öffentlichen Nahverkehr Moskaus – mit Auftritten unter Bögen der sowjetischen Metro und auf Dächern von Trolleybussen. Wir kletterten mit unserer gesamten Ausrüstung – Gitarren, Mikrofonständern und Verstärkern – auf Gerüste, die zum Auswechseln von Glühbirnen mitten in der Metrostation aufgestellt waren. Wir packten die Sachen aus, stellten das Mikrofon auf, befestigten unser Banner und eröffneten die Show – mit einer Handvoll ins Publikum geworfener Zitronenbonbons zu hundert Rubel das Kilo vom Wychinski-Markt am Moskauer Stadtrand.«

Manchmal warfen sie auch Mehl oder Konfetti unter die Leute. Dann wurde gesungen: »Zu spät ist es nie, Herrin zu werden …« Wichtig war das rasche Verschwinden, bevor Ordnungshüter auftauchen konnten. Ein aufsehenerregendes Happening übrigens war das öffentliche Abknutschen von Polizisten. »Die Aktion fand Ende 2010 statt, zu einer Zeit, als jeder in Russland Polizisten hasste. Wir aber beschlossen, den Feind zu lieben.« Videokameras waren immer dabei, das Internet als Verbreitungsmedium der subversiven Aktionen höchst wichtig.

Pussy Riot standen mit ihren Performances ganz in der Tradition des Wojna-Kollektivs, und sie wollten eine neue Tradition begründen: die des Punk-Feminismus in Russland. Großes Vorbild war Alexandra Kollontai, die bedeutende Revolutionärin, Botschafterin und Frauenrechtlerin aus der Zeit vor hundert Jahren. Es ging nicht bloß um Krawall oder Sensation. Die Mädchen wollten aufklären, wollten eine Gegenöffentlichkeit schaffen. Sie hatten viel gelesen, auch westliche Literatur, zum Beispiel Jean-Paul Sartre, hatten viel diskutiert. Die Losung des Pariser Mai 1968 »Unter dem Pflaster liegt schon der Strand« dichteten sie für sich um: »Leg frei, leg frei, leg frei das Pflaster … Wir machen oppositionelle Kunst beziehungsweise Politik, die sich der Mittel der Kunst bedient. Das ist eine Form des zivilen Aktivismus unter Bedingungen der Unterdrückung von grundlegenden Menschenrechten sowie bürgerlichen und politischen Freiheiten durch ein korporatives Staatssystem.« Die Arabellion 2011 hat ferner inspirierend auf die russischen Punkerinnen gewirkt. »Ägyptische Luft ist gut für die Lungen / Mache den Roten Platz zum Tahrir«, sangen die Mädchen. Die Sicherheitskräfte nahmen die Anarcho-Band nun genauer ins Visier. Und in der Christ-Erlöser-Kathedrale schlugen sie zu. Jetzt war erstmal Schluss mit lustig.

Zur Verbüßung ihrer Haft wurden Nadja und Marija in das Straflager IK-14 nach Mordwinien verbracht, fünfhundert Kilometer von Moskau entfernt. »Ich erkenne meine Schuld nicht an«, verkündete Nadja, »und ich werde sie auch niemals anerkennen. Ich werde bis zum

Ende gegen meine Verurteilung kämpfen und meinen Fall wenn nötig vor den Obersten Gerichtshof des Landes bringen.« Das Schlimmste für sie war die Trennung von ihrer damals vierjährigen Tochter Gera; die Kleine war bei ihrem Vater und den Großeltern in guten Händen, aber natürlich fehlte ihr die Mutter. Auch Marija hatte ein kleines Kind. Im Lager wurden die beiden jungen Frauen getrennt. Nadja war und ist eine Frau mit viel Humor, Durchhaltevermögen und Kampfesmut, aber in der Lagerhaft verging ihr der Humor dann doch. Die Zustände waren entsetzlich. Sechzehn bis zwanzig Stunden am Tag mussten sie und ihre Mitgefangenen arbeiten, meist an Nähmaschinen, sie stellten Polizeiuniformen her. Die Verpflegung war dürftig, das Essen oft verdorben, die medizinische Versorgung völlig unzureichend. Des Nachts gab es nicht mehr als fünf Stunden Schlaf. Nadja begann, sich Notizen für ein Buch zu machen, das sie während der Haft begonnen und später zu Ende geschrieben hat und das auch erschienen ist – zuerst auf Deutsch, im Hanser Verlag, unter dem Titel *Anleitung für eine Revolution*. Ihren Kampfesmut hat sie im Lager nicht eingebüßt, und sie entschloss sich zum Widerstand – durch das einzige Mittel, das ihr blieb: Hungerstreik. Dabei ging es ihr nicht nur um die eigene Haut, sondern um die Haftbedingungen in den Arbeitslagern allgemein. Sie hielt durch und war bald so schwach, dass sie auf die Krankenstation verlegt werden musste.

In Moskau bemühten sich Freunde und Familie um ihre Freilassung, auch international erregten ihr Fall, ihre Haft, ihr Widerstand Aufsehen. Die Menschenrechtsorganisation *Human Rights Watch* nannte die Lage »extrem ernst und beunruhigend« und forderte eine Untersuchung. Dem schloss *Amnesty International* sich an. Beistand für Tolokonnikowa und Aljochina leistete auch der inhaftierten Kremlkritiker Michail Chodorkowski. »Mädchen, ihr seid toll, ihr haltet euch sehr gut«, schrieb der Ex-Öl-Manager in einem offenen Brief. Es kam dann tatsächlich zu einer Überprüfung der Lage der Häftlinge und zu einigen Lockerungen. Der Oberste Gerichtshof revidierte das harte Urteil gegen Tolokonnikowa und Aljochina und verwies auf eine Klausel, derzufolge junge Mütter milder zu beurteilen seien. Die

russische Regierung stand unter Druck. Das Land wollte einen möglichst guten Eindruck machen – die Olympischen Winterspiele in
Sotschi standen ins Haus. Dieser Anlass wurde für eine Amnestie genutzt, und Nadja kam am 23. Dezember 2013, drei Monate vor Ablauf
ihrer Haftzeit, in Freiheit. Auch Marija und einige andere Häftlinge
wurden entlassen.

Kaum wieder zu Hause gründet Nadja eine Organisation mit dem Namen *Zone des Rechts* zur Unterstützung von Gefangenen in Russland.
Marija macht mit. Sie kündigen über Twitter eine Aktion in Sotschi
an. Dort kam es prompt zu einem Zwischenfall. Pussy Riot – als
Gruppe inzwischen gewachsen – wollte vor einem Olympia-Plakat
zum Boykott der Spiele aufrufen und dafür ein Lied vortragen. Die
achtköpfige Band, sieben Mädchen und ein junger Mann, wurde von
Angehörigen einer Miliz mit Pfefferspray und Pferdepeitschen an der
Darbietung gehindert, Nadja und Marija wurden zu Boden geschlagen
und kamen ins Krankenhaus. Ernsthaft verletzt waren sie nicht, aber
der Angriff sei, so Nadja auf einer Pressekonferenz in Sotschi, »sympto-
matisch für die Unterdrückung von Dissidenten in Russland. Die
Olympischen Spiele haben den Polizeistaat zum Vorschein gebracht
und Russland in ein totalitäres Regime mit vorauseilenden Festnah-
men verwandelt.«

Nadja Tolokonnikowas Buch *Anleitung zu einer Revolution* ist eine
Collage aus Slogans und Selbstreflexionen, aus Sprüchen, Motti und
Einsichten, Versen und kleinen Geschichten, die von ihren Erfahrungen sprechen, ihren Ideen und Hoffnungen, es werden Verlautbarungen ihrer Gegner und Richter zitiert, der Satz vom »Auslachen der
Mächtigen« kommt auch darin vor. Und dann heißt es programma-
tisch: »Macht haben nicht diejenigen, die über Posten und Gefange-
nentransporter verfügen, sondern diejenigen, die ihre Angst überwinden.« Die Form der Collage bot sich schon deshalb an, weil im
Gefängnis immer nur kurze Zeitspannen für Notate zur Verfügung
standen: »Du weißt nie, wann du unterbrochen wirst, wieviel Zeit du
hast.« Ihr Buch kann sie 2015 auf einer Lesereise vorstellen. Außer-

dem ist sie als Vertreterin ihrer Organisation *Zone des Rechts* unterwegs, sie besucht Gefängnisse, wirbt um Aufmerksamkeit für ihre Sache: die Haftbedingungen in Russland und auch sonst in der Welt, um Sponsoren und Verbündete. Sie ist 26 Jahre alt, als sie sich, streckenweise mit Marija, auf diese Reise begibt – nach Zürich, Paris, Amsterdam, Dublin, Stockholm, Oslo und Berlin. Man will die attraktive Vertreterin der russischen Opposition überall hören und erleben, und sie hat auch einiges zu sagen. In einem Interview wird sie gefragt: »Lieben Sie Ihr Land?« Die Antwort: »Ja, ich liebe Russland. Aber ich hasse Putin.« Frage des Journalisten: »Putin ist der mächtigste Mann in einem der mächtigsten Länder der Erde. Kann man gegen ihn gewinnen?« Tolokonnikowa: »Putins Omnipotenz ist eine Illusion. Die Propagandamaschine übertreibt seine Macht. Putin hängt vom Westen ab, ungefähr in demselben Maß, in dem der Westen ein Interesse daran hat, das Ausmaß seiner Macht größer darzustellen, als es ist. In Wirklichkeit ist der Präsident klein und erbärmlich. Das können Sie deutlich an seinen Auftritten als Politiker sehen. Wenn ein politischer Führer wirklich mächtig ist – wie kann es ihm dann in den Sinn kommen, mit drei jungen Aktivistinnen der Opposition derart umzuspringen?« Am 5. Dezember 2014 erhält Nadja zusammen mit Marija und einem ukrainischen Autor den Hannah-Arendt-Preis für politisches Denken der Stadt Bremen und der Heinrich-Böll-Stiftung. Zur Begründung hieß es: »Die Preisträgerinnen und der Preisträger leben und arbeiten im postimperialen Raum der aufgelösten Sowjetunion und wenden sich gegen den Versuch, in der Ukraine und in Russland alte Herrschaftsverhältnisse wiederherzustellen und die politischen Freiheiten abzuschaffen.«

In Russland sind viele Menschen gegen Pussy Riot und die Aktionskünstlerinnen, sie fühlen sich durch sie in ihren religiösen Gefühlen verletzt und sehen den Rang und die Geltung ihres Vaterlandes herabgewürdigt. Die jungen Frauen erhalten Drohungen in den Sozialen Medien, Nadeshda wird auf der Straße überfallen und mit Farbe übergossen. Sie muss ihre ganze Kraft zusammennehmen und sich immer wieder ihres Selbstbewusstseins als oppositionelle Stimme in Russland vergewissern, um weitermachen zu können. Aber es gibt auch viel Zustimmung, spontane Begeisterung im Internet und Posts aus aller Welt: »Gib nicht auf! Wir denken an dich.« In der Punkband kommt Missstimmung auf. Die Prominenz von Nadja und Marija passt nicht zu den Riot-, den Aufruhr-Ideen des Ursprungs, der Zusammenhalt der Gruppe geht verloren. Sie bleibt aber als Protestformation bestehen. »Man muss nicht singen können bei Pussy Riot«, sagt Nadja. »Wir machen Punk. Jeder und jede kann dabei sein.« Doch Nadjas Privatleben leidet. 2016 gehen sie und ihr Ehemann auseinander. Beide bleiben jedoch solidarisch als kritische Aktionskünstler gegen das Putin-Regime. Beim Finale der Fußballweltmeisterschaft im Juli 2018 stürmen sie als Polizisten verkleidet das Spielfeld, um gegen Gewalt und Willkür der Polizei zu demonstrieren. Die Staatsmacht hält die Zeit für gekommen, an Pjotr Wersilow ein Exempel zu statuieren. Mit einer schweren Vergiftung landet der Aktionskünstler im Krankenhaus. Nadja sorgt dafür, dass er nach Berlin in die Charité ausgeflogen wird, wo man sein Leben rettet. Zwei Jahre später ereignet sich dasselbe Drama mit dem Regime-Kritiker Alexej Nawalny. Er und Nadja hatten Kontakt, er hält nicht viel von Punk und Pussy Riot. Aber der gemeinsame Gegner im Kreml ließ die beiden prominenten Oppositionellen von solchen Nebensachen absehen; Nadja ist dabei, als es darum geht, den vergifteten Nawalny nach Berlin auszufliegen. Schließlich weiß sie, wen man anrufen muss. Sie schätzt den Gesinnungsgenossen und hofft, dass er der nächste Staatschef wird – Präsident eines »schönen neuen Russlands« wie die Devise Nawalnys und seines Teams im Internet lautet, wo der Oppositionsführer seine Politik erklärt und seine spektakulären Videos zeigt.

Im Internet ist auch Nadya Tolokno (das ist ihr Kürzel) unterwegs, zugleich aber auch analog und zu Fuß in der westlichen Welt. Sie und Pussy Riot sind inzwischen berühmt und gefragt, Nadja macht Musik, spielt in Filmen mit, bringt Musik-Alben heraus (»Rage«) und arbeitet als Designerin für ein eigenes Mode-Label. Als Künstlerin weiß sie, was eine Show bedeutet und dass es nicht egal ist, wie jemand aussieht. Schon in ihrem Buch schrieb sie: »Achte auf dein Äußeres.

Es ist genauso wichtig wie dein Inneres.« Das Weibchen-Vorurteil gegenüber Modemacherinnen lässt sie nicht gelten, zumal die Outfits, die sie kreiert, was ganz Eigentümliches haben. Sie mischt »süß« mit »gefährlich« und »hell« mit »rau«. »Ich hätte wohl nie Mode gemacht«, sagt sie, »wenn ich nicht im Straflager Polizeiuniformen hätte nähen müssen.« Sie verbindet, ganz im Sinne des Punk, Spiel und Härte, Spaß und Kampf, Witz und Politik. Gefragt, ob sie nicht lieber ganz im Westen leben möchte, sagt sie Nein. Genauso wie Nawalny. Es ginge letztlich darum, das volle Risiko auf sich zu nehmen, anders könne sie die große Masse der russischen Bevölkerung nicht überzeugen. Das aber ist letztlich ihr Ziel: Die Menschen in dem großen Land, die sich mehrheitlich zu Hause verkriechen, weil sie die öffentliche Sphäre als verseucht empfinden von Korruption und Gewalt, die schweigende Mehrheit aus der Reserve zu locken und sie anzuspornen, dass sie es ihr gleich tue. Dass sie den Kreml-Herrscher und seine ergebenen Satrapen herausfordern, um ihre Freiheitsrechte als Bürgerschaft zu erringen und aus Russland endlich eine Demokratie zu machen. Tolokonnikowa schließt nicht aus, dass sie in die Politik geht und auf kommunaler Ebene anfängt.

Links

🐦 tolokno
📷 nadyariot
𝐟 tolokno
🐦 pussyrrriot
📷 wearepussyriot
𝐟 wearepussyriot

»ICH BIN FEMEN«

OKSANA SCHATSCHKO (1987-2018)

Die ukrainische Künstlerin und die Neuerfindung des politischen Happenings

In Khmelnytskyj, einer ukrainischen Industriestadt circa 300 km westlich von Kiew, entstand in den ersten Jahren des neuen Jahrhunderts eine Art Straßenuniversität. Junge Menschen hielten Vorträge auf kleinen Plätzen oder in Parks, diskutierten, gaben einander Lektüre-Tipps und tauschten Bücher aus. Manchmal kamen auch ältere Leute dazu, sogar Lehrer und Professoren, und redeten mit. Drei Mädchen aus dieser Stadt gingen gern zu diesen improvisierten Vorlesungen, sie hießen Anna, Sasha und Oksana und waren so um die fünfzehn, sechzehn Jahre alt. Die Ukraine hatte eine Vorgeschichte als Teil des Sowjetreiches, in dem es die Russen gewesen waren, die ihre Kultur, ihre zentral gelenkte Wirtschaft, ihr politisches System, ihre Sprache und ihr Militär überall in ihrem Machtbereich einführten, durchsetzten und aufmarschieren ließen. Nach dem Niedergang dieses Reiches und im Zuge der »Orangenen Revolution« 2004 hatte in der Ukraine ein marktwirtschaftliches System anfangs Hoffnungen geschürt. Dann aber zeigte sich, dass die neue Marktfreiheit nur ein paar Oligarchen reich gemacht, im ganzen Land aber zu noch größerer Ungleichheit geführt hatte. Der westlich orientierte Präsident Viktor Juschtschenko enttäuschte die Menschen, das Volk blieb arm, einflusslos und unzufrieden. In dieser Situation besannen sich die Intellektuellen erneut auf den Sozialismus, von dem es ja hieß, er sei in der

Sowjetunion und auch in deren Vasallenstaaten krachend gescheitert – nach einem dreiviertel Jahrhundert mühseliger und vergeblicher Versuche, ihn durchzusetzen. Vielleicht aber lohnte doch ein neuer Versuch? Nicht nach sowjetischem Vorbild, sondern nach ukrainischen Ideen? Der Raubtierkapitalismus des neuen Anfangs jedenfalls konnte es nicht sein. Die drei Mädchen lasen wie viele andere Studierende Karl Marx und August Bebel und dachten über einen neuen Gesellschaftsentwurf nach. Sie sahen auch, dass Frauen in ihrem Lebenszuschnitt deutlich weniger Freiheitsgrade besaßen als Männer. Bebels Buch *Die Frau und der Sozialismus* wurde ihre Bibel. Aber natürlich waren es nicht nur Theorien, die sie begeisterten. Aus dem Westen kam die Rock- und Popmusik, es gab Versuche, anders zu leben: in Wohngemeinschaften mit Gemeinschaftskasse, frei, verrückt, experimentell. Die drei entfernten sich von den religiösen Überzeugungen ihrer Eltern, sie stellten weltliche Fragen nach dem Sinn und dem Glück des Lebens. »Wir dachten über alles nach, wir wollten gegen den Kapitalismus kämpfen, wir wollten Philosophinnen, Poetinnen und Künstlerinnen sein«, schrieb Oksana.

Oksana Schatschko war 1987 zur Welt gekommen; die Eltern gehörten der Arbeiterklasse an. Der Vater war ein tüchtiger Mechaniker gewesen, aber nach dem Ende des Sowjetreiches hatte seine Firma pleite gemacht, er trank und versank im Selbstmitleid. Die Mutter, eine streng gläubige Frau, rackerte sich als Verkäuferin ab, um Oksana und den kleinen Bruder durchzubringen. Die Tochter, zeichnerisch hochbegabt, durfte schon als Kind eine höhere Lehranstalt für Ikonenmalerei besuchen. Der orthodoxe Kosmos wurde ihre ganze Welt, mit dreizehn wollte sie Nonne werden. Sie hatte schon ihre Sachen gepackt, um fortzugehen und in einem Konvent um Aufnahme zu ersuchen, als ihre Mutter die Großfamilie zusammentrommelte, die Oksana unisono anflehte: Geh nicht in ein Konvent! Bleib der Welt erhalten, heirate und werde glücklich. Oksana hörte auf ihre Verwandten. Sie schloss ihre Lehre als Ikonenmalerin mit fünfzehn ab, für ihren Lebensunterhalt malte sie weiter. Sie schrieb sich zeitgleich für ein Designstudium an der Hochschule ein. Noch lieber aber bewegte sich

Oksana – genau wie ihre Freundinnen Anna und Sasha – im Umkreis der Straßenuniversität, wo es täglich neue kritische Gedanken und Ideen für einen Aufstand, wenn nicht Umsturz gab.

Das kapitalistische System war das falsche, aber auch das sozialistische aus der Zeit davor hatte nicht den Menschen, sondern nur dem Machterhalt einiger weniger gedient. Man musste alles noch einmal neu durchdenken. Oksana lernte Leute kennen, die sich Hippies oder Punks nannten und andere, die ihr philosophische Bücher aus der Sowjetzeit liehen. Sie las viel. »Ich empfand eine ungeheure Sehnsucht nach Freiheit. Ich wollte mich losreißen von all den Verhaltensstandards, die uns von der Gesellschaft aufgezwungen wurden. Ich stellte die großen Fragen: Wer bin ich? Wofür lebe ich? Wo ist mein Platz auf dieser Erde? Habe ich eine Mission zu erfüllen?« Oksana wollte die Freiheit, und sie begriff, dass sie dafür würde kämpfen müssen. »Alle Menschen werden gleich geboren, und in jedem steckt Kreativität.« Es galt, die Lebensbedingungen so zu verändern, dass ein jeder und eine jede sich selbst verwirklichen könne. Frauen waren nicht nur dafür gut, zu Hause Kinder zu hüten und Essen zu kochen. Sie wollten und sollten hinausgehen und daran mitwirken, eine lebenswerte, gerechte, humane Welt zu bauen.

Für Oksana, Sasha und Anna hieß Befreiung zuerst der Kampf für studentische Mitbestimmung an ihrer Hochschule in Khmelnytskyj. Dafür gründeten sie eine Gruppe und den informellen Studiengang »Neue Ethik«. Anna war die Organisatorin, Sasha die Sprecherin und Oksana die Künstlerin und Designerin. Anfangs mochten sie sich nicht Feministinnen nennen – der Ausdruck schien ihnen irgendwie belastet, mehrdeutig und verworren. Aber als sie anfingen, ihre Ideen und Ideale zu verbreiten, indem sie, auf August Bebel gestützt, darauf bestanden, dass den Frauen die gleichen Rechte zustünden wie den Männern, in der Familie, in der Politik und am Arbeitsmarkt, da bekam der Begriff »Feminismus« plötzlich Sinn und Glanz. Die Gruppe warb lautstark für Chancengleichheit, wollte mehr Mädchen zum Studium motivieren und die Semestergebühren senken. Dieses

Programm fiel auf, auch die Verve, mit der sich die Mädchen dafür einsetzten. Professoren und Eltern reagierten gereizt. »Du malst Ikonen und studierst«, sagte Oksanas Mutter, »das genügt doch.« Warum so viel Staub aufwirbeln? Aber Oksana war nun Teil der Jugendopposition, die sich auf der Straßenuniversität gebildet hatte und immer weitere Kreise zog. Sie wollte damit nicht aufhören, sie wollte vorangehen. Inzwischen war sie 21 Jahre alt geworden.

Im Jahr 2008 gingen Sasha und Anna an die Uni nach Kiew, um dort weiter und effektiver für die »Neue Ethik« zu arbeiten. Oksana kam erst einige Zeit später hinzu, sie konnte ihr kleines Atelier in Khmelnytskyj nicht so schnell auflösen. Während des Jahres 2008 fuhr sie jede Woche zu den Freundinnen nach Kiew, um dabei zu sein, wenn neue Flugblätter verfasst und Aktionen geplant wurden. Das Studententicket war billig, auf der Rückfahrt schlief sie im Zug. »Unsere Botschaften und unser Protest – darum drehte sich jetzt mein ganzes Leben. Wirkliche Kunst – das ist die Revolution. Diese Kunst weckt die Menschen auf und bringt sie dazu, über sich selbst und die Welt nachzudenken.«

Eines Abends saß Oksana in der Studentenbude mit Anna und Sasha zusammen – es war noch eine vierte hinzugestoßen, ein Mädchen aus Kiew: Inna. Sie studierte Journalismus. Den Namen »Neue Ethik« für die Gruppe fand Inna einigermaßen akademisch. Die anderen mussten ihr Recht geben. Wenn sie umsetzen würden, was sie sich jetzt vorgenommen hatten – hinauszugehen in die Öffentlichkeit der Straße, um die Bevölkerung zu ermuntern, die politische und soziale Lage im Land und vor allem die fehlende Gleichberechtigung der Geschlechter zu bedenken, dann brauchten sie einen anderen, einen zündenden Namen. Über den Begriff »Feminismus«, in dessen Zeichen sie agieren wollten, kamen sie zu »FEMEN«. Das war kurz und klang eine Spur mysteriös, man fragte unwillkürlich: Was steckt dahinter? Diesen Namen also sollte ihre Gruppe tragen, geschrieben in lateinischen Großbuchstaben. Und sie zogen los und machten sich bekannt – anfangs noch mit kleinen Auftritten in der U-Bahn, wo sie nach Art eines Flashmobs auftauchten, sangen, tanzten und zu mehr wechselseitigem Respekt aufforderten. Das war ihre freundliche Anfangsphase, wie sie später sagten. Sie erzielten damit eine nur beschränkte Aufmerksamkeit.

Doch dann wurden FEMEN aggressiver. Sie hatten herausgefunden, dass ausgerechnet ihr Land, die Ukraine, seit dem Zerfall des Sowjetreiches und der Erleichterung des Reiseverkehrs von Menschenhändlern heimgesucht wurde, die Frauen zur Zwangsprostitution in die Untergründe westlicher Großstädte verschleppten. Mädchen aus der Ukraine galten als besonders sexy und besonders arm, also verführbar, wenn ihnen da jemand was von einem guten Job im Westen vorlog. Auch im Land selbst hatte sich eine Sex-Industrie etabliert; Türken, Franzosen, Amerikaner und Deutsche kamen, nachdem sie im Internet einschlägige Kataloge studiert hatten, mieteten sich in einem Hotel ein und ließen sich Frauen ihrer Wahl zuführen. FEMEN besorgten sich alle Infos, die zu kriegen waren und beschlossen dann gezielte Aktionen unter dem Motto »Die Ukraine ist kein Bordell!«

Sie begannen mit Straßentheater. Alle vier verkleideten sich als Bordsteinschwalben, stöckelten hin und her und riefen im Chor: »Ukrainische Frauen sind keine Prostituierten!«

Das war eine Art paradoxer Intervention, die Leute blieben stehen, manche lachten, andere schüttelten die Köpfe. Inna hatte Kolleginnen informiert, die Presse erschien. Es gab Fotos und Berichte. FEMEN klagten an: Offiziell sei Prostitution verboten. Aber der Staat tue nichts, um sie zu verhindern. Ganz im Gegenteil, die Polizei sei angewiesen worden, den Dingen ihren Lauf zu lassen. Einige Leute nämlich machten mit der Naivität ukrainischer Mädchen gute Geschäfte … FEMEN forderten nach dem schwedischen Modell die Bestrafung der Freier und der Zuhälter. Ihr Anliegen wurde öffentlich diskutiert, ja sogar im Parlament kam das Thema dran. Das ukrainische Fernsehen meldete sich und interviewte die Studentinnen. Auf einen so großen Widerhall waren sie nicht gefasst gewesen. Sie feierten ihren Erfolg. Aber sie wussten auch: Jetzt mussten sie dranbleiben und möglichst

noch einen draufsetzen, damit ihre Sache nicht bald wieder in Verges-
senheit geriete. Das nächste Polithappening verlegten sie auf den Tag
einer Schönheitsköniginnenwahl. Sie rollten einen zweiten roten Tep-
pich aus und trippelten darauf herum, knapp bekleidet mit Schärpen,
auf denen man »Miss Bitch« und »Miss Fellatio« lesen konnte. Es
folgte ein Protestmarsch zum Parlament, viele Studierende schlossen
sich an. FEMEN überbrachten einen Brief an Ministerpräsidentin
Julia Timoschenko, in dem sie die Umsetzung des geltenden Rechts:
Verbot der Prostitution, in der Praxis forderten. Eine Antwort bekamen sie nicht. Aber Presse und TV waren wieder da.

Die Gruppe hatte begriffen, dass sie spektakulär sein musste, um Aufmerksamkeit zu erregen und dass es nicht reichte, Slogans zu rufen –
es musste auch was für's Auge dabei sein. Und so kamen sie auf den
Einfall, das nächste Mal »oben ohne« zu demonstrieren. Dazu wollten sie einen Blumenkranz im Haar tragen – ein Zitat traditioneller
Trachten für Mädchen in der Ukraine. Über die »Oben-ohne«-Idee
diskutierten sie lange, vor allem Inna konnte sich damit zunächst gar
nicht anfreunden. Schließlich entschieden sie einstimmig, es zu versuchen. Am 24. August 2009, dem ukrainischen Unabhängigkeitstag,
ging Oksana als erste mit freiem Oberkörper auf die Straße. Um den
Kopf trug sie einen Kranz künstlicher Blumen, auf ihren Brüsten
stand der Slogan: »Die Ukraine ist kein Bordell«, und sie hielt die ukrainische Flagge in der Hand. Dieser Aufzug sollte die Freiheit des
Landes symbolisieren und die Freiheit der Frauen. Die anderen Mädchen der Gruppe und ein starker Trupp Studierender begleiteten sie.
»Es kostete mich keine große Überwindung, so hinauszugehen. Ich
war sicher: Wir machten es richtig. Was ich verkörperte, war die
größtmögliche Vereinfachung unseres Images als FEMEN: *topless*
mit einer Inschrift auf dem Körper und einer Krone auf dem Haupt.«
Die jungen Frauen riefen: »Für eine freie Ukraine!« und »Für Bür-
gerrechte!«; so marschierten sie bis vor das Parlamentsgebäude. Die
Menschen auf den Straßen waren freundlich, nicht einmal die Polizei
nahm Anstoß.

Als nächstes demonstrierten FEMEN *topless* für mehr öffentliche Toiletten in der Stadt, die Resonanz war erfreulich, das Problem in Kiew bekannt. Danach entblößten sich die Mädchen in einer Kunstgalerie; dort hing ein pornografisches Werk, das eine halbnackte Frau in demütigender Pose – so jedenfalls sahen es FEMEN – darstellte. Jetzt kam die Polizei, es gab böse Blicke. Und Rufe auf der Straße, Schmähungen in den Medien: Ihr protestiert gegen Prostitution und benehmt euch doch selbst wie Huren! FEMEN zogen sich wieder einmal zur Beratung zurück. Aus der Gruppe war inzwischen schon der Keim einer Bewegung geworden; immer mehr junge Frauen, auch ein paar Männer, machten bei ihnen mit. Die Mehrheit aber waren junge Frauen. Sie zogen durch die Straßen, zogen ihre T-Shirts aus und skandierten Parolen. Die Debatte über den »Oben ohne«-Protest wurde jetzt breit geführt. Nein, die nackten Brüste waren keine sexistische Show, sondern im Gegenteil ein Mahnmal für die Freiheit der Frauen. »Für uns hatte die *toplessness* eine tiefere Bedeutung, zumal wir immer Inschriften auf den Brüsten trugen. Wir überschritten durch diese Verbindung von Körper und Idee eine Grenze, die uns von der männlich dominierten Gesellschaft gezogen worden war«, so Oksana. Und die Demonstrantinnen trugen immer Kränze auf dem Kopf – Blumen sind *das* Symbol für Freundlichkeit und Frieden. Und so entwickelten FEMEN eine ganze Reihe aufklärerischer Protestaktionen, zunächst fokussiert auf Frauenthemen: für Frauenbildung, Frauengesundheit, höhere Löhne für Arbeiterinnen. Das Thema Emanzipation hatte bis zum Auftritt der FEMEN auf der öffentlichen Bühne ihres Landes keinerlei Präsenz gehabt. Jetzt redeten viele darüber – nicht immer mit Sympathie für die kämpferischen Mädchen, aber egal, das Thema war da.

Was friedliche, wenngleich spektakuläre Aufklärung betrifft, hatten FEMEN einiges erreicht. Sie wollten jetzt weiter gehen, vor allem sollten ihre Aktionen in die Politik eingreifen, denn wenn sie nicht politisch würden, sagten sich die Mädchen, würden Frauen niemals frei sein. Am 7. Februar 2010 gab es Wahlen in der Ukraine, Viktor Janukowitsch und Julia Timoschenko hießen die Kandidaten. Die Wahlen galten als pro forma, die politische Kaste als korrupt, FEMEN malten die Slogans »Politiker vergewaltigen unser Land« und »Wir brauchen ehrliche Wahlen« auf ihre bloßen Brüste und auf Plakate; diesmal wurden sie verhaftet. Es ging glimpflich ab, aber es war der Beginn einer härteren Tour. Die Mädchen wurden überwacht, sie fühlten sich wie im Untergrund. »Jetzt können wir unsere Aktionen nicht mehr ankündigen«, sagte Oksana, »wir müssen einfach auftauchen – wie aus dem Nichts.« Am 17. März wurde die neue Regierung vorgestellt. Janukowitsch, ein den Russen zugeneigter Politiker, war Präsident geworden. In der Ministerriege befand sich keine einzige Frau. FEMEN verkleideten sich als Herren mit Aktenkoffern, auf denen Schilder hefteten mit Aufschriften wie »Minister für dreckige Socken« oder »Minister für den Abwasch«; sie wollten in das Regierungsgebäude vordringen und drinnen aus ihren Anzügen schlüpfen und sich topless zeigen, Parolen rufend: »Wo sind die Frauen, die für uns Politik machen?« Aber sie wurden schon auf der Treppe festgesetzt. Die Polizei hatte rechtzeitig Wind gekriegt. Jetzt mussten die FEMEN lernen, wie man klandestine Aktionen organisiert. Das nächste Mal klappte es noch nicht.

Putin kam auf Staatsbesuch. Die FEMEN, wie inzwischen ganz Kiew, hatten erlebt, dass Meinungs- und Bewegungsfreiheit wie in Russland immer stärker eingeschränkt wurden. Mit Pappschildern, auf denen geschrieben stand: »Wir unterwerfen uns nicht dem Zwerg aus dem Kreml« tauchten Anna, Inna, Sasha und Oksana flashmobartig aus der Menge auf und hielten ihre Transparente hoch. Sie kamen gar nicht mehr dazu, die T-Shirts abzustreifen, so schnell war die Polizei da und führte Inna und Sasha ab. Anna und Oksana konnten davonlaufen. Wegen »Hooliganismus«, ein Straftatbestand ähnlich der »Erregung öffentlichen Ärgernisses«, wurden die beiden Studentinnen 24 Stunden lang interniert. Inna verdarb es sich von da an vollständig mit ihren Eltern. Sie war sehr unglücklich, stand aber zu FEMEN. Die waren jetzt ihre Familie. Die Mädchen beratschlagten. »Wir müssen über die Ukraine hinausdenken«, sagte Sasha. »Lasst uns auch andere Länder in den Blick nehmen.«

Im November 2010 sollte im Iran eine Frau mit Steinigung für Untreue bestraft werden. FEMEN demonstrierten mit dem Schild »Steinzeit im Iran« vor der Botschaft und warfen Steine auf den Bau. In die Eröffnungszeremonie eines Festivals über Iranische Kultur platzten die Mädchen barbusig und mit Blumenkränzen geschmückt herein und riefen: »Hört auf, eure Frauen umzubringen!« Die Security warf die Mädchen hinaus, aber der Botschafter, der gerade angefangen hatte, eine Rede zu halten, verlor den Faden und verließ die Bühne.

In jener Zeit lernten die vier jungen Frauen einen Filmemacher aus der Schweiz kennen: Alain Margot. Er begleitete FEMEN über mehrere Monate und schuf eine eindrucksvolle Dokumentation. Margot beteiligte sich an den Debatten, und gemeinsam beschlossen sie, durch die Welt zu touren und an verschiedenen Hotspots gegen Frauenfeindlichkeit und für Menschlichkeit nach FEMEN-Art zu demonstrieren. Mit dieser Idee konnte Alain Margot Gelder bei seiner Produktionsfirma locker machen – und es ging los. In der Schweiz, in Frankreich, in Italien meldeten sich lauthals die Politaktivistinnen aus der Ukraine und warfen ihre T-Shirts von sich. Es ging gegen das Frauenbild der Katholischen Kirche und gegen Politiker wie Berlusconi, Dominique Strauss-Kahn und den Front National. Die Truppe war nun weltweit berühmt und berüchtigt. Es gab begeisternde Solidarität und harsche Kritik. Aber die Ukrainerinnen blieben bei ihrer Militanz, die als eine zeitgenössische rebellische Körperpolitik überall im Westen eine wenn auch zuweilen skeptische Anerkennung fand.

Im Jahr 2011 flohen mehrere Oppositionelle aus Weißrussland vor dem Regierungschef Lukaschenko und seinen Häschern in die Ukraine. Der Druck in Minsk gegen jede Art Opposition hatte unerträgliche Grade erreicht; FEMEN trafen einige der Geflüchteten in ihrem Stammcafé Cupid. Die Mädchen ließen sich berichten: Wenn man in Minsk vor die Türe trat und nur einmal in die Hände klatschte, würde man sofort verhaftet. Weißrussland war ein Polizeistaat, in den Knästen die Folter verbreitet. Oksana und Inna beschlossen, nach Minsk zu fahren und dortselbst eine Aktion gegen den Tyrannen Lukaschenko zu starten. Sie nahmen Alexandra mit, eine Aktivistin, die über hundert Kilo wog und mit Bart und geschorenem Kopf Lukaschenko spielen sollte.

Die drei Frauen kamen ohne Schwierigkeiten nach Minsk. Dort demonstrierten sie vor dem Gebäude der Geheimpolizei *topless* mit den Parolen: »Freiheit für alle politischen Gefangenen« und »Lange lebe Weißrussland«. Alexandra, auch sie barbusig, stolzierte als ein böswilliger Lukaschenko drohend auf und ab. Es war Dezember und kalt, doch die Mädchen hielten durch. Wie üblich hatten sie die Presse informiert – es kam zu einem Menschenauflauf, die Demonstrantinnen erhielten Beifall und Buhrufe, wie meist. Und sie tauchten so rasch ab, wie sie gekommen waren. Befriedigt verzogen sie sich zu einer Gesinnungsgenossin in deren Wohnung, wo sie auch übernachteten. Ihren Auftritt werteten sie als Erfolg.

Als sie am nächsten Tag auf dem Busbahnhof anstanden für die Rückfahrt nach Kiew, geschah es. Einzeln wurden Oksana, Inna und Alexandra von einem Trupp uniformierter Männer aus der Schlange herausgedrängt und in einen Kleinbus gestoßen, der sofort losfuhr. Man legte ihnen Handschellen an und konfiszierte ihre Handys, zog ihnen ihre Mützen über die Augen und schrie sie an: »Wo habt ihr die Nacht verbracht?« »Wer bezahlt Euch?« »Wer sind eure Hintermänner?« Immer wieder dieselben Fragen. Schließlich hielt einer der Männer eine Rede: »Seht ihr denn nicht, dass ihr eurem und unserem Land Schaden zufügt? Dass ihr die Sache westlicher Imperialisten betreibt, denen es darum geht, die slawische Rasse auszurotten, um sich unser Land anzueignen? Wie dumm seid ihr denn? Wer bezahlt euch?« Dabei ging es über Stock und Stein, der Van hatte Minsk verlassen und fuhr in einen Wald hinein.

Was danach geschah, wurde später von der Weltpresse verbreitet und machte aus den FEMEN Märtyrerinnen. Die weißrussischen Geheimpolizisten hielten auf einer Lichtung an, nahmen den Mädchen die Handschellen ab, schubsten sie aus dem Van und zwangen sie, sich zu entkleiden. Einer schwang ein Messer. Alle drohten und schrien: »Wir töten euch!« Die drei Frauen mussten sich wieder anziehen und wieder ausziehen, immer noch einmal. Dann drückten die Polizisten ihnen Schilder mit darauf gemalten Hakenkreuzen in die Hand, riefen: »Bitte lächeln!«, und zogen eine Video-Kamera hervor. So wollten sie die FEMEN mit deren eigenen Waffen schlagen. Oksana schluchzte konvulsivisch, sie hatte, wie sie später sagte, gar keine Angst mehr, es waren die Nerven, die versagten. Einer der Männer kam mit einem Kanister Motoröl auf sie zu, übergoss sie, Inna und Alexandra mit der schmierigen Flüssigkeit und lachte dabei. Ein anderer zückte ein Feuerzeug. Aber er machte es wieder aus. Ein weiterer Polizist, der mit dem Messer, sprang auf Oksana zu und säbelte ihr mit kräftigen Hieben das Haar von Kopf. Er goss grüne Farbe über den kahlen, blutigen Schädel, noch einer kam mit einem Kissen im Arm, das er aufschlitzte und ausschüttete über den Frauen. So ließen sie die drei geölten und gefederten Aktivistinnen am Waldesrand allein. Sie fuhren weg. Die Frauen irrten umher, fanden zurück zur Straße und nach etlichen Kilometern ein kleines Dorf. Ein alter Mann half ihnen weiter, gab ihnen Wasser, Kleidung und Decken. Er besaß auch ein Handy. So konnten die drei mit der ukrainischen Botschaft in Minsk sprechen, die einen Wagen schickte. Anna und Sasha warteten am Grenzübergang. Jetzt hatten die FEMEN einen Preis für ihren Einsatz bezahlt, der doch zu hoch war. Oder?

Nein, ein Zurück kommt nicht in Frage, wird nicht diskutiert. FEMEN sind inzwischen eine Marke, sie werden weltweit anerkannt, eingeladen, mit Spenden bedacht. Ihr Webshop wird ausgiebig besucht, sie können von den Einnahmen leben. Sie wissen aber auch: Ihr Protest muss noch weiter ausgreifen, um zu überdauern. Sie reisen gemeinsam nach Moskau, um gegen die Wiederwahl Putins zu demonstrieren, sie fahren nach Zürich, wo sie gegen die Vergabe der Eishockey-Weltmeisterschaft 2014 an Weißrussland Stellung beziehen. In Paris setzen sie sich für arabischstämmige Frauen ein, einmal stören sie eine Aufzeichnung von *Germany's Next Topmodel*. Und auf der Hannover-Messe demonstrieren sie barbusig gegen einen hohen Gast aus

Moskau, ihr Ruf heißt: »Fuck you, Putin!« Den Kolleginnen von *Pussy Riot* in Moskau bekunden sie ihre Solidarität. Im Jahre 2013 kommt es zu einem Überfall auf ihr Büro in Kiew. Die FEMEN-Frauen werden verprügelt, Oksana werden beide Arme gebrochen. Die Polizei schiebt ihnen Waffen unter, man will sie als Terroristinnen mundtot machen und wegsperren. Jetzt ist es so weit, dass Anna, Inna, Sasha und Oksana im Ausland um politisches Asyl bitten müssen. Sie gehen nach Frankreich.

Oksana wird in Paris als politischer Flüchtling anerkannt, sie will hier als Künstlerin leben. Sie malt, designt aber weiter Plakate für die FEMEN. Mit der Autorin Galia Ackerman schreibt sie das Buch *Femen*, das 2014 im Pariser Verlag Calmann-Lévy herauskommt. Im selben Jahr erscheint Alain Margots Film *Je suis femen*. Aber der Zusammenhalt der Gruppe hält dem Druck der internationalen Nachfrage nach FEMEN-Aktionen, -Events und -Interviews sowie dem damit verbundenen *merchandise* nicht Stand. Die Rebellinnen streiten. Vor allem Oksana und Inna sind sich selten einig. Inna will den Politaktivismus straffer organisieren, Oksana möchte einen lockeren Bund und der Spontanität Raum geben. 2014 kommt es zum Bruch. Oksana verlässt die Gruppe und lebt nun als freie Künstlerin, hat auch eine erste Einzelausstellung in der Galerie Mansart. Vier Jahre später, am 23. Juli 2018, nimmt sie sich das Leben. Sie wurde 31 Jahre alt. Man fand ihren toten Körper in ihrer Wohnung im Pariser Stadtteil Montrouge. Ihr Abschiedsbrief wurde nicht veröffentlicht. Die verbliebenen FEMEN schrieben:»Oksana überlebte im weißrussischen Wald, nachdem sie gefoltert wurde, und sie marschierte durch die Straßen von Paris, während sich neue Gruppen weiblicher Kämpferinnen bildeten. Oksana blieb immer eine echte Kämpferin. Ein Freigeist. Sie hat uns verlassen, aber sie ist hier und überall. Sie ist in jeder von uns, deren Leben sie kreuzte, sie ist in FEMEN, die sie mitbegründete. Sie ist in ihren Bildern, durch die sie ihr künstlerisches Talent manifestierte. Sie ist für immer Teil der Geschichte des Feminismus.«

Es heißt, Oksana habe zuvor schon mehrfach versucht, Selbstmord zu begehen. Die Gründe sind in öffentlich zugänglichen Quellen nicht aufzufinden. Man darf aber wohl vermuten, dass die Trennung von

FEMEN eine Rolle gespielt hat. Anna schrieb auf Facebook: »Die furchtlose und verletzbare Oksana Schatschko hat uns verlassen. Wir trauern gemeinsam mit ihrer Familie und ihren Freunden.«

Links

https://femen.org

f femengermany

y femengermany

o femen_germany

»PROZESS GEWONNEN!«

SHIORI ITŌ (GEB. 1989)

Die japanische Journalistin und ihr Kampf um Gerechtigkeit in einem Vergewaltigungsfall

Das Inselreich im Pazifik gehört zu den Ländern, die sich erst spät in eine moderne Industriegesellschaft verwandelt haben. Und was seine Kultur betrifft, so hat Japan viele Elemente seiner langen Feudalzeit beibehalten. Dazu gehört das unerschütterliche Krieger-Ethos, das heute noch Tugenden wie Pflichtgefühl und Ehrbarkeit und vor allem die Bereitschaft, eine Hierarchie fraglos anzuerkennen und sich ihr zu unterwerfen, befördert. Die Samurai verteidigten einst ihre lokalen Fürsten bis aufs Blut und begingen lieber Harakiri, als sich entehrt zu sehen. Auf das Geschlechterverhältnis übertragen hieß das: strenge Unterordnung der Frauen unter die Männer in allen Fragen des Alltags und der Liebe. Frauen schmückten als eine Art wandelnder Blumen das Leben der Aristokratie, im Volk wirtschafteten sie treu und bescheiden als Mütter und Mägde kaum sichtbar im Hintergrund. Anpassung war das Ziel aller Erziehung, Eigenwillen galt als Bosheit. Was die Hierarchie der Geschlechter betrifft, so hat sich seit der Samurai-Zeit in Japan wenig geändert. Japanerinnen stehen immer noch im Schatten der Männer, sind ihnen Gehorsam schuldig und verdienen im Schnitt nur Zweidrittel von dem, was Männer nach Hause tragen. Sehr viele sind irregulär und prekär beschäftigt. In Führungspositionen trifft man sie nur ausnahmsweise an. Japan belegt heute unter den 153 Ländern auf einer Rangliste der geschlechtsspezifischen Gleichheit beziehungsweise Ungleichheit, die das Weltwirtschaftsforum aufstellt, den 121. Platz. Das ist der letzte Platz unter den größten Industrienationen.

Die relativ niedrige Stellung der Frauen in dieser immer noch urpatriarchalischen Gesellschaft zeigt sich unter anderem im Rechtswesen. So stammte im Jahre 2015 der Paragraf, der im Falle einer Vergewaltigung zur Anwendung kommen sollte, von 1907. Als Vergewaltigung galt in dieser alten Rechtsauffassung nur ein sexueller Akt, der mit harten Schlägen und dergleichen beziehungsweise mit deren Androhung erzwungen worden ist, die Frau muss beweisen können, dass sie sich nach Kräften gewehrt hat. Die Strafe, die ein Beschuldigter zu erwarten hatte, war geringfügiger als die, die einem Dieb drohte. Im Übrigen wurde der Paragraf fast nie angewendet, weshalb er auch nie reformiert worden ist. Denn in Japan erstatteten Frauen nach einer Vergewaltigung in der Regel keine Anzeige. Derlei galt als äußerst unschicklich und total unehrenhaft. Das bedeutete natürlich keineswegs, dass solche Verbrechen nicht vorkamen, es hieß nur, dass Frauen im Interesse der über alles geschätzten sozialen Harmonie, wie künstlich und krampfhaft sie sich auch gestalten mochte, kein Wort darüber verlieren durften. Das kam dann auch nur selten vor. Aber im März des Jahres 2015 geschah es. Und weil der Mann, dem die Untat zur Last gelegt wurde, ein Prominenter war, und die Frau, die Anzeige erstattete, sehr hübsch, ging der Fall durch die Weltpresse. Nunmehr war Japan ein Land, in dem offen zugegeben werden musste, dass es sexuelle Übergriffe gab. Dass zumindest die Polizei sich mit so einem Fall befassen musste. Und der Fall ging so:

Die damals 26-jährige Journalistin Shiori Itō verabredete sich mit einem bekannten Fernsehreporter, um mit ihm über einen Job zu sprechen. Der Mann hieß Noriyuki Yamaguchi, war in seinen Fünfzigern und hatte sich als Journalist einen Namen gemacht; zu der Zeit schrieb er an einer Biografie über den japanischen Regierungschef Shinzo Abe. Itō kannte ihn schon länger; sie war ihm erstmals vor anderthalb Jahren in New York begegnet, wo sie studierte und er im Washingtoner Büro des TBS (= Tokyo Broadcasting System) arbeitete. Jetzt trafen sich die beiden in einem Restaurant in Tokio, dessen Besitzer mit Yamaguchi bekannt war, und speisten gemeinsam. Itō hatte Yamaguchi angefragt, ob er ihr nicht eine Stelle beim TBS verschaffen könne, möglichst im Washingtoner Büro, sie wolle gerne wieder ins Ausland gehen. Jetzt waren die Einzelheiten zu bereden, die Frage des Visums und anderes mehr. Itō erzählt, dass ihr während des Gespräches plötzlich schwindelig wurde. Ihr Bewusstsein trübt sich, sie erinnert sich schwach, wie sie von ihrem Begleiter hinaus auf die Straße zu einem Taxi geführt wird, beide steigen ein. Der Taxifahrer wird später aussagen, dass sich die junge Frau auf dem Rücksitz übergeben und darum gebeten habe, an der nächsten Vorortstation abgesetzt zu werden. Yamaguchi aber fährt mit ihr weiter zu seinem Hotel. Itō wird ohnmächtig. Als sie wieder zu sich kommt, liegt sie entkleidet auf dem Hotelbett, über ihr der nackte Yamaguchi, der den Geschlechtsverkehr mit ihr vollzieht. »Weder die Tatsache, dass ich das Bewusstsein wieder erlangt hatte, noch meine wiederholten Rufe, dass ich Schmerzen litte, brachten ihn dazu, aufzuhören mit dem, was er tat.« Genau so erzählt sie es später auf dem Polizeirevier.

Dort wünscht sie sich für die Aufnahme der Anzeige eine weibliche Polizeikraft, aber dieser Bitte wird nicht entsprochen, es sei keine Frau auf dem Revier verfügbar. Man nötigt sie, sich auf eine Matratze zu legen und den sexuellen Akt mit einer lebensgroßen Puppe nachzustellen. Polizeifotografen halten die Szene fest, während andere Polizisten das Opfer ausfragen. Itō ist sich sicher, dass ihr eine Droge verabreicht wurde, aber eine Blutuntersuchung, die sie vorschlägt, wird nicht vorgenommen. Die Anzeige geht ans Gericht und wird dort geprüft, ein Haftbefehl für den Beschuldigten wird auch ausgestellt. Doch ehe er vollstreckt werden kann, interveniert die Staatsanwaltschaft. Es seien keine Beweise für offene Gewaltanwendung und entsprechende Gegenwehr erbracht worden. Der Verdächtige gesteht zwar ein, dass es zum Geschlechtsverkehr gekommen sei, bezeichnet den aber als einvernehmlich und fügt hinzu, dass Itō ein bisschen viel getrunken habe. Das Verfahren wird eingestellt, und damit schien die Sache vom Tisch zu sein – so jedenfalls dachten es sich Yamaguchi, die Polizei und die Staatsanwaltschaft. Aber Itō ist auch noch da. Und die will nicht klein beigeben. Die internationale Presse nimmt Anteil. In den Sozialen Medien bilden sich Fronten: für und gegen die Person, die da endlich aufbegehrt, wie die eine Seite findet. Die den sozialen Frieden stört, wie die andere meint. Der Fall Itō ist immer noch ungelöst, zumal ein Verdacht die Runde macht: Der Regierungschef Abe habe sich persönlich vor seinen Biografen gestellt und dafür gesorgt, dass keine Anklage gegen ihn erhoben werden konnte.

Itō weiß, dass ihr Gewalt angetan wurde, und sie verlangt Gerechtigkeit. Dabei ist Shiori alles andere als eine wütende Mänade oder unversöhnliche Kämpfernatur. Sie entspricht genau dem Typus der zarten, feinen, blumenartigen Frau, den die Japaner so lieben. Als Schülerin hat sie ein Austauschjahr in den USA in Kansas verbracht, 2013 in New York ein Studium der Fotografie und des Journalismus abgeschlossen. Sie war stets ein offener, herzlicher, weltzugewandter Mensch, aber damit scheint es jetzt vorbei zu sein. Es nimmt sie furchtbar mit, plötzlich im Scheinwerferlicht der Öffentlichkeit zu stehen und sich immer wieder erklären zu müssen. Noch mehr aber setzen ihr die Folgen der Vergewaltigung zu. Ihre Panikattacken werden immer schlimmer. Sie konzentriert sich und schreibt ein Buch über ihre Leidenserfahrung, das 2017 erscheint, Titel: *Black Box*.

»Solange wir nicht aufstehen gegen die Gewalt, die uns zustößt und die wir als nicht hinnehmbar erachten, haben wir keine andre Wahl, als das grausame Schicksal, das uns ereilt, zu akzeptieren. Wenn wir fortfahren zu schweigen, werden die Schrecknisse, denen wir ins Gesicht sehen müssen, immer weiter reflektiert werden, wie in einem Spiegel, für den Rest unseres eigenen Lebens und für das Leben der Generationen, die nach uns kommen.« Das Buch schlägt ein, die Kritik bescheinigt der Autorin einen scharfen Blick auf die Zustände in ihrem Land. »*Black Box* ist ein Buch, das die Augen öffnet für kulturelle, hierarchische und systemische Probleme in der japanischen Gesellschaft. Itō wirft ein grelles Licht auf ein kaputtes System, das Opfer von Vergewaltigung und sexueller Nötigung zu unsichtbaren Abnormitäten herabwürdigt. Sie verweist auf den ideologischen Unterbau des japanischen Rechtswesens, das dazu dient, die Stimmen weiblicher Opfer zu ersticken und die widerwärtigste männliche Arroganz aufrecht zu erhalten. In einem Gestus gestauten Zorns fordert Ito dazu auf, diese tief verwurzelten Unrechtmäßigkeiten als solche zu entlarven, wobei sie die unerschütterliche Majestät der einsamen Ruferin im Angesicht der herrschenden Mächte ausstrahlt.« Nun wird der Strafgesetzesparagraph zur Vergewaltigung in Japan doch noch reformiert, zunächst wird das Strafmaß für den Fall einer Verurteilung erhöht. Man überlegt auch, beim Verhör das *Reenactment* (= Nachinszenierung) des erzwungenen Beischlafs mit einer Puppe abzuschaffen. Die öffentliche Meinung ist aber immer noch ein Sklave der von der patriarchalischen Tradition verordneten Verkniffenheit und Schamhaftigkeit in allen Fragen des Eros und der sexuellen Beziehungen. Diese zunächst noch gegen sie gerichtete Stimmung vertreibt Shiori Itō aus Tokio. Man kennt sie dort inzwischen, und es vergeht kein Tag, an dem sie nicht bedroht, beschimpft und belästigt wird – nicht nur in den Sozialen Netzwerken, auch auf der Straße. Und sogar von ihresgleichen, von Frauen. »Ich wurde mit beleidigenden E-Mails nur so bombardiert!« Sie geht für eine Weile nach London.

Dort gibt es Frauen, die nicht nur Verständnis für sie haben, sondern es auch freimütig äußern. Denn inzwischen ist in der westlichen Welt die #MeToo-Bewegung an den Start gegangen. Immer mehr Frauen aus aller Welt berichten von sexueller Nötigung, die ihr Umfeld und sie selbst bislang lieber verschwiegen haben. Was aber, wie jetzt viele Opfer finden, einfach nicht in Ordnung war und ist. Itōs Fall kommt den aufgebrachten Frauen gerade recht. Die Japanerin gewinnt hochmotivierte Unterstützerinnen, auch Männer helfen dabei, die Weltöffentlichkeit über die Rückständigkeit Japans in Fragen sexueller Gewalt aufzuklären. Die BBC dreht eine Dokumentation über Shiori Itō und ihren Fall: *Japan's Secret Shame* (= Japans verheimlichte Schande). Die Kritik lobt den Film von Erica Jenkins als »extrem wichtigen Beitrag, mutig und notwendig, mit Sorgfalt und stiller Wut erzählt.

Wir hören und sehen eine Geschichte über Gewalt gegen Frauen, über strukturelle Ungleichheit und Diskriminierung, vermittels der Darstellung eines individuellen Schicksals. Der Film entlässt sein Publikum mit der Einsicht, dass es zum Aufruhr kommen muss und danach, so steht zu hoffen, zu einer tiefgreifenden kulturellen Veränderung.«

Jetzt beginnt auch in Japan eine #MeToo-Bewegung. Dabei ist im März 2019 eine Variante entstanden, die als typisch gelten kann für das Land, in dem »Blumenstecken« zu den hohen Künsten zählt. Die »Blumendemonstration« ist eine Protestform gegen sexuelle Gewalt, bei der sich Frauen an jedem 11. eines Monats mit Lilien, Hortensien, Rosen und, je nach Jahreszeit, Kirschblüten oder Astern in den Händen auf der Straße versammeln und sich ihre Opfergeschichten erzählen. Anlass waren Freisprüche für Männer, die der Vergewaltigung bezichtigt worden waren. Frauen berichten auf diesen Straßenmeetings zuweilen zum ersten Mal von sexueller Gewalt, die sie vor Jahrzehnten erlitten haben. Die Öffentlichkeit ist aufgestört, die Medien befördern das Thema auf die ersten Seiten. Jetzt müssen auch die Herrschenden reagieren. Juristen beugen sich erneut über die Gesetzesbücher. Es wird erwogen, auch Klagen von Kindern und Knaben zu berücksichtigen, die bislang als mögliche Opfer gar nicht in Betracht gezogen worden waren. Auch soll die Bedingung, dass der Tatbestand der Vergewaltigung nur dann erfüllt sei, wenn das Opfer massiv bedroht wurde und sich gewehrt habe, entfallen. Endlich können auch solche Frauen (und Männer!) Klage einreichen, die während einer Vergewaltigung derart paralysiert waren, dass sie sich kaum rühren konnten, dass sie »wie gelähmt« gewesen seien, wie sie selbst es oft nennen. Auch anale und orale Penetration gelten in Zukunft als Vergewaltigung, das war vorher nicht der Fall. Was jetzt darüber hinaus in Japan entsteht, ist eine Frauensolidarität, die nicht mehr, wie ehedem, die weibliche Klage angesichts von Übergriffen einmütig unterdrückt, sondern sich im Gegenteil den Opfern zuneigt, ihnen Gehör schenkt und mit ihnen gemeinsam versucht, einen Wandel anzustoßen. Shiori Itō lebt inzwischen wieder in Tokio und ist beim japanischen #MeToo-Start als dessen »Gesicht« mit dabei. Für ihr Buch erhält sie den *Freedom Of The Press Award* der japanischen Freie Presse Assoziation.

Shiori Itō hat, nachdem es ihr nicht möglich gewesen war, ihren Vergewaltiger vor ein Strafgericht zu bringen, eine Zivilklage auf Schadensersatz gegen Noriyuki Yamaguchi eingereicht. Der kontert umgehend mit einer Klage wegen Ehrverletzung und Rufschädigung und will ebenfalls Schadensersatz. Die Gerichte lassen sich Zeit. Aber dann, im Dezember 2019, ist es so weit. Yamaguchis Klage wird abgeschmettert. Richter Akihiro Suzuki erkennt auf Seiten der Beklagten Itō keine nachvollziehbaren Motive. Sie habe sich nicht mit ihm in einem Konflikt oder in der Konkurrenz befunden, warum hätte sie seinen Ruf schädigen sollen. Dem Verlangen Shiori Itōs nach Schadensersatz wird hingegen stattgegeben. Ihren Worten wird Glauben geschenkt; darüber hinaus habe sie durch ihre Entscheidung, an die Öffentlichkeit zu gehen, dem ganzen Land einen Dienst erwiesen. Umgerechnet 27 000 Euro werden ihr als Schmerzensgeld zuerkannt. Das ist zwar nur ein Drittel dessen, was sie und ihre Anwälte gefordert hatten, aber es ist ein Sieg.

Der Erfolg dieser Zivilklage bedeutet indessen nicht, dass Yamaguchi jetzt als Vergewaltiger gilt, denn er war auf die Strafanzeige hin ja nicht angeklagt worden. Doch die Zuerkennung des Schmerzensgeldes spricht natürlich ihre eigene Sprache und lässt Herrn Yamaguchi, wie man es auch dreht und wendet, als Täter da stehen. Er will denn auch Berufung einlegen, abgeschlossen ist der Fall also immer noch nicht. Aber fürs Erste dürfen die Frauen feiern. Shiori Itō verlässt das Gericht, vor dem sich eine Menschentraube angesammelt hat, mit einem großen Plakat vor der Brust, auf dem in japanischen Schriftzeichen die Mitteilung »Prozess gewonnen« steht – das ist für die Kameras und für die Presse, damit alle gleich Bescheid wissen. Es ist aber auch für die Unterstützerinnen, die ein Stück weiter hinten stehen. Itō betont immer wieder, dass sie es ohne die vielen Frauen, die in England und via Internet und jetzt auch in Japan zu ihr gestanden haben, nicht geschafft hätte, so lange durchzuhalten. Als sie aus dem

Gerichtsgebäude kommt mit dem Plakat, das sie hochhält, zart, schmal, tapfer lächelnd, ist ihr Gesicht tränenüberströmt. Das sei die Anstrengung, sagt sie. Im Grunde sei sie sehr zufrieden. Sie fügt hinzu:»Der Sieg im Gericht löscht nicht aus, was zuvor passiert ist. Es ist nicht vorbei. Jetzt muss ich zusehen, wie ich mit meinen Narben lebe.« Ihr Prozess war der erste dieser Art in Japan, und er ist der erste, in dem Juristen, Richter, Medienleute und schließlich auch die große Öffentlichkeit in einem Vergewaltigungsverfahren versuchsweise die Perspektive der Frau eingenommen haben. Das ist ein Paradigmenwechsel. Japan geht damit einen großen Schritt vorwärts in Sachen Frauenemanzipation.

Praktisch bleibt allerdings noch viel zu tun im Land. Es muss garantiert werden, dass Opfern von Übergriffen eine 24-Stunden-Hotline zur Verfügung steht, auch dass forensische Beweise schnell und professionell gesichert werden können. (Niemand hat Itō dabei geholfen, die Drogen, die sie – da ist sie sicher – während des Dinners im Restaurant verabreicht bekam, nachzuweisen.) Außerdem müssen auf allen Polizeidienststellen weibliche Beamte zur Verfügung stehen, die hinzugezogen werden können, wenn ein Opfer dies wünscht. Solche Beamtinnen, natürlich auch ihre männlichen Kollegen, brauchen eine besondere Schulung. Und es gibt noch weitere Missstände. In den überfüllten Vorortzügen rund um die großen Städte kommt es häufig zu Grapschereien – das wird jetzt eingestanden, und man denkt darüber nach, Waggons einzurichten, die ganz für Frauen reserviert sind. An ihren Arbeitsplätzen wird von Mitarbeiterinnen öfter mal verlangt, einen reizvollen Anblick zu bieten, deshalb untersagen viele Arbeitgeber ihren weiblichen Angestellten, Brillen aufsetzen und ersuchen sie, hochhackige Schuhe zu tragen. Derartige Zumutungen stehen jetzt in der Kritik. Und die Regierung prüft neuerdings, ob nicht Steuererleichterungen auch ledigen Müttern zustünden. Bislang haben nur sogenannte vollständige Familien, denen man höheren Orts zutraut, die Werte der Tradition zu pflegen und weiterzugeben, finanzielle Vergünstigungen erhalten. Doch es gibt auch noch ein echtes Eigeninteresse der konservativen Regierung, Frauen mit besseren Bedingungen, auch mit besserer Bezahlung in die Arbeitswelt zu locken. Die Bevölkerung Japans weist einen hohen Prozentsatz alter Menschen auf. Sie schrumpft, gleichzeitig wächst die Wirtschaft, Arbeitskräfte werden gesucht. Da treffen sich ökonomische Interessen und Emanzipation. Warum sollen nicht beide profitieren?

Das Urteil im Zivilprozess, das Shiori Itō einen Schadensersatz zuspricht, gilt – wohin auch immer die nächsten juristischen Schritte ihres Gegners führen werden – in Japan als Grundsatzurteil. Und Itōs Hartnäckigkeit wird als Fanal bezeichnet: Nie zuvor sei in jüngerer Zeit, so sehen es die Chronisten, eine Frau derart mutig hervorgetreten, um den Status quo herauszufordern. Bald nach Itōs Verhandlung und Erfolg mussten sich zwei bekannte Politiker mit dem Vorwurf der sexuellen Belästigung auseinandersetzen. Der eine war stellvertretender Finanzminister, der andere Vorsteher einer Bezirkspräfektur. Der Finanzminister trat zurück, betonte aber, er sei unschuldig – er wolle seine Behörde nicht in Bedrängnis bringen. Diese Anschuldigungen waren etwas völlig Neues, hatten doch Frauen bisher immer eine Art Verpflichtung gespürt, sich still zu verhalten, auch wenn ihnen übel mitgespielt worden war. Nach Itōs Prozess ist nun nichts mehr wie es war.

Von großem Interesse ist bei dieser Causa die internationale Dimension, und das heißt sowohl die über das Internet und den Buchmarkt vermittelte Publizität des Falles als auch die #MeToo-Bewegung. Shiori hätte ohne die Fürsprache und praktische Unterstützung der Frauen in der gesamten westlichen Welt nicht weitermachen können. Sie bezog ihre Kraft aus dem Wissen: Ich bin nicht die einzige, die so etwas durchmacht, und ich kann mich wehren, denn es gibt Viele, die mir zur Seite stehen. Sie war dann ja dadurch sogar imstande, die Solidarität, die sie im Ausland erfahren hatte, nach Japan mitzunehmen und dort einzupflanzen. Auch hier ist nunmehr Anteilnahme möglich, und zwar über eine erst zögernd, dann immer entschiedener sich äußernde Öffentlichkeit. Die Blumendemonstrationen waren ein Pendant zu den im Internet sich multiplizierenden Bekenntnissen von Frauen:

#MeToo, auch mir ist es widerfahren und ich will es jetzt zugeben, mitteilen, herausposaunen. Diese weltweite Ermutigung, erlittene Schmach nicht runterzuschlucken, sondern öffentlich zu bekennen, wie sie die #MeToo-Bewegung bewirkt hat, führt jetzt auch in Japan im Verein mit dem akuten Fall der Shiori Itō zu einem Wandel des Meinungsklimas, und so konnte endlich die gedemütigte Frau ihr Haupt erheben und sagen: Es war unrecht. Und ich leide immer noch darunter. Nicht umsonst hat Shiori, als sie aus dem Gericht kam, gesagt: »Es ist nicht vorbei.« Damit meinte sie nicht den möglichen Widerspruch ihres Gegners, sondern »ihre Narben«, die psychischen Folgen der Vergewaltigung. Dass sie das so gesagt hat, bedeutet etwas: Was ihr widerfahren ist, war keine Kleinigkeit, und es muss deshalb als eingreifender, folgenschwerer Gewaltakt sowohl im Gewissen der Nation als auch im Strafrecht und in der öffentlichen Meinung entsprechend hoch gehängt werden. Diese Hintergründe haben viel mit der Frauenemanzipation auf allen anderen Feldern zu tun. Auf den ersten Blick kann man nicht erkennen, dass die Frage, ob Frauen im Büro eine Brille tragen dürfen, etwas mit einer Vergewaltigung zu tun hat. Aber die Tatsache, dass in Japan nach dem Fall Itō auch Sekretärinnen anfingen, ihre Persönlichkeitsrechte bis hin zur Frage des Schuhwerks zu thematisieren und zu beanspruchen, ist kein Zufall. Der Zusammenhang ist da, und er ist enger als er scheint.

Links

https://www.shioriito.com

🅞 shioristreet

🐦 photograshiori

f shiori0515

AIN AL-HATHLOUL

IMAN AL-

FRAUENRECHTE UND BILDUNG

»EINE VON VIELEN«

MALALA YOUSAFZAI (GEB. 1997)

Die Kinderrechtsaktivistin und ihr Kampf für die
Mädchenbildung in Pakistan

Am 9. Oktober des Jahres 2012 fuhr die fünfzehnjährige Malala
Yousafzai aus dem schönen Swat-Tal in Pakistan mit dem Bus von der
Schule nach Hause. Das Städtchen, in dem sie lebte, heißt Mingora.
Der Bus war eigentlich bloß ein Van, ein weißer Toyota TownAce –
ziemlich alter Klapperkasten, in dessen Innenraum zu beiden
Längsseiten Bänke montiert waren, auf denen etwa zwanzig Schülerinnen saßen. Früher war Malala zu Fuß zur Schule gegangen, denn
sie wohnte nicht weit weg und lief den Weg gerne. Aber seit einiger
Zeit hatten sich die Verhältnisse im Swat-Tal geändert. Die Taliban,
eine Truppe von Islamisten, die einen Partisanenkrieg gegen die Regierung und die Bevölkerung führten, weil sie westliche Einflüsse be-
kämpfen wollten, hatten Mädchen ab vierzehn Jahren den Schulbesuch untersagt. Sie hielten nichts von Bildung für den weiblichen Teil
der Bevölkerung, ja fanden sie schädlich und schändlich und zer-
bombten deshalb Mädchenschulen in Mingora und im ganzen Land.
Außerdem verlangten sie, dass Mädchen und Frauen sich außer Haus
verhüllten. Die Armee behauptete, gegen die Taliban vorzugehen,
paktierte aber stillschweigend mit ihnen. Malala und ihre Familie bo-
ten den Terroristen die Stirn, der Schulbesuch war für sie ein unab-
dingbares Recht. Vater Yousafzai war selbst ein Schulgründer, er hatte auch die Schule seiner Tochter mit aufgebaut und Malala stets darin

bestärkt, um den ersten Platz und das beste Zeugnis in ihrer Klasse zu wetteifern. Aber es war nicht so, dass Malala sich unter Druck fühlte. Für sie war lernen eine Freude, fast eine Notwendigkeit wie das Atmen. Wenn die Familie einen Ausflug machte oder in einer anderen Stadt Verwandte besuchte, nahm Malala stets ein Schulbuch mit. So sehr liebte sie ihre Bücher. Sie mochte sich auch nicht verhüllen und legte nur manchmal einen Schal um ihren Kopf.

An jenem 9. Oktober lag die Ankündigung der Taliban – über Lautsprecher, Aushänge, Plakate und durch den Rundfunk – sie seien jetzt nicht mehr bereit, es hinzunehmen, wenn Eltern ihre Teenager-Töchter in die Schule schickten und dann womöglich unverhüllt, noch nicht lange zurück. Durch die Bombardierung von Schulen und Schüsse auf Lehrerinnen hatten die Taliban gezeigt, dass es ihnen ernst war und das Land in Angst und Schrecken versetzt, zumal die Regierungstruppen offensichtlich nicht bereit oder imstande waren, den Untergrundkämpfern Einhalt zu gebieten. Die Familie Yousafzai wusste also um die Gefahr, war aber nicht bereit, klein beizugeben. Auch hieß es, die Taliban seien denn doch nicht so grausam, Kinder gezielt zu töten. Und Malala selbst war nicht ängstlich. Sie wollte es richtig machen, und sie mochte ihre Schule, ihre Mitschülerinnen und die Lehrerin. Wegen der Drohungen der Islamisten hätte sie ihr Ziel, Klassenbeste zu werden, niemals aufgesteckt.

Der Van fuhr am Fluss entlang. »Hinten, wo ich saß«, berichtet die Schülerin in ihrem Buch *Ich bin Malala*, »hatte der Van keine Fensterscheiben, nur eine Plastikplane, die an den Seiten flatterte und so vergilbt und verstaubt war, dass man so gut wie nicht hindurchsehen konnte. Ich erinnere mich noch, dass der Bus wie immer am Militärkontrollpunkt von der Hauptstraße nach rechts fuhr, dann hinter dem verlassenen Kricketplatz um die Ecke bog. An mehr erinnere ich mich nicht.« Was geschah, war Folgendes:

Etwa zweihundert Meter hinter dem Kontrollpunkt stoppte ein bärtiger junger Mann den Van, riss die Tür auf und fragte den Fahrer: »Ist dies der Bus von der Khushal-Schule?« Als der Fahrer bejahte, fuhr der Mann fort: »Ich brauche Auskünfte über die Schülerinnen« und enterte den Van. Im selben Moment stieg ein weiterer junger Mann mit einem Tuch über Mund und Nase von hinten über die Ladeklappe in den Bus. »Wer ist Malala?« rief er. Niemand antwortete, aber alle sahen zu Malala hin. Der maskierte Mann zog eine Pistole und feuerte dreimal. Die Mädchen schrien. Malala sank, in den Kopf getroffen, nach vorn in sich zusammen. Die Täter entkamen. Drei verletzte Schülerinnen wurden ins Militärkrankenhaus transportiert. Dort unterzog man Malala einer Notoperation. Die Kugel war über ihrem linken Auge in die Schläfe eingedrungen und in der linken Schulter stecken geblieben. Es war ein Wunder, dass sie überlebt hatte.

Warum hatten die Taliban ausgerechnet Malala erschießen wollen, den Schulbus, in dem sie saß, abgepasst, die ganze Aktion offensichtlich minutiös geplant? Malala war zu jener Zeit so etwas wie eine kleine Berühmtheit im Internet. Das bildungsbeflissene Mädchen war von seinem Vater Ziauddin Yousafzai schon als Elfjährige dazu ermutigt worden, in einem Blog auf Urdu – das ist in Pakistan die Hochsprache – auf der Website der BBC für die Mädchenbildung zu werben. Für ihre Blogs und Glossen benutzte sie das Pseudonym *Gul Makai*, was »Kornblume« bedeutet. »Ich wollte, dass die Menschen erfuhren, was passierte. Wir Mädchen haben ein Recht auf Bildung. Genauso wie wir das Recht haben zu singen. Der Koran hat uns dieses Recht gegeben. Und im Koran steht auch geschrieben, dass wir uns mit dem Studium Mühe geben und lernen sollen, die Geheimnisse unserer Welt zu enträtseln.« Gul Makai erhielt im Jahre 2011 den Nationalen Friedenspreis Pakistans und wurde dadurch bekannt. Weitere ausländische Medien wurden auf sie aufmerksam, sie gab Interviews, die in Zeitungen abgedruckt wurden und stand für etwas: Dafür, dass Mädchen mehr können, als sich auf die Ehe vorzubereiten und dass die Welt des Wissens auch ihnen offen stehen müsste.

Es gab in Pakistan länger schon weibliche Berufstätige, Lehrerinnen und Ärztinnen gingen unbehelligt ihrer Arbeit nach, und Benazir Bhutto hatte in den 90er-Jahren wichtige politische Rollen gespielt, bevor sie im Dezember des Jahres 2007 einem Attentat zum Opfer fiel. Die Modernisierung, die in dem muslimischen Land allmählich begonnen hatte, sollte nun aber, ginge es nach dem Willen der Taliban, wieder zurückgefahren werden, und dabei spielte die Einhegung der Frauen in Burkas und Küchen und unter die Kontrolle der traditionellen patriarchalischen Gehorsamskultur eine wichtige Rolle. Wenn die Taliban Schulen sprengten und Lehrerinnen und Schülerinnen angriffen, dann wollten sie damit dem ganzen Land mitteilen, dass es jetzt zurückginge zu einem »wahren« Islam, und, sobald die Taliban die ganze Macht übernommen hätten, zu einem Gottesstaat mit Einführung des islamischen Rechtssystems, der Scharia. »Die Taliban sind gegen Bildung, weil sie glauben, ein Kind, das Bücher liest oder Englisch lernt und sich mit Naturwissenschaften auseinandersetzt, würde verwestlicht werden. Ich hielt dagegen: Bildung ist Bildung. Wir sollten alles lernen und dann selbst entscheiden, welchen Weg wir einschlagen wollen. Bildung ist weder islamisch noch westlich, Bildung ist menschlich.«

Statt auf sie zu hören, ernannten die Taliban Malala zu ihrer Todfeindin. Dass ihr Weg in einen Gottesstaat mit unzähligen Todesopfern bei Selbstmordattentaten und Terroranschlägen gepflastert sein würde, nahmen sie billigend in Kauf. Malala war nur ein weiteres Opfer in dem verbissenen Kampf um die Macht und die Durchsetzung der Religion der Ahnen, darüber hinaus ein Opfer, das klar machte, worum es den Taliban ging: westliche Werte wie Gleichberechtigung der Geschlechter, Erwerb der englischen Sprache, um mit der Welt in Austausch treten zu können, Förderung von elementarer und höherer Bildung und Lebensfreude durch Konsum aufs Schärfste zurückzuweisen. Die Taliban zogen durch die Dörfer und sammelten Fernsehgeräte, Computer, DVDs und Musikinstrumente ein und zertrümmerten sie öffentlich. Theater, Discos und Kinos wurden zerstört, Mädchen, die bei Gesang und Tanz erwischt wurden, öffentlich ausgepeitscht oder gar erschossen. Das einzige, was den Menschen neben der Arbeit noch bleiben sollte, waren das Gebet und der Besuch der Moschee. Der Mullah, der täglich übers Radio das Programm der Taliban unter die Menschen brachte, hieß Fazlullah. Malala schildert, wie dieser Mann den Menschen ins Gewissen redete, sie einschüchterte und bedrohte. Viele unterstützten ihn anfangs, schreibt sie, weil er an ihren Stolz als Muslime appellierte. »Manchmal war seine Stimme vernünftig, doch manchmal war sie furchterregend und voll bissigen Eifers. Oft weinte er, wenn er von seiner Liebe zum Islam predigte.« Die einfachen Leute hingen ihm an. Malala frage ihren Vater: »Hat er Recht?« Der antwortete: »Nein, mein Kind, er macht den Leuten etwas weis.« Das Schlimmste für die Familie Yousafzai und alle anderen mittelständischen und armen Familien im Land war, dass die Regierung zwar ihre Soldaten mobilisierte, diese aber nirgends einschritten. Es sah fast so aus, als fände man höheren Orts den Erziehungsterror der Taliban gar nicht so übel. Die Menschen waren schutzlos.

»Eines Nachts vernahmen wir in der Ferne mehrere Explosionen. Am nächsten Morgen hörten wir, dass maskierte Kämpfer die Sagota Convent School und das Excelsior College für Jungen gestürmt und mit selbstgebastelten Sprengfallen in die Luft gejagt hatten. Glücklicherweise hatten Lehrer Drohungen erhalten und die Schulen schon vorher evakuiert. Beide Schulen waren groß – das Excelsior College hatte mehr als zweitausend Schüler, die Sangota Convent School gut tausend Schülerinnen.« Es wurden also auch Jungen-Schulen zerstört – das geschah, wenn einer Schule der Ruf anhaftete, dass dort westliche Sprachen und Werte gelehrt würden und nicht nur solche Inhalte, die den Taliban als mit ihrem Verständnis von Religion und Tradition vereinbar erschienen. »Das Ganze wuchs sich zu einem Alptraum aus. Als die Armee ins Swat-Tal gekommen war, hatten alle geglaubt, die Kämpfe würden nur von kurzer Dauer sein. Doch wir hatten uns getäuscht. Es wurde alles noch schlimmer. Die Taliban griffen nicht nur Politiker, Abgeordnete und die Polizei an, sondern auch jede Frau, die nicht das Purdah-Gesetz befolgte, das zur Verschleierung anhielt, jeden Mann, dessen Bart zu kurz war oder der nicht die traditionelle Kleidung trug.«

Malala und ihre Familie gehören dem Volk der Paschtunen an, sie sind gläubige Muslime, sie beteten und besuchten regelmäßig die Moschee, glaubten aber wie viele in Pakistan, dass ihre Religion mit einer behutsamen Modernisierung einschließlich eines Austausches mit westlichen Kulturen vereinbar sein müsse. Malalas Großvater war ein Islamgelehrter und Imam gewesen, ihr Vater war ebenfalls ein studierter Mann und sehr darauf bedacht, nicht nur seinen beiden Söhnen, sondern auch seiner Erstgeborenen eine gute Bildung zuteilwerden zu lassen. So hatte Malala mit ihren fünfzehn Jahren schon eine Menge gelernt und sich sogar im Internet einen Namen gemacht: Sie war das Mädchen, das offen für Bildung warb und damit der allgegenwärtigen Propaganda der Taliban entgegentrat. »In den ländlichen Gebieten waren Hunderte von Schulen von den Taliban gesprengt worden, und viele Familien verließen das Tal, damit die Töchter in Peschawar zur Schule gehen konnten. Mein Vater bestand darauf, die Stellung zu halten. ›Das Swat hat uns so viel gegeben‹, sagte er. ›In diesen schweren Zeiten müssen wir für unser Tal da sein.‹« Die Taliban konnten diese Art von Widerstand nicht auf sich sitzen lassen. Und so zielten sie auf die Bloggerin Gul Makai alias Malala Yousafzai, um mit ihr eine – wie sie es empfanden – Galionsfigur der Verwestlichung ihrer Welt auszulöschen.

Zwei von Malalas Mitschülerinnen waren ebenfalls verletzt worden, sie wurden versorgt und bald wieder gesund. Malala selbst aber war so schwer verwundet, dass nur ein sehr erfahrener Neurochirurg ihren Trigeminus, den zentralen Nerv des Gesichts, wieder herstellen und ihr linkes Auge und ihre Mimik würde retten können, und dafür musste das Mädchen in eine Spezialklinik ausgeflogen werden. Man entschied sich für das *Queen Elizabeth Hospital* in Birmingham, England, wo ein entsprechend kundiger Chirurg bereit stand. Malala selbst war seit dem Schuss auf sie bewusstlos, und während des Fluges und der ersten Tage in Birmingham lag sie im künstlichen Koma. Ihre Eltern mit den Brüdern konnten erst zweieinhalb Wochen später nachkommen. Es gab ein großes Hin und Her mit den Pässen, die Befürchtung wurde laut, die Yousafzais könnten Pakistan verlassen und die Regierung verklagen wollen, ein Vertreter der Regierung selbst sollte auch mitfliegen, und man konnte sich nicht schnell entscheiden, welcher, das alles dauerte seine Zeit. Auf Malala und ihr Schicksal blickte jetzt die Weltöffentlichkeit, und die pakistanischen Offiziellen wollten ihr Gesicht wahren und der Welt zeigen, dass sie das Treiben der Taliban nicht hinnähmen. Sie sicherten eine Übernahme aller Behandlungskosten des Mädchens zu und intensivierten die Jagd nach den Attentätern. Als die Eltern Yousafzai ihre Tochter in der Birminghamer Klinik in die Arme schlossen, war Malala nach zwei weiteren Operationen wieder bei Bewusstsein und hatte das Schlimmste hinter sich. Es dauerte indes noch Monate und verlangte ein gezieltes physiotherapeutisches Training, bis sich ihre Gesichtsmuskeln erholt hatten und sich normal bewegten und sie, wie ihr Vater es ausdrückte, »ihr Lächeln wieder hatte«. Drei Monate blieb Malala im Krankenhaus. Die beiden Attentäter und ihre Hintermänner wurden erst zwei Jahre später gefasst, der Schütze kam lebenslang in Haft.

Die Familie Yousafzai ließ sich jetzt in Birmingham nieder. Vater Ziauddin erhielt einen Posten bei der pakistanischen Botschaft. Die Mutter, die eine Analphabetin gewesen war, begann nunmehr, lesen und schreiben zu lernen. Und Malala ging nach ihrer Genesung in Birmingham zur Schule. Sie hatte vor, Politik und Philosophie zu studieren. Noch im Jahre 2012 wurde bei der UNO ein Fonds aufgelegt, der ihren Namen trägt und weltweit die Mädchen-Bildung voranbringen soll. Zeitungen und Rundfunksender kürten Malala zur »wichtigsten« oder »faszinierendsten« Person des Jahres. An ihrem 16. Geburtstag, dem 12. Juli 2013, hielt sie eine Rede vor der Jugendversammlung der Vereinten Nationen: »Liebe Brüder und Schwestern, lasst uns eins festhalten: Heute ist der Tag aller Frauen, aller Jungen und aller Mädchen, die ihre Stimme für ihre Rechte erhoben haben. Es gibt Hunderte von Menschenrechtsaktivisten und solche, die sich auf sozialem Gebiet engagieren, die nicht nur mündlich für ihre Rechte eintreten, sondern für ihre Ziele kämpfen, für Frieden, Bildung und Gleichberechtigung. Tausende von Menschen wurden von den Terroristen ermordet, Millionen verletzt. Ich bin nur eine von vielen. Ich möchte Bildung auch für die Söhne und Töchter der Taliban sowie aller Terroristen und Extremisten. Ich hasse auch den Taliban nicht, der auf mich geschossen hat. Selbst wenn ich ein Gewehr in der Hand hätte und er vor mir stünde, ich würde nicht auf ihn schießen. Dies sind die Barmherzigkeit und das Mitgefühl, die ich von Mohammed, dem Propheten der Gnade, von Jesus Christus und von Buddha gelernt habe.«

Malala beschäftigte sich ausgiebig mit der Geschichte ihres Landes. Pakistan wurde 1947 gegründet, nachdem die Briten Indien in die Unabhängigkeit entlassen hatten. Die Mehrheit der Hindus sollte künftig in Indien, die Minderheit der Muslime in Pakistan zu Hause sein. Aber so säuberlich wie vorgesehen ließ sich die Bevölkerung nach religiösen Bekenntnissen nicht aufteilen, es gab und gibt Muslime, ferner Buddhisten und Christen auch in Indien wie es in Pakistan Hindus und Anhänger anderer Religionen gibt. Der junge Staat Pakistan hatte wenig Möglichkeiten, sich zu entwickeln. Stattdessen herrschte ständig Krieg – zwischen West- und Ostpakistan (letzteres wurde 1971 als Bangladesch unabhängig), mit Indien um Kaschmir und im Innern zwischen Stämmen und Dynastien. Hinzu kamen ein Erdbeben im Jahre 2005, das weit über 70 000 Menschenleben forderte, fünf Jahre später eine Flutkatastrophe, der noch einmal Tausende zum Opfer fielen. Der Terror der Taliban destabilisierte das Land weiter, die Attentäter vom 11. September, allen voran Osama Bin Laden, fanden in Pakistan Unterschlupf. Die scheindemokratische Regierung in Islamabad verabsäumte es, dem Land Sicherheit und Perspektiven zu bieten. Bis heute ist Pakistan eine Krisenregion. Malala aber liebt ihr Land über alles, und sie würde viel darum geben zurückkehren zu können. Daran aber ist einstweilen nicht zu denken. Die Gefahr neuer Anschläge auf ihr Leben wäre zu groß. Sie hat in den Jahren nach dem Attentat ein aufregendes, anstrengendes Leben gehabt. Aus aller Welt erreichen sie seit dem Jahr 2013 Glückwünsche, Geschenke, Anfragen, Einladungen, Ehrungen, Bitten und Besuche in Birmingham: »Die Taliban hatten aus meinem Engagement ohne es zu wollen eine weltweite Kampagne gemacht.« Unmittelbar nach ihrer Genesung glich ihr Zuhause dem Vorzimmer einer königlichen Hoheit. »Es gab Grußbotschaften von Staatsoberhäuptern, Ministern, Filmstars und von der Enkelin von Sir Olaf Caroe, dem letzten britischen Gouverneur der Nordwestprovinz. Sie gab ihrer Scham darüber Ausdruck, dass sie weder Paschtu lesen noch schreiben könne, obwohl ihr Großvater diese meine Sprache fließend beherrscht habe. Beyoncé hat mir eine Karte geschrieben und ein Foto davon auf ihre Facebook-Seite gestellt. Selena Gomez schrieb Tweets über mich, und Madonna hat mir einen Song gewidmet. Sogar von meiner Lieblingsschauspielerin Angelina Jolie, die sich intensiv für soziale Belange einsetzt, war eine Nachricht dabei.«

Dass sie auf diese Weise wie ein Popstar hofiert und weithin bekannt wurde, hat die zwar ehrgeizige, aber keineswegs ruhmsüchtige Malala nicht gestört. Denn sie wusste: Mit ihrem Namen verbreitete sich ja auch ihre Botschaft: dass Mädchen nicht nur zu einem Leben im Hause und für den Mann geboren werden, sondern dafür, die Welt zu erfahren und zu erforschen und sie, sofern es ihnen möglich sei, besser zu machen. Zwar lernte Malala auch die Schattenseiten der Popularität kennen. Diese ihre Bekanntheit war ja der Grund für den Anschlag gewesen, sie hatte dazu geführt, dass sie in England ein zweites Leben begann. Aber auch dort wurde sie verleumdet, es hieß, sie sei nur eine Marionette ihres ambitionierten Vaters, und der sei es auch, der ihre Blogs und Kommentare geschrieben habe. Über solchen Unsinn hat sie immer nur die Achseln gezuckt. Im Jahre 2020 schloss sie ihr Studium der Politikwissenschaften, Wirtschaft und der Philosophie in Oxford ab.

Am 10. Oktober 2014 erhielt sie gemeinsam mit Kailash Satyarth, einem indischen Bildungsrechtsaktivisten, den Friedensnobelpreis. Sie ist damit die mit Abstand jüngste Preisträgerin, der diese Auszeichnung je verliehen wurde. Und am 10. April 2017 wurde Malala Yousafzai zur Friedensbotschafter der Vereinten Nationen ernannt. Ihre Devise:

»Warum ist es so leicht, Waffen zu verteilen, aber so schwer, Bücher zu verteilen? Warum ist es so leicht, Panzer zu bauen, aber so schwer, Schulen zu bauen?

Lasst uns unsere Bücher und Stifte nehmen. Sie sind unsere mächtigsten Waffen. Ein Kind, ein Lehrer, ein Buch und ein Stift können die Welt verändern.«

England mit seiner so ganz anderen Lebensweise hat Malala eine neue Heimat geboten, und sie hat sich in Birmingham eingelebt. Aber ihre innere Bindung an das Land ihrer Geburt hat nicht gelitten. Sie ist eine Paschtunin aus Pakistan geblieben, die dazu entschlossen ist, ihr wieder geschenktes Leben für die Schulbildung von Mädchen in aller Welt einzusetzen, um dadurch »die Welt besser zu machen«, wie sie gesagt hat. In ihrem Buch, das auf Deutsch 2013 in München erschienen ist, spürt man ihre geistige Verwurzelung in einem Land mit einer poetischen Tradition. Was sie über ihr Dorf und ihr Tal und die Berge im Hintergrund erzählt und die Art, wie sie ihre Heimat schildert, kann westliche Leser trotz der mehr als schwierigen politischen Lage neugierig machen auf das Land Pakistan – mit seiner Gastfreundschaft, seiner Küche, seiner Lyrik und seiner Lebensfreude. Malala hat durch ihr Schicksal gelernt, über Pakistan und auch über England hinaus die ganze Menschheit in den Blick zu nehmen. Aber ihr liegt genauso daran, ein gutes Licht auf ihr Herkunftsland zu werfen, etwa indem sie erläutert, was ihr Pseudonym »Gul Makai« bedeutet: »›Kornblume‹ ist der Name der Heldin eines paschtunischen Märchens. Bei diesem Märchen handelt es sich um eine Art Romeo-und-Julia-Geschichte, in der die Liebenden Gul Makai und Musa Khan, einander in der Schule begegnen. Und weil sie verschiedenen Stämmen angehören, entfacht ihre Liebe einen Krieg. Doch anders als bei Shakespeare endet diese Geschichte nicht als Tragödie. Gul Makai beweist den Ältesten mit Hilfe des Korans, dass Krieg schlecht ist, und schließlich stellen die beiden Stämme die Kämpfe ein und gestatten den Liebenden, wieder ein Paar zu sein.«

Links
https://malala.org
malala
malala
MalalaYousafzai555

»DIE FRAU, DIE AUTO FÄHRT«

LOUJAIN AL-HATHLOUL (GEB. 1989)

Die Menschenrechtsaktivistin und der Kampf für die
Emanzipation der Frauen in Saudi-Arabien

Saudi-Arabien wird ein »Wüstenstaat« genannt. In der Tat besteht die arabische Halbinsel zu einem beträchtlichen Teil aus Wüste, aber es gibt dort auch ultramoderne Städte mit gewaltigen Skylines sowie die beiden heiligen Zentren des Islam, die Jahr für Jahr Heerscharen von Pilgern anlocken: die Städte Mekka und Medina. Dazwischen liegt am Roten Meer die Hafenstadt Dschidda mit ihren fast vier Millionen Einwohnern, auch sie voller heller Hochhäuser als Wahrzeichen der Modernität und des Wohlstands. Mittendrin steht der höchste Fahnen-mast der Welt (171 m). Der Ölexport hat das Land und seine Städte reich gemacht und den Bauboom ermöglicht.

Geistig und politisch aber lebt Saudi-Arabien zu großen Anteilen noch im Mittelalter. Es wird von der Hauptstadt Riad aus durch eine absolute Monarchie regiert, die königliche Familie herrscht unum-schränkt und duldet keinerlei Einspruch oder Widerspruch seitens der Gesellschaft, was ihre Politik und ihre Maßnahmen betrifft. Kritiker werden ins Gefängnis gesteckt, wenn nicht Schlimmeres mit ihnen geschieht. Dabei besteht die Gesellschaft nur zum Teil aus Nachkom-men arabischer Stämme, die vor wenig mehr als hundert Jahren noch als Nomaden durch die Wüste gezogen sind, etwa ein Drittel der Bewohner sind Gastarbeiter aus Asien und Afrika. Der spirituelle

Hintergrund des Herrscherhauses ebenso wie der Bevölkerung ist eine besonders rigide Strömung des Islam, der Wahhabismus, der ist Staatsreligion. Die Mehrheit gehört der sunnitischen Glaubensrichtung innerhalb des Islam an, die Schiiten stellen eine beargwöhnte Minderheit dar. Praktisch herrscht statt eines Rechtssystems die religiös fundierte Justiz der Scharia, in der als Strafen Steinigungen, Auspeitschungen und Verstümmelungen vorgesehen sind; diese drakonischen Maßnahmen stehen allerdings in Saudi-Arabien in der Kritik und sollen abgeschafft werden. Die Todesstrafe, die mittels Enthauptung vollstreckt wird, gilt weiterhin und wird oft verhängt (Saudi-Arabien steht auf der Hinrichtungs-Häufigkeits-Rangliste hinter China und dem Iran auf Platz drei.) Für das gesellschaftliche Zusammenleben gilt eine strikte Trennung der Geschlechter, wobei die Frauen vollständig von den Männern abhängen, das heißt keine eigenen Entscheidungen treffen dürfen, sondern diese einem männlichen Vormund (Vater, Ehemann, Bruder) überlassen müssen. Verschleierung ist Pflicht.

Eine Regierung, die moderne Technik überall in ihrer avanciertesten Form einsetzt und die dabei zugleich einem Gottesstaat vorstehen will, bekommt auf Dauer Probleme mit ihren Untertanen. Zwar eignet sich die digitale Technik bestens zu jeder Art von Überwachung, aber sie holt auch fremde Welten ins Land. Die Jugend kann sich über Twitter mit Menschen jenseits der Halbinsel austauschen; im Internet können arabische Frauen sehen, wie ihre Geschlechtsgenossinnen auf der anderen Seite des Globus unbegleitet in Sportklamotten über öffentliche Plätze joggen, wie sie in Bars rauchen, tanzen und ihr schönes Haar zeigen – und wie sie Auto fahren. Kurz: Ein Land wie Saudi-Arabien, das einerseits auf High-Tech, Motorisierung und Digitalisierung setzt und das auch tun muss, weil das Öl irgendwann alle sein wird, und andererseits das mittelalterliche Geschlechterbild des traditionellen Islam am Leben erhalten will, wird irgendwann zu Zugeständnissen genötigt sein. Oder es schneidet sich politisch und kommunikativ von der restlichen Welt ab. Diesen Weg wollte und konnte Saudi-Arabien nicht gehen. Es war und ist auf westliche

Länder, vor allem auf die USA, als Bündnispartner sowie Waffenlieferanten angewiesen. Auch hochtechnologisches Know-how kauft Saudi-Arabien im Westen ein. Für diese Öffnung muss es gesellschaftspolitisch einen Preis zahlen. Dazu gehören inzwischen nach der Bereitschaft, das Strafvollzugsrecht zu entrümpeln, auch Überlegungen, Frauen mehr freiheitliche Rechte zuzugestehen. In die »Wüste« der engen, überholten, religiös basierten Diktatur musste innenpolitisch ein wenig aufklärerischer Regen fallen. Damit tat und tut das Königshaus sich allerdings sehr schwer.

Loujain al-Hathloul ist eine der jungen Frauen, die nicht bereit waren, auf ein Entgegenkommen des Herrscherhauses zu warten. Sie wurde im Juli 1989 in Dschidda geboren, einer Stadt, deren Pulsadern schneller schlagen, als es die königlichen Hoheiten in Riad zu kontrollieren vermögen. Die jungen Mädchen besitzen Smartphones, sie chatten mit der halben Welt, sie erfahren, wie so ganz anders die Lebensperspektiven ihrer Generation in Europa oder Amerika oder Australien sind. Sie werden neugierig. Viele sind gläubig und hören auf ihre Mütter und Väter. Sie verlassen das Haus nur verhüllt und in Begleitung und nutzen ihr Handy nur, um Bescheid zu sagen, wo sie sind und wann sie wieder kommen. Andere werden rebellisch. Insbesondere, wenn sie, wie Loujain, das westliche Ausland bei Studienaufenthalten kennengelernt haben. Sie fragen: Warum können wir nicht eine Fahrkarte lösen und in den Norden fahren, zum Beispiel nach Italien, warum brauchen sie dafür die Zustimmung ihres Vaters? Diese Frage, an die viele weitere sich anschließen, zum Beispiel die nach dem Sinn der Verschleierung, geht ihnen nicht mehr aus dem Kopf. Sie beschließen, für die freie Bahn in ihr eigenes Leben zu kämpfen.

Der erste Schritt könnte die Forderung sein, als Frau ein Auto lenken zu dürfen. Saudi-Arabien ist im Jahre 2014 das einzige, das letzte Land auf dieser Erde, in der das Autofahren für Frauen verboten ist. Loujain al-Hathloul, ihre Schwestern Lina und Alia, außerdem weitere Frauen mit den Namen Manal al-Sharif, Nassima al-Sada, Nouf Abdulaziz, Samar Badawi, Mayada al-Zahrani und Eman al-Nafjan verstehen neben der praktischen Bedeutung, die das Fahrverbot für Frauen hat, auch die symbolische Botschaft: Man zwingt Frauen zur Unbeweglichkeit, zum Hierbleiben, zum Sich-Fügen. Wer gerne bleibt, soll bleiben. Wer hinaus möchte, etwas von der Welt sehen und sie kennenlernen will, soll das dürfen, egal, ob Mann oder Frau. Es wird in der saudi-arabischen Gesellschaft unter jungen Frauen ein Befreiungsprogramm entworfen, bezogen auf die Frauen und das Autofahren. Auch manche Männer machen hierbei mit. Es ist eine vormoderne Schranke, die Frauen die Mobilität und damit den Führerschein verwehrt. Im Ausland kichert man über eine derartige Rückständigkeit. Wir befinden uns immerhin im Jahre 2014! Die Gruppe der Frauen richtet eine Petition an König Salman. Darin gehen sie sehr weit. Sie fordern nicht nur eine Fahrerlaubnis für Frauen, sondern ein Ende der Vormundschaft der Männer über die Frauen in allen anderen Belangen. Sie haben 14 000 Unterschriften gesammelt. 2014 ist auch das Jahr, in dem Loujain, damals 25 Jahre alt, heiratet: den Schauspieler Fahad al-Butairi, der auf Youtube aktiv und erfolgreich ist. Er bekommt prompt Ärger mit dem Regime und wird im Jahre 2018 genötigt, sich von seiner ebenfalls politisch auffälligen Frau zu trennen. Und das kam so:

Loujain begibt sich im Herbst 2014 nach Dubai, wo sie studiert. Dubai ist die Hauptstadt des Emirates Dubai, eines der drei Vereinigten Arabischen Emirate in der östlichen Nachbarschaft Saudi-Arabiens, eine ultramoderne Metropole mit dem höchsten Wolkenkratzer der Welt (fast 830 m) und einem ausschweifenden Nachtleben. Hier ist Autofahren für Frauen erlaubt. Und genau diese wunderbare Fortbewegungsweise möchte Loujain in Dubai ausprobieren und von dort über die Grenze in ihr Heimatland hineinfahren. Sie tut es. Und filmt und veröffentlicht ihre Tat in den Sozialen Medien. Womit sie nicht gerechnet hat, ist, dass die Polizei ihres Heimatlandes ihre Posts mitliest und nach Überschreiten der Grenze tätig wird, sie anhält, festnimmt und ins Gefängnis steckt. Sie darf keinen Anwalt kontaktieren und keinen sonstigen Besuch empfangen. »Das Wichtigste, was ihr tun müsst«, hat der Polizeidienststellenleiter zu seinen Untergebenen gesagt, »ist, ihr das Handy abzunehmen«. Loujain wird verwarnt und kommt nach 73 Tagen frei, wird jedoch weiter überwacht. Sie spürt, dass sie jetzt eine Chance hat: Dranbleiben! Die Polizei kann für's Erste nicht verhindern, dass diese unbotmäßige Frau und ihre Mitkämpferinnen digitale Kanäle nutzen, um der Welt mitzuteilen, wo sie in ihrem Kampf stehen und was ihre nächsten Schritte sein werden. Ein gespenstischer Cyberkrieg beginnt. Der König kann nicht zulassen, dass seine Untertanen aufbegehren, er kann und will aber auch die Digitalisierung seines Landes nicht hemmen. Das alte Problem! Loujain gründet mit Gleichgesinnten, zu denen auch junge Männer gehören, die *Women Who Drive* (= Frauen, die Auto fahren)-Kampagne. Menschen aus allen Erdteilen nehmen über Soziale Medien Anteil. Amnesty International und Human Rights Watch schauen auf das Königreich und interessieren sich für dessen mutige junge Frauen. Das Herrscherhaus startet aufwendige Werbefeldzüge in eigener Sache: Es wolle sich modernisieren! Und eine *Agenda 2030* mit Reformprogramm präsentieren. Es ist ein Tauziehen um die Weltaufmerksamkeit.

2017 kommt Kronprinz Mohammed bin Salman (MbS) an die Macht. Der junge Mann gilt als weltoffen, man erwartet eine gesellschaftspolitische Erneuerung. Viel geschieht erst einmal nicht – ein paar Scheichs werden eingeschüchtert, im Wesentlichen aber sendet der Prinz Signale aus, die der neofundamentalistischen und superreichen sunnitischen Oberschicht gefallen. Dazu gehört im Mai 2018 die erneute Verhaftung Loujain al-Hathlouls während einer Autofahrt in Dubai. Sie wird nach Saudi-Arabien verschleppt und ins Gefängnis geworfen, wie schon einmal – diesmal aber ist es für länger. Und es wird ernst. Eine schreckliche Leidenszeit beginnt für die 28-Jährige. Sie wird isoliert, geschlagen, Elektroschocks und Waterboardings ausgesetzt, mit Vergewaltigung bedroht. Ihre Schwester sagt: »Man wollte sie brechen.« Später wird man ihr die Freiheit anbieten unter der Bedingung, dass sie leugne, im Gefängnis gefoltert worden zu sein. Das hat sie abgelehnt. Sie begann stattdessen einen Hungerstreik, den sie an der Schwelle der völligen Entkräftung beenden musste. Etwa vier Wochen nach der Inhaftierung al-Hathlouls im Juni 2018 verkündet der Prinz die Erlaubnis für den weiblichen Teil der Bevölkerung seines Landes, ein Auto zu steuern. Während die junge Frau, die den Protest gegen das Verbot angeführt hat, im Gefängnis gequält wird, gewähren Majestät eben diese Freiheit, um derentwillen die Gefangene ihre körperliche Unversehrtheit riskiert hat. Das ist Kalkül. MbS bekundet auf diese Weise: Ich, der Kronprinz, dekretiere neue Freiheiten, wenn ich es für richtig halte. Dass die Menschen in meinem Lande, allemal die Frauen, sie erkämpfen, ist nicht vorgesehen! Wer den Mund aufmacht, wird es bitter büßen. Dieses zynische Machtgebaren wird in anderen Teilen der Welt keineswegs überall gebilligt oder übersehen. Aber der Prinz macht sich nichts daraus, denn sein wichtigster Verbündeter, Amerika, wird derzeit von einem Präsidenten mit Namen Trump regiert, der genauso autokratisch handelt wie er selbst und auf den er sich verlassen kann. Dem wird es wahrscheinlich gefallen, wie Mohammed bin Salman mit aufmüpfigen Weibspersonen umgeht. Außer Loujain sitzen noch elf weitere junge Frauen aus der Initiative *Women Who Drive* in Haft. Auch sie werden gefoltert.

Die Fahrerlaubnis für Frauen also sollte als Geste des Herrschers kein Einlenken bedeuten, sondern im Gegenteil klar machen, wer hier Veränderungen durchsetzt: niemals das Volk, immer der Herr. Von einem Geschenk an die Frauen konnte eigentlich auch nicht die Rede sein, denn der Prinz und seine Berater hatten längst ihr eigenes Interesse an Auto fahrenden Frauen entdeckt. Sie brauchen Arbeitskräfte im Land und nehmen auch weibliche. Bislang hätten Frauen, die irgendwo einen Laden aufmachen oder als Hilfskraft in der Verwaltung tätig werden wollten, für ihre Mobilität einen Chauffeur einstellen müssen, weshalb es sich für viele nicht lohnte, eine Erwerbstätigkeit aufzunehmen. Allzu viel Manpower lag brach. Das konnte so nicht weitergehen. Die Alternative wären noch mehr ausländische Arbeiter im Land gewesen, und die derzeit tätigen waren schon eine Hypothek für sich. Das Ausland nennt sie moderne Sklaven, denn sie schuften zu Hungerlöhnen unter Extrembedingungen, vor allem auf dem Bau. Ein wenig Ablenkung und zugleich nützliche Politik musste jetzt sein: Der Prinz hebt das Fahrverbot für Frauen auf! Wer wird ihn denn nunmehr nicht lieben?! Die kleine Unannehmlichkeit von einsitzenden Frauen, die das Patriarchat verteufeln und deshalb zu Recht einsitzen, darf dabei nicht stören. Und in der Tat macht Prinz Salman ordentlich Punkte. Die Wartelisten bei den Fahrschulen sind lang, und manche Frauen werden jetzt Chauffeurinnen. Solange sie sich bei der Arbeit streng verhüllen, hat der Prinz nichts dagegen.

Die Frauen im Gefängnis bleiben indessen ein Ärgernis, die Familien der Mädchen schlagen Krach, und im Ausland hat man sie auch nicht vergessen. Das salafistische Herrscherhaus stellt richtig: Loujain al-Hathloul sitzt nicht, weil sie Auto fuhr, sondern weil sie die Strukturen der Gesellschaft verändern wollte, weil sie mit ausländischen Umstürzlern Kontakt aufgenommen, ihr Land und die Religion verunglimpft und die nationale Sicherheit gefährdet hat. Die Anklage lautet: Terrorismus. Für solche Art Delikte gibt es ein Sonderstrafgericht, das im Jahre 2008 eigens gegründet wurde und auf Direktive des Herrscherhauses tätig wird. Vor diesem Strafgericht müssen sich Loujain und die anderen Frauen verantworten. Es ist sonnenklar, das es sich um politische Prozesse handelt. Die ziehen sich hin. Am 28. Dezember 2020 verurteilt der Sonderstrafgerichtshof Loujain al-Hathloul zu einer Gefängnisstrafe von fünf Jahren und acht Monaten. Zwei Jahre und acht Monate davon werden zur Bewährung ausgesetzt. Ihre Familie legt Berufung ein. Die wird am 10. März 2021 zurückgewiesen. Zu diesem Zeitpunkt aber ist Loujain schon nicht mehr in Haft. Überraschend wurde sie am 10. Februar 2021 nach 1001 Tagen = knapp drei Jahren Knast entlassen. Ihre Schwester Lina twitterte die frohe Botschaft in die Welt hinaus. Sie schrieb: »Loujain ist zu Hause!« Sie sei zwar nicht mehr hinter Gittern, aber dennoch nicht frei. Denn sie dürfe ihr eigenes Haus nicht verlassen, lebe also in einer Art Schutzhaft daheim. Außerdem dürfe sie für fünf Jahre nicht ins Ausland reisen, das gelte auch für ihre Eltern. Am selben Tag wurde auch Loujains Mitkämpferin Nouf Abdulaziz aus dem Gefängnis entlassen.

Für jede Diktatur ist es günstiger, ihre Gegner und Feindinnen, die sie nicht völlig zerstören kann oder will, in ihrem eigenen Zuhause zu belassen und dort zu überwachen, weil das die kritische Anteilnahme dämpft und außerdem Kosten spart. Im Falle von Loujain und ihren Freundinnen kommt noch eine besondere weltpolitische Wende hinzu. Inzwischen ist Präsident Trump abgewählt worden, und mit Präsident Joe Biden hat ein Demokrat im Weißen Haus die Regierung übernommen, dem es keine klammheimliche Freude bereitet, mit Autokraten zu kungeln. Der neue US-Präsident hat sich in Richtung Saudi-Arabien mit Statements geäußert, in denen das Wort »Menschenrechte« verdächtig oft vorgekommen und betont worden war. Der Prinz will aus Frauen wie Loujain keine Märtyrerinnen machen. Deshalb schickt er einige von ihnen nach Hause. Joe Biden kommentiert: »Es war richtig, so zu handeln.« Der französische Präsident Macron äußert sich ähnlich. Der Prinz hat ein kleines, scheinbar unbedeutendes Zugeständnis gemacht und sich so Ruhe im Sinne der Diplomatie und der Möglichkeit guter Geschäfte verschafft. Für Loujain persönlich ist die Aussetzung der Haft eine Erlösung. »Jetzt endlich kann sie wieder in einem warmen Bett schlafen«, twittert ihre Schwester. Aber was ist mit den Vorwürfen des Terrorismus? Und mit den anderen noch einsitzenden Gesinnungsgenossen und -genossinnen? Und mit dem Endziel, das darin besteht, das System der männlichen Vormundschaft über die Frauen in Saudi-Arabien zu beenden? Die Geschichte von der »Frau, die Auto fährt« ist noch lange nicht zu Ende.

Auf Saudi-Arabien richten sich die Augen der Weltöffentlichkeit verschärft seit 2015, denn seitdem führt der Wüstenstaat Krieg im Jemen, einem kleinen Land am südlichen Rand der Halbinsel. Es geht um Zurückdrängung der dort lebenden Schiiten, die Saudi-Arabien vom Iran unterstützt wähnt – im Grunde ein Stellvertreterkrieg mit Iran auf Kosten vor allem der jemenitischen Zivilbevölkerung. Eine offene Diskussion um die Lage, um Ausgleich und Frieden ist unmöglich, denn es gibt unter der Herrschaft der Sauds keine Freiheit der Meinungsäußerung und keine freie Presse. Loujain al-Hathloul: »Die Regierung hat Meinungsfreiheit versprochen – dass wir uns frei äußern dürfen, ohne dafür ins Gefängnis zu wandern. Aber in Wirklichkeit gibt es keine Meinungsfreiheit. Wir werden nach wie vor für völlig normale und vernünftige Äußerungen ins Gefängnis gesteckt.« Was passieren kann, wenn man als Bürger Saudi-Arabiens sich die Freiheit des Wortes einfach nimmt, erfuhr der kritische Journalist Jamal Kashoggi, der, einst dem Herrscherhaus durchaus zugewandt, sich vom Ausland aus kritisch gegen MbS wandte und ihn öffentlich angriff. Damit hatte er sein Todesurteil gesprochen. In der saudischen Vertretung zu Istanbul wird er am 2. Oktober 2018 überfallen und auf bestialische Weise umgebracht. Niemand unter den Diplomaten in aller Welt zweifelt daran, dass es der saudische Kronprinz war, der den Mordauftrag erteilt hat. Die Botschaft an das Volk, an in den Medien tätige Menschen und auch an kritische Frauen ist klar: Wem sein Leben lieb ist, der schweige. Die Image-Kampagne des Königreichs, die Investoren ins Land locken soll, hat allerdings durch jenen brutalen Mord an einem Andersdenkenden beträchtlichen Schaden genommen. Auch hier liegen Ursachen für einen entgegenkommenden Umgang des MbS mit den Frauen im Gefängnis, die zwar des »Terrorismus« verdächtig sind, aber nun im Hausarrest büßen dürfen und dort einen Maulkorb tragen müssen. Entsprechend hält sich Loujain al-Hathloul auf den Sozialen Medien und auch sonst zurück. So sind die Auflagen, sie weiß ja, was passiert, wenn sie dagegen verstößt. Ihre Schwestern melden sich hin und wieder für sie und in ihrem Sinn. Es gehe ihr gut. Sie genieße das Stück Freiheit, das sie jetzt wieder habe.

Man darf davon ausgehen, dass zu dieser Freiheit auch die freien Gedanken zählen, die sich Loujain über künftige Entwicklungen in ihrem Land betreffs Emanzipation der Frauen macht. Inzwischen sind weitere kleine Schritte gegangen worden: Der Arbeitsmarkt öffnet sich weiter für weibliche Bewerberinnen. Und Frauen dürfen sich in Fußballstadien begeben, um dort Spiele anzuschauen! Zwar sitzen sie getrennt von den Männern in einem Extra-Abschnitt, aber egal, sie können zuschauen, jubeln, seufzen, das kämpferische Temperament in seiner sportlich eingehegten Form begutachten und vielleicht auch für sich selbst entdecken. Popkonzerte sind erlaubt, die Jugend darf tanzen, die Religionspolizei wurde an die Kette gelegt. Und auch auf dem politischen Feld sind die Dinge in Bewegung geraten. Frauen dürfen sich auf kommunaler Ebene zur Wahl stellen und sogar selbst wählen. Zwar hatten sie der Form nach das Wahlrecht schon seit Beginn dieses Jahrhunderts, praktisch aber konnten sie es nie ausüben, weil sie keine Ausweise besaßen und weil es auch keine Wahlkabinen für Frauen gab! Das soll sich jetzt ändern.

Loujain al-Hathloul kann diese neuen Freiheiten noch nicht genießen, sie ist eine Gefangene in ihren eigenen vier Wänden, aber ohne sie und ihr Durchhaltevermögen als »Frau, die Auto fährt«, hätte es die neuen Chancen vielleicht nie gegeben. Ihre Schwestern weisen auf Twitter immer wieder auf das Schicksal der anderen Frauen hin, die sich ebenfalls für mehr Gleichheit im Geschlechterverhältnis eingesetzt hatten und noch im Gefängnis ausharren. Loujain könne sich ihrer eigenen halben Freiheit erst dann wieder wirklich freuen, wenn ihre Mitkämpferinnen nicht länger in ihren Zellen darbten. Aber was werden sie tun, wenn sie erst alle wieder »draußen« sind, die rebellischen Frauen? Sich zusammensetzen, um eine neue Kampagne zu starten, etwa: »Weg mit dem Schleier«? MbS wird vielleicht eines Tages dekretieren, dass Frauen selbst entscheiden dürfen, ob sie sich verhüllen oder nicht. Während Frauen, die eben diese Forderung öffentlich aufgestellt haben, womöglich im Gefängnis gefoltert werden – unter dem aus der Luft gegriffenen, bei allen Diktatoren so beliebten Vorwand des »Terrorismus« …

Im September 2020 erhielt Loujain al-Hathloul den Bertha-und-Carl-Benz-Preis für Mobilität der Stadt Mannheim – ein Preis, wie für sie erfunden. Sie konnte ihn nicht entgegennehmen, die Verleihung fand symbolisch im Internet statt. In den Jahren 2019 und 2020 wurde sie für den Friedensnobelpreis nominiert. Und im April 2021 erkannte ihr der Europarat den Vaclav-Havel-Menschenrechtspreis zu.

Links

https://www.loujainalhathloul.org

LoujainHathloul

loujainhathloul

LoujainHathloulAlHathloul

Women to Drive Movement: https://oct26driving.com

»SEIN LEBEN IN DIE HAND NEHMEN«

HILA LIMAR (GEB. 1986) UND WANA LIMAR (GEB. 1990)

Die Schwestern und ihre Arbeit für die Ausbildung von
Mädchen in Afghanistan

Afghanistan ist ein Land im Krieg, seit Jahrzehnten schon. Nicht nur
verfeindete Stammesführer ziehen dort gegeneinander zu Felde, auch
sogenannte Stellvertreterkriege zwischen der kommunistischen Sowjetunion (SU) und den kapitalistischen USA wurden auf seinem Territorium ausgefochten. 1919 war das Land von der britischen Koloni-
almacht unabhängig geworden, kam aber weder zur Ruhe noch zur
Einheit. 1979 marschierten sowjetische Truppen ein, um Afghanistan
in den Machtbereich der SU zu ziehen beziehungsweise es dort zu
halten, was den Amerikanern nicht gefiel, die ihrerseits den lokalen
Widerstand mit Waffen versahen. Nach dem Abzug der Sowjets 1989
brachen die inneren Spannungen erneut auf. Auch das Nachbarland
Pakistan trat in die Auseinandersetzungen ein. Der Norden bekriegte
den Süden, Milizen in wechselnden Koalitionen schlugen aufeinander
ein, die Hauptstadt Kabul wurde dabei zur Hälfte zerstört. Von Pakistan her trat 1994 eine weitere kriegerische Partei mit Herrschafts-
ansprüchen auf: die radikal-islamischen Taliban, ursprünglich Ab-
solventen von Religionsschulen für afghanische Flüchtlinge im
Nachbarland. Die Islamisten konnten sich im Süden festsetzen und
von da aus Kabul bedrohen. Dort hatte sich seit 1992 eine zivile Regierung etabliert, die Wahlen abhalten und die Taliban einbinden
wollte. Aber diese Guerilla erstrebte keinen bürgerlichen Staat, sondern

ein Emirat, einen Gottesstaat. Ein NATO-Einmarsch 2001 sollte die Taliban endgültig schlagen und Waffenruhe erwirken. Das ist nicht gelungen. Die Kämpfe gingen weiter, sie dauern bis heute.

Und das Volk? Die Afghanen sind in der übergroßen Mehrheit gläubige Muslime und sehr arm. Vier Fünftel der Bevölkerung lebt auf dem Land, das bergig und steinig und wenig fruchtbar ist. Die Menschen folgen ihrem Imam und ihrem Stammesführer, sie sind sogar bereit, den Taliban zuzuhören, weil die an ihre Frömmigkeit appellieren. Nur in den Städten hat sich eine Mittelklasse herausgebildet, und Angehörige dieser Schicht, die gebildet und weltläufig ist, suchen einen Ausweg aus den Kriegswirren, sie fliehen zu großen Anteilen aus ihrer Heimat. Auch die Familie Limar aus Kabul hat 1991 Afghanistan verlassen. Über Tadschikistan flüchteten Vater, Mutter, ein Sohn und zwei kleine Töchter – die Mädchen waren erst vier und noch nicht mal ein Jahr alt – nach Deutschland. Es ging zuerst in eine Flüchtlingsunterkunft in Hamburg-Langenhorn. An die erste Zeit in Deutschland hat die ältere Hila ganz andere Erinnerungen als ihre Eltern: »Wenn ich an die Asylbewerberunterkunft zurückdenke, habe ich komischerweise ein gutes Gefühl, weil wir mit vielen anderen Kindern zusammen leben und spielen konnten. Unsere Eltern dagegen fanden diese Zeit ganz, ganz schrecklich. Sie wollen sich noch heute sehr ungern daran erinnern, wie sie damals von ihrer sehr geräumigen Wohnung in Kabul mit der ganzen Familie in ein einziges Zimmer in Langenhorn ziehen mussten.« Die jüngere Wana ergänzt: »Trotzdem waren unsere Eltern nie krass gestresst, die waren immer relativ fröhlich. Viele aus unserer Familie waren schon früher geflüchtet, viele auf härteren, längeren Wegen als wir und mit teuren Schleusern. Die afghanische Kultur, mitsamt ihren Sitten, Bräuchen, Wertvorstellungen, ihrer Musik, ihrer Küche, ihrem Humor und ihrem Verständnis von Schönheit bilden einen großen Teil meiner Identität.« So spricht Wana von ihrem Land, in dem sie nicht aufwachsen konnte und das sie gleichwohl in ihrem Herzen trägt. Und von dem sie auch Vieles weiß. Es ist ganz anders als Deutschland, in dem Hila und Wana leben und arbeiten, aber sie fühlen sich mit ihm verbunden, weil sie von dort stammen, es inzwischen auch bereisen und weil ihre Eltern so viel davon erzählen. Sie wollen mithelfen, dass ihr Geburtsland aus seinem ewigen Kriegszustand herausfindet. Dazu gehört, dass sie sich ein genaues Bild davon machen, wie es derzeit, dreißig Jahre nach ihrer Flucht, in Afghanistan aussieht.

Das Land mit seinen vierzig Millionen Einwohnern nennt sich offiziell eine »Islamische Republik«, womit gemeint ist, dass der Staat vor allem nach den Prinzipien und Werten des Islam regiert werden soll. Die Religion ist in der Verfassung verankert, die Gesetzgebung folgt mehr oder weniger den Regeln der »Scharia«, die wiederum ihren Ursprung im Heiligen Buch, dem Koran hat. Die Auslegung der Scharia ändert sich ständig, niemand kann sagen, was noch erlaubt und was verboten ist. 2006 hat das Ministerium für religiöse Angelegenheiten die Abteilung für die *Pflege der guten Sitten und Verhütung von Laster* eingerichtet. Allgegenwärtige »Wächter« sorgen für die Durchsetzung und Einhaltung dieser Regeln, faktisch bildet die Religionspolizei in manchen Gegenden eine Art Nebenregierung. Die meisten afghanischen Justizangestellten haben keine Ausbildung in säkularem Recht, die meisten Richter sind muslimische Geistliche. Die Schweizerische Flüchtlingshilfe konstatiert: »Extralegale (willkürliche und vorsätzliche) Tötungen und Folter in Staatsgefängnissen sind weit verbreitet. Menschenrechtsverletzungen werden selten bis nie geahndet.«

Frauen müssen sich mit einem Ganzkörperschleier, der Burka, verhüllen, wenn sie auf die Straße gehen. Auf dem Land war die Burka dereinst nicht üblich, denn sie war hinderlich bei der Feldarbeit. Erst die Taliban verpflichteten um die Jahrtausendwende alle Frauen zur Ganzkörperverschleierung. Ohne männliche Begleitung wagen sich nur wenige Frauen in den öffentlichen Raum, tun sie es dennoch – zuvor müssen sie ihren Mann um Erlaubnis bitten –, sind sie Übergriffen ausgesetzt. Wo die Taliban die Kontrolle ausüben, ist Frauen die Berufstätigkeit verboten, Mädchen der Schulbesuch untersagt. Die meisten Frauen haben keinen Zugang zu Verhütungsmitteln. Kinderarbeit, Teenagerschwangerschaften und Frühehen sind verbreitet. Mädchen über zwölf Jahren ist es verboten, in Anwesenheit von Männern zu singen, Frauen, die sich »unmoralisch verhalten«, werden ausgepeitscht oder gesteinigt. So war es zur Zeit der größten Machtausdehnung der Taliban von 1994 bis 2001, und es ist so gut wie sicher, dass es wieder so kommen wird, da die Taliban im Jahr 2021 nach dem Rückzug der dort verbliebenen und beim Aufbau des zerrütteten Landes Hilfe leistenden NATO-Einheiten, das Land überrennen und die Herrschaft auch in Kabul an sich reißen werden.

Traditionsbewusste Anführer im Islamischen Staat – ob nun in der radikalen Ausprägung, wie die Taliban es wollen, oder in der gemäßigten, die jetzt noch in Teilen des Landes vorherrscht – fürchten die Moderne. Modernisierung krempelt eine Gesellschaft um, lässt alte Gewissheiten zurück und stärkt den Einzelnen. Der Wandel führt auch zu Machtverschiebungen, es geht also ums Ganze, um den Verlust von Einfluss und Privilegien. Auch deshalb töten die Taliban gezielt progressive Politiker, Journalisten und Aktivistinnen, die ihrer Auffassung nach für den Aufbau einer modernen Gesellschaft stehen und zum Beispiel dafür sorgen, dass Frauen der Zugang zu Bildung ermöglicht wird. Nichts fürchten die Taliban mehr. Sie hindern insbesondere Mädchen mit Gewalt am Besuch einer Bildungseinrichtung und sprengen ihre Schulen in die Luft.

Was können unter diesen Umständen zwei afghanische Mädchen in Hamburg tun, um ihrem Land von Nutzen zu sein? Geht das überhaupt? Hila und Wana Limar überdenken die Lage. Sie müssen aus dem Exil heraus agieren und die Mittel, die ihnen in Deutschland zur Verfügung stehen, einsetzen, um damit eine Fernwirkung in ihrer Heimat zu erzielen. Das Feld, auf dem sie aktiv werden wollen, ist Bildung für Mädchen. Sie haben selbst erfahren, wie gut es tut, lernen zu können und Wissen zu besitzen. Hila studiert Architektur, Wana Journalismus, sie wollen erreichen, dass afghanische Mädchen mit ihrer Hilfe aus den Häusern strömen und die Schulen bevölkern. Im Jahre 2006 wird in Hamburg der Verein Visions for Children e. V. gegründet, der sich um die Ausbildung von Kindern in Krisenregionen kümmert. Er baut Schulen auf, bildet Lehrer aus, bezahlt sie und achtet darauf, dass Werte wie Gewaltfreiheit und die Gewährung des Schulbesuchs auch für Mädchen berücksichtigt werden. Das ist genau das Richtige für die beiden Limar-Schwestern, sie engagieren sich. 2009 wird Hila Vorsitzende des Vereins. Wana sagt: »Bildung lehrt uns Mittel und Wege, unser Leben in die Hand zu nehmen. Sie macht uns unabhängig und zeigt uns, wie sehr wir alle aufeinander angewiesen sind und wie wichtig die gegenseitige Hilfe ist.« Hila erläutert: »Durch die Musik, das Essen, die Sprache und unsere Familie haben wir immer einen sehr starken Bezug zu Afghanistan gehabt. Das begründete im Endeffekt auch unser Engagement für *Visions for Children*.«

Die beiden jungen Frauen sehen sich ähnlich, sind aber nicht zu verwechseln. Wana ist geradeheraus, Hila hält sich gern etwas zurück, beide verfolgen hartnäckig und doch, wie es scheint, entspannt ihre Ziele. Was sofort auffällt, ist ihre Fröhlichkeit und die Lust, sich schön zu machen, vielleicht sogar das Leben zu genießen. Sie lächeln viel und gern und ansteckend. Dabei ist ihre Arbeit anstrengend, seelisch und körperlich. Sie kommen immer wieder in Kontakt mit der Not in ihrer Heimat. Das ist bitter. Aber sie lassen sich davon nicht niederziehen, sie schöpfen aus ihrem Einsatz für Visions for Children Energie und Zuversicht. Auf die Frage, wie sie miteinander klar kämen, da sie ja oft und gern im Doppelpack auftreten, antwortet Hila: »Wir haben eine Altes-Ehepaar-Dynamik. Wer Wana und mich kennt, weiß, dass wir einen von Grund auf verschiedenen Charakter und damit auch unterschiedliche Arbeitsweisen haben. Was uns stark verbindet sind unsere Moralvorstellungen und die Besserwisserei, eine gute Basis für eine Zusammenarbeit. Wana ist nicht nur Markenbotschafterin von Visions for Children, sondern auch vollwertiges Mitglied, sie gehört seit fünf Jahren zum Leitungsteam und unterstützt die PR-Abteilung. Zu Beginn war die Zusammenarbeit etwas ungewohnt, aber mittlerweile haben wir uns gut eingespielt, und jede hat ihre Rolle gefunden.« Beide haben gern das letzte Wort, bekunden sie freimütig, und beide finden die Bezeichnung »Philanthropin«, die sie manchmal hören, witzig. Die Schwestern Philanthropinnen? Ja, so könnte man sie nennen, auch wenn sie für sich selbst auf diese Etikettierung nicht gekommen wären. Hila:»Ich bin in dem Bewusstsein aufgewachsen, privilegiert zu sein. Nicht nur, weil ich gesund und gebildet bin, sondern weil ich in Frieden leben kann. Das ist alles andere als selbstverständlich – als gebürtige Afghanin hätte ich mein Leben ganz anders führen können. Dieses Bewusstsein und der Wunsch, etwas zurückzugeben, nährt meine Motivation. In Afghanistan besucht heute nur jedes zweite Mädchen eine Schule. Dabei beweisen Studien, dass das Selbstbewusstsein junger Frauen mit jedem weiteren Schuljahr deutlich steigt. Zudem kann Bildung ganz konkret schützen, zum Beispiel vor Kinderehen und Kinderarbeit. Schlussendlich engagieren sich gebildete Frauen auch stärker für politische Themen wie Gleichberechtigung und nehmen positiven Einfluss auf die Gesellschaft. All dies verringert am Ende auch die Armutsraten ganzer Regionen.«

Und das sind die Inhalte, mit denen sich Hila und Wana bei ihrer Arbeit für die Organisation auseinandersetzen: In der Agenda 2030 wurden von der Bundesregierung 17 globale Ziele für eine nachhaltige Entwicklung festgelegt, das vierte heißt *Hochwertige Bildung*. Jedes Kind hat das Recht auf eine Schulausbildung und jeder Mensch einen Anspruch darauf, seine grundlegenden Lernbedürfnisse zu befriedigen – ein Leben lang. Etwa sechzig Millionen Kinder weltweit erhalten keine Grundschulbildung, rund 250 Millionen Kinder können trotz Schulbesuchs nicht richtig lesen, schreiben und rechnen. Nach Einschätzung der Vereinten Nationen könnte eine flächendeckende Elementarbildung weltweit mehr als 150 Millionen Menschen helfen, der Armut zu entkommen. Genau hier setzt Visions for Children e. V. an.»Unsere Vision ist eine Welt, in der jedes Kind lesen und schreiben kann.« Der Verein arbeitet unabhängig von politischen, religiösen oder wirtschaftlichen Interessen, auf Spenden-Basis, grundsätzlich wird eine finanzielle Unterstützung von solchen Unternehmen abgelehnt, welche Kinder, ihre Rechte oder ihre Zukunft, gefährden.

Und wie sieht die Hilfe praktisch aus? Sobald, zum Beispiel in Afghanistan, ein geeigneter Ort gefunden und der Rückhalt in der Bevölkerung gesichert ist, kann es losgehen. Hila reist in das Land ihrer Herkunft, ihr Aussehen und ihr Sprachvermögen schaffen sofort Vertrauen. Bestehende Schulgebäude werden ausgebaut und sanitäre Anlagen renoviert, hier bringt Hila ihre Expertise als Architektin ein. Zeitgleich wird eine Schulleitung eingesetzt, der Lehrkörper angeworben und zusammengestellt. Lehrende und auch die Schülerschaft werden aufgesucht und durch Trainings und Workshops vorbereitet. Dabei achtet der Verein darauf, nicht dem *White Saviourism* zu verfallen, wie er es nennt, also dem Glauben, die Lebenswelt und die Bedürfnisse der Menschen vor Ort besser zu kennen als diese selbst. Die Helfenden wollen die Menschen, die sie ansprechen, auf keinen Fall in passiver Unmündigkeit belassen oder ihnen irgendetwas aufzwingen. Ziel ist es stets, Hilfe zur Selbsthilfe zu leisten, Selbstständigkeit zu befördern und die Aktivitäten des Vereins letztlich überflüssig zu machen. Die Projekte werden nach dem Start noch eine Weile begleitet, dann müssen sie eigenständig sein. Daher sind die Akzeptanz der Schulen bei den Menschen und die Zusammenarbeit mit den lokalen Behörden, sowie eine Einbettung in die dörflichen oder städtischen Strukturen Bedingungen, ohne die es nicht geht. Die besondere Kompetenz der *Visions* liegt in der langjährigen Erfahrung seiner Mitglieder mit Bildungsprojekten. Ein gutes Bild von den Verhältnissen vor Ort gehört ferner zum Selbstverständnis des Vereins, der sich bislang auf zwei Länder konzentriert – neben Afghanistan ist das Uganda in Afrika. Die Maßnahmen der Projekte, Herkunft und Verwendung der Gelder werden protokolliert und veröffentlicht, denn Transparenz ist Voraussetzung für Vertrauen – von Seiten der Spender ebenso wie der Empfänger.

Visions for Children schaut auch auf die Rahmenbedingungen seiner Arbeit, denn Armutsbekämpfung ist mittlerweile ein Milliardengeschäft mit zum Teil zwielichtigen Akteuren, die man im Auge behalten muss. Zugleich fördert der Verein in Deutschland ehrenamtliches Engagement, etwa bei langfristigen Einzelbetreuungen geflohener Menschen aus Afghanistan, wie Wana sie übernommen hat: »Es geht darum, eine Bezugsperson für die Geflüchteten zu sein. Jemand, an den sie sich immer wenden können, egal ob mit kleinen oder größeren Fragen.«

Hila Limar arbeitet fast von Beginn an für den Verein. Während ihres Architekturstudiums ist sie bereits 2007 durch Kommilitonen in Kontakt mit den Hamburger »Philanthropen« gekommen, zehn Jahre wirkt sie ehrenamtlich für die Mädchenbildung in ihrer Heimat, und schon früh hat sie damit begonnen, Projekte zu leiten. Ihre Sprachkenntnisse und ihre Erfahrung als Architektin kommen ihr zugute, wenn es darum geht, vor Ort die Qualität der Baumaßnahmen zu bewerten. Es muss großen Eindruck auf die Menschen dort machen, wenn eine Frau in Funktionen auftritt, die sonst einem Mann vorbehalten sind. Seit 2019 ist Hila hauptberuflich als Vorstandsvorsitzende von Visions for Children tätig. Im selben Jahr werden sie und Wana von der Hansestadt als »Hamburgerinnen des Jahres« für ihr soziales Engagement ausgezeichnet. Wie ihre Schwester hat Hila ihr Deutsch in der Schule gelernt, zu Hause sprach man Paschto. Sprache, besonders die Muttersprache, hat immer etwas mit Identität zu tun. Da die Schwestern zwei Sprachen perfekt beherrschen, fühlen sie sich auch in beiden Ländern zu Hause. Oder? Es ist nicht immer so einfach.

Im Ausland fühlt sich Hila überwiegend als Deutsche, Wana hingegen sieht sich als eine Art Doppelwesen, als ebenso Afghanisch wie Deutsch, und das überall. An Deutschland gefällt beiden die Ordnung, Höflichkeit und Pünktlichkeit und dass sie sich hier durchweg sicher fühlen können. Außerdem wissen sie die kritische Auseinandersetzung mit gesellschaftlichen Problemen zu schätzen, diese Offenheit halten sie für ein hohes Gut, das es zu bewahren gilt. Hila: »Natürlich ist Deutschland ein bisschen steif, aber eben auch korrekt – so etwa in Bezug auf Tugenden des Umgangs miteinander. Das finde ich sehr schön an diesem Land.« Wana ergänzt: »Vielen Fremden fehlt einfach die Möglichkeit, mit Deutschen in Kontakt zu kommen. Durch die sprachlichen und kulturellen Barrieren bleiben die Flüchtlinge unter sich. Ich finde es ganz wichtig, da Brücken zu bauen und die Leute zusammenzubringen.« Wer wäre besser dafür geeignet, diese Brückenfunktion einzunehmen als die deutsch-afghanische Architektin und die afghanisch-deutsche Influencerin?

Wana Limar arbeitet außer für den Verein noch als Model in den Sozialen Medien, dabei hilft ihr ihre Extrovertiertheit sehr. Sie hat ein Studium für Modejournalismus und Medienkommunikation abgeschlossen und sagt von sich selbst, dass sie in ihren Make-up-Tutorials gern dick aufträgt. Sie hat beobachtet, dass die deutsche Frau eher wenig Make-up benutzt, ganz anders als die Frauen in Afghanistan. Dort erweckt eine dezent geschminkte Frau den Eindruck, sie sei womöglich krank. In Deutschland hingegen hält man eine stark geschminkte Frau für »eine minderbemittelte Tussi«. Wana war als Moderatorin beim Jugendsender MTV tätig, heute zeigt sie in Videoclips, wie man sich vorteilhaft schminkt, gern auch mit einem Augenzwinkern. Ihr gefällt, wie sich Jennifer Lopez in Szene setzt. »Sie war Ende der Neunzigerjahre die Erste, die den Glow hatte, weg von einem matten Gesichtsbild, hin zu einem vorteilhaften Glanz.« Ihre Reichweite als Influencerin nutzt Wana auch, um auf Diskriminierung aufmerksam und Vielfalt salonfähig zu machen.

Ihre Schulprojekte sind für die Limar-Schwestern das wichtigste Anliegen. Aber sie denken weiter und fragen sich, was aus Frauen in Afghanistan werden könnte, die dem Schulalter entwachsen sind und sich nicht vor die Tür trauen, weil auf der Straße geschossen wird oder weil sie ihren Mann vielleicht schon verloren haben. Wenn der Anfang jeglicher Emanzipation Bildung ist, sagen sie sich, so ist der zweite Schritt ein eigenes Einkommen. Man muss die Frauen dabei unterstützen, sich selbstständig zu machen. Statt lediglich *Entwicklungshilfe* zu gewähren, wollen die Limar-Schwestern eine echte *Entwicklungszusammenarbeit* anbieten. Dafür haben sie ein Unternehmen gegründet, das Schmucklabel *Sevar.* »Sevar« heißt auf Paschto Schmuck, und der Betrieb soll in Kabul Arbeitsplätze schaffen und Frauen in Leitungspositionen bringen. Die Materialien für Ohrgehänge

und Halsketten stammen aus der Region, und auch die Erträge bleiben im Land und werden dort reinvestiert – in weitere Arbeitsplätze,
in bessere Ausbildung oder Arbeitsbedingungen. Wana: »*Sevar* ist anders als *Visions for Children* ein *Social Business* und kein Charity-
Projekt. Langfristig wollen wir also Profit mit dem Label generieren,
und dabei überschüssige Gewinne in die Förderung und Ausbildung
junger Frauen und Mädchen investieren.« Ein langfristiges Engagement funktioniert am besten mit einfachen, lokal eingebetteten Projekten, die einen unmittelbaren Nutzen für die Bevölkerung haben.
Umgekehrt waren bislang nämlich »komplexe Projekte, die auf Ver-
haltensänderungen, den Aufbau institutioneller Kapazitäten in der afghanischen Verwaltung, Rechtsstaatlichkeit oder Gender abzielten,
nur selten erfolgreich«, wie es in einer Analyse des Bundesministeri-
ums für wirtschaftliche Zusammenarbeit und Entwicklung heißt. Die
Schwestern haben daraus gelernt, sie präsentieren, vermarkten und
vertreiben den Schmuck mit dem Endzweck, aus dem Label ein genu-
in afghanisches Unternehmen in Frauenhand zu machen. Die erste
Kollektion besteht aus handgefertigten Ohrringen mit Lapislazuli, Sil-
ber und Gold, alles Unikate. Gefertigt werden sie in Kabul von einem
Goldschmied und einem Edelsteinschleifer. Demnächst von einer
Edelsteinschleiferin?

Hila beschreibt, wie sie und Wana dazu kamen, als Sozialunterneh-
merinnen aufzutreten: »Bevor die Idee entstand, haben wir immer
wieder die Nachhaltigkeit und Optimierung unserer Projekte über-
dacht. Unser Verein fördert qualitative Schulbildung, ermöglicht er-
folgreiche Schulabschlüsse und ebnet damit den Weg für die höhere
Bildung – doch was passiert mit denen, die nicht studieren möchten
oder können? Diese Frage mussten wir zwar nicht beantworten, aber
das wollten wir. So kamen erste Gedanken auf zur Schaffung von
Ausbildungsplätzen, zuerst für die Berufe der Schneiderin, und dann
zur Schmuckherstellerin. Der konzeptionelle Prozess zur Idee des
Ausbildungsprogramms hat sich mehrfach gewandelt – was in der
Entwicklungszusammenarbeit gängig ist, gerade wenn es sich um
Vorhaben in Krisengebieten wie Afghanistan handelt.« Hila hat eine

ziemlich genaue Vorstellung davon, was sie sich für die Zukunft wünscht: »Wir könnten aufhören zu neiden, zu hassen, weniger konsumieren und bedachter mit unserer Welt und den Mitmenschen umgehen. Wir könnten jeden Moment mehr schätzen, innehalten und für das, was wir haben, dankbar sein. Wir könnten aktiv gegen die Missstände vorgehen, unsere Komfortzone verlassen und für unsere Mitmenschen einstehen. Wir sind eins und wir sind alle.«

Im Jahr 2020 wurde Hila Limar vom Focus-Magazin zu einer der »Hundert Frauen des Jahres 2020« gewählt. Was wird im Jahr 2021 geschehen? Womöglich wird das Land der Schwestern Limar dann einer Truppe anheimfallen, die keinesfalls mit Mädchenschulen und Unternehmerinnen ihren Frieden machen will. Je mehr Stützpunkte die beiden Limars dann im Land schon geschaffen haben – außer Schulen noch Ausbildungsplätze für Schneiderinnen, Goldschmiedinnen und Betriebsleiterinnen –, umso größer ist die Wahrscheinlichkeit, dass der innerafghanische Widerstand auch von Frauen getragen wird.

Links

� hilalimar

� wanalimar

� visionsforchildren

https://linktr.ee/visions4children

»DIE FRAUEN HOLEN DAS WASSER«

OLADOSU ADENIKE (GEB. 1994)

OLUWAPELUMI ALESINLOYE-KING (GEB. 1998)
Die Ökofeministin und die Beraterin und ihr Einsatz
für Umwelt und Frauen in Nigeria

»Es ist nötig, dass die Menschen für Frauenrechte aufstehen. Es gibt Traditionen, Normen, Glaubensinhalte und andere Faktoren, die Frauen daran hindern, ihre Rechte wahrzunehmen. Wir müssen dafür sorgen, dass sich das ändert. Und dass dies eine verstanden wird: *Der Feminismus ist nicht nur Frauensache.* Alle sollten dafür kämpfen, jeder einzelne Mensch. Frauen sind viel zu lange zurückgelassen worden, was ihre Rechte und Entwicklungsmöglichkeiten betrifft. Das gilt für alle Bereiche, für ihre Erziehung, ihre Bildung, ihre Gesundheit, ihr soziales Leben, für jeden Aspekt ihres Daseins. Wir müssen sie endlich nach vorne bringen. Wir dürfen sie nicht länger in Frühehen abschieben. Wir müssen sie mitnehmen, ihnen Entwicklungschancen bieten. Sie sind es, die das Alltagsleben stemmen. Sie holen das Wasser. Was passiert, wenn kein Wasser mehr da ist? Deshalb sage ich, dass Feminismus und Ökologie zusammengehören.«

Am Südrand der Sahara erstreckt sich eine Wasserquelle für mehr als dreißig Millionen Menschen: Der Tschadsee. Vier afrikanische Staaten grenzen an ihn, Niger, Tschad, Kamerun und Nigeria. Die 27-jährige Oladosu Adenike stammt aus Nigeria, dem bevölkerungsreichsten Land Afrikas. Sie wurde 1994 in Ogbomosho im Südwesten Nigerias geboren, ging zur Schule in der Hauptstadt Abuja und besuchte die Universität für Landwirtschaft in Markurdi, wo die Wandlungen des Tschadsees ein wichtiges Forschungsfeld sind. Wie kann es sein, dass der immense See immer mehr Wasser verliert, seit fünfzig Jahren schon? Darf man davon ausgehen, dass dieses Phänomen nicht mit der Erderhitzung zusammenhängt? Die Uferverläufe des Tschadsees sind seit Menschengedenken auffälligen Veränderungen unterworfen, aber jetzt sieht es so aus, als wolle er gänzlich austrocknen. Und was wäre dann? Das riesige Süßwasserreservoir ist durch nichts zu ersetzen. Die Bauern in der Gegend klagen, dass ihr Land immer trockener wird und nichts mehr wächst. Und die Frauen? Sie sehen ja, dass, wenn sie Wasser holen gehen, die feuchten Ufer des Sees immer breiter werden und die spiegelnde Wasserfläche immer kleiner. Oladosu Adenike spricht mit den Menschen, sie bekommt mit, wie die Stimmung sich verdüstert. Vom Umweltschutz versteht hier keiner viel, aber fremden Stämmen die Schuld geben, dazu sind alle sofort bereit. Junge Männer besorgen sich Waffen. Es gibt Zwistigkeiten unter den Ethnien, Überfälle, Einbrüche, Morde. Die Terrororganisation Boko Haram, die der Untergrundarmee »Islamischen Staat« (= IS) nahe steht, will in ganz Nigeria die Scharia einführen, ein religiös gestütztes islamisches Rechtssystem aus dem Mittelalter. Im Norden Nigerias ist dieses System in einigen Landesteilen tatsächlich Gesetz. Ferner will die Terrortruppe »westliche« Einflüsse verbieten, und um sich Gehör zu verschaffen, verübt sie Anschläge im ganzen Land. Im Jahre 2014 entführte Boko Haram 276 Schülerinnen, damit wollte die Organisation ein Zeichen setzen und verkünden: Mädchenbildung ist eine Schande, Frauen gehören ins Haus. Oladosu Adenike schließt zu dieser Zeit ihr Studium mit Auszeichnung ab, sie erkennt die Zusammenhänge. Die Hälfte der Bevölkerung lebt unterhalb der Armutsgrenze. Es ist die Umweltkrise, die zu Dürre führt, und die Dürre führt zur Armut, die Armut zu Hass und Unterdrückung, die Unterdrückung zur Verfestigung überholter Strukturen, und wer am Ende den höchsten Preis dafür bezahlt, sind die Mädchen und Frauen. Sie haben kein eigenes Leben. Wenn eine Familie wegen ausgefallener Ernten Geld braucht, drängt sie ihre pubertierende Tochter in eine Ehe – der Brautpreis, den sie herausschlägt, hilft ihr über die nächsten Monate. Die Mädchen müssen die Schule verlassen, einem fremden Mann zu Diensten sein, wenn sie nicht sogar, mit ihren Wasserkrügen unterwegs zum See, überfallen, vergewaltigt, verschleppt werden. Auf diese Zusammenhänge verweist Oladosu: »Ich bezeichne mich selbst als kompromisslose Ökofeministin, denn ich habe erlebt, dass, wann und wo immer ich das Thema Ökologie und Frauenrechte zusammenbringen will, ich auf Widerstand stoße. Umwelt und Frauenrechte, das sei zweierlei, man könne diese Probleme nicht ineinander verschränken. Das sehe ich ganz anders. In meinem Land wurden Schulmädchen entführt, und dieses Kidnapping hat mit der Umweltkrise zu tun. Es passierte 2014 in Chibok/ Borno im nordöstlichen Teil Nigerias, nahe beim Tschadsee, wo Instabilitäten, die mit der Klimaveränderung zusammenhängen, zu bewaffneten Konflikten, extremer Armut, Hunger und Fluchtbewegungen führen. Mädchen werden von Terrormilizen um ihr Recht auf Bildung gebracht, aber auch ihre Eltern geben sie an ›Ehemänner‹ weg, um an das Geld zu kommen, das sie für Saatgut brauchen, das ihnen aber fehlt, weil die Ernte infolge der Dürre ausgefallen ist. Daran können Sie sehen, dass die Themen Umwelt und Mädchenrechte eng miteinander verflochten sind – für mich handelt es sich dabei um ein einziges komplexes Thema. Es sind die Mädchen und Frauen, die in diesem Kreislauf von Mangel und Gewalt am verwundbarsten sind, deshalb müssen wir sie und ihre Rechte immer in den Mittelpunkt stellen.« Es gibt neben der Austrocknung des Tschadsees im Norden des Landes noch eine weitere große Umweltkatastrophe im Süden, da, wo der Fluss Niger sein großes Delta bildet und in den atlantischen Ozean strömt. Hier wird Öl gefördert, die Sicherheitsvorkehrungen sind mehr als unzureichend. Es kommt immer wieder zu Schäden, Öl läuft in Mengen aus und verunreinigt riesige Areale der an das Delta grenzenden Mangrovenwälder. Bei einer Pipelineexplosion im Jahre 2006 starben allein fünfhundert Menschen. Einer Studie der UN zufolge sind durch die unzureichend gesicherte, das Delta verseuchende Erdölförderung mehr als eine Million Menschen in ihren Lebensgrundlagen bedroht.

Als Oladosu 2018 im Internet von der Bewegung *Fridays for Future* liest, beschließt sie, bei diesem globalen Aufbruch der Jugend für den Umweltschutz dabei zu sein. Sie gründet *FfF* für Nigeria. Im Dezember 2019 reist sie zur Weltklimakonferenz nach Madrid. Dort trifft sie Greta Thunberg, die im Jahr zuvor die Initiative *FfF* ins Leben gerufen hatte und bemüht sich erfolgreich, an deren Seite die Aufmerksamkeit der Versammlung auf Nigeria und die afrikanische Klimaschutzbewegung zu lenken. Sie spricht vom Elend in ihrem Heimatland, vom Wassermangel, von der Bodenerosion, von Streit, Leid und Tod. Ihre Rede wird »berührend« und »überzeugend« genannt, die Weltpresse horcht auf.

Oladosus wichtigste Arbeit aber muss von ihr zu Hause geleistet werden. Die junge Frau geht in Schulen, Versammlungshäuser und auf Marktplätze, sie spricht dort zu den Menschen. Sie ermuntert sie, Bäume zu pflanzen, um der Bodenerosion zu begegnen und klärt sie über die Klimaveränderung auf, erläutert, was Erneuerbare Energien bewirken und wie man sie erzeugt. Zwar produziert Afrika insgesamt viel weniger klimaschädliche Gase als der industrialisierte Norden des Planeten, aber die Auswirkungen der Krise bekommt es sehr wohl zu spüren. Wenn Oladosu zu ihren Landsleuten spricht, versäumt sie nie, auf ihr Kernthema einzugehen und die Verbindung zwischen der Rechtlosigkeit von Mädchen und Frauen und der Klimaproblematik herzustellen. Der Tschadsee trocknet aus, und was tun die Anrainer? Sie nehmen ihre Töchter von der Schule, damit sie im Stall und auf dem Feld helfen oder stecken sie in eine Ehe, in der sie unglücklich werden. Das darf nicht so weitergehen.

Eine einheitliche Klimapolitik und Aufklärung der Bevölkerung, wie sie Adenike vorschwebt, ist in Nigeria nur sehr schwer zu realisieren. In dem 1960 von der britischen Kolonialherrschaft in die Unabhängigkeit entlassenen Land mit seinen 214 Millionen Einwohnern leben über zweihundert verschiedene Ethnien; es herrscht eine Sprachenvielfalt, die man auch babylonische Sprachverwirrung nennen könnte; Englisch ist zwar Amtssprache, wird aber nur in den Städten gesprochen beziehungsweise beherrscht. Im ärmeren Norden ist der Islam verbreitet, dort spricht man auch Arabisch. Aber da die knappe

Hälfte der Bevölkerung weder lesen noch schreiben kann, spielt das Sprachproblem nur bedingt eine Rolle. Religiös ist Nigeria gespalten – im Norden leben Muslime, im Süden Christen, es gibt jedoch auch etliche traditionell-religiöse Gruppen, die zu keiner der beiden monotheistischen Glaubensgemeinschaften gehören und ihre eigenen Feste feiern, ihre eigenen naturreligiösen Rituale abhalten. Die entscheidende Strategie für Aktivistinnen wie Oladosu sind Vertrauen bildende Maßnahmen vor Ort, ist die mündliche Aufklärung – und die Werbung für den Schulbesuch aller Kinder. Oladosu macht es wie Greta Thunberg in Stockholm und stellt sich, ein Pappschild mit dem Schriftzug: *Denial is no policy* (= Verleugnung ist keine Politik) vor eine Schule in der Hauptstadt Abuja. Sie will damit sagen: Leute, ihr könnt nicht länger die Augen davor verschließen, dass es Schulbildung ist, was eure Kinder brauchen – und nicht etwa eine Frühehe oder Kinderarbeit auf dem Feld. Es gibt so viele Schranken zu überwinden. Immer wieder muss Adenike den Menschen klarmachen, dass der Kampf für die Rettung des Klimas keine fixe Idee der Europäer und der ehemaligen Kolonisatoren ist, sondern im Interesse aller liegt und dass die Afrikaner selbst ihren Kontinent schützen müssen. Dafür wendet sie sich nicht nur an Eltern und Schulkinder in der Hauptstadt, sondern auch an ganz Afrika. Sie ist eine Bloggerin, die von vielen gelesen und kommentiert wird, sie betreibt ihren eigenen Youtube-Kanal und ist aktiv auf Twitter. Sie verkündet:»Wer für das Klima kämpft, sollte immer auch die Rechte der Frauen im Auge haben, und wer sich für Frauenrechte einsetzt, muss die Umweltkrise mitbedenken.« Könnten nicht Frauen als Farmerinnen sich gemeinschaftlich für nachhaltige Bewirtschaftung ihrer Felder einsetzen? Ja, das würden manche gerne tun, aber in vielen afrikanischen Ländern haben Frauen kein Recht, Land zu erwerben. Warum ist das so? Warum bleibt das so? Frauen brauchen ihre eigenen Persönlichkeitsrechte – unabhängig vom Mann. Und warum ist die Polygamie in weiten Teilen Nigerias immer noch nicht abgeschafft? Sollen Frauen sich einfach damit abfinden, die zweite oder dritte zu sein? Um ganz Afrika anzusprechen, hat Adenike eine Art Massenbewegung angestoßen, die nennt sie: *I Lead Climate* (= Ich bin führend in Klimafragen);

unter diesem Hashtag ruft sie alle Bewohner des afrikanischen Kontinents auf, sich mit ihr in das ökofeministische Engagement hineinzustürzen. »Ökofeminismus ist der Kampf für Menschlichkeit. Indem wir für diese beiden Ziele kämpfen: Frauenrechte und Klimarettung, wissen wir, dass wir für Menschenrechte kämpfen. Ich betrachte diesen Kampf als Einsatz für die Lebensgrundlagen der gesamten Menschheit.« Im Jahr 2019 erhielt Oladosu Adenike den *Ambassador of Conscience Award* (= Auszeichnung als »Botschafterin des Gewissens«) von Amnesty International Nigeria für ihre Arbeit.

Ihre Gegner sind stark und nicht ohne Rückhalt in der Bevölkerung. In der Region um den Tschadsee findet die islamistische Terrorgruppe Boko Haram immer noch Anhänger; die Militanten versprechen den Gläubigen eine rosige Zukunft, wenn sie nur fleißig beten; junge Männer, die an der Seite des IS in den Dschihad (= heiliger Krieg für den Islam) ziehen wollen, erhalten Waffen und sind stolz, weil sie sich als Helden fühlen. Alles Böse und Verhängnisvolle, so Boko Haram, sei von den Europäern eingeschleppt worden – entzöge man sich deren Einfluss, würde auch der See sich wieder mit Wasser füllen. Zu Entführungen und Schießereien kommt es immer wieder, Nigeria befindet sich im Bürgerkrieg. Von den 276 Mädchen, die 2014 von ihrer Schule aus verschleppt worden waren, kehrten inzwischen mehr als die Hälfte zurück. 112 von ihnen aber werden im Sommer 2021 noch vermisst. Die freigekommenen Mädchen – einige wurden aus der Geiselhaft entlassen, andere konnten flüchten – erzählen, dass sie hungern mussten, geschlagen, gequält, versklavt, vergewaltigt und in »Ehen« gezwungen wurden. Die Terroristen erhoben groteske Lösegeldforderungen von Millionen von Dollars und verlangten außerdem die Freilassung einsitzender Rebellen aus den eigenen Reihen. Mit Eltern der Entführungsopfer und anderen Unterstützern aus der Umgebung von Chibok rief die Frau des US-Altpräsidenten Barack Obama, Michelle Obama, den Verein *Bring Back Our Girls* ins Leben, der weltweit im Internet um Aufmerksamkeit für die Opfer und um Hilfsaktionen warb. Unter dem Hashtag BBOG solidarisierten sich auf Internetplattformen prominente Personen wie Hillary Clinton und

Malala Yousafzai. Derweil behaupteten die Behörden des Landes Nigeria, sie täten, was immer sie könnten, um die *girls* zu retten, aber praktisch geschah gar nichts. Der Staat brachte es nicht einmal zuwege, den Aufenthaltsort der Mädchen (sie waren zum Teil ins Nachbarland Kamerun verbracht worden) zu ermitteln, geschweige denn sie zu befreien. Die Aufregung um diese Massenentführung legte sich viele Jahre nicht, sie trug dazu bei, dass Adenike und ihr Programm, Umweltfragen mit einem feministischen Ansatz zusammen zu denken, in Nigeria und in der Welt auf Widerhall stieß. Zugleich aber zeigt das Verbrechen von Chibok, wie schwach die Regierung Nigerias angesichts der islamistischen Rebellion da steht, wie wenig sich insbesondere Mädchen und Frauen auf den Staat verlassen können, wenn es um den Schutz ihrer körperlichen Unversehrtheit geht. Der Bürgerkrieg wird fortgeführt, die religiösen und ethnischen Spaltungen werden von der Umweltkrise und Dürreperioden überwölbt, es gibt Hungersnöte. Unter den Flüchtlingen, die sich aufs Mittelmeer trauen, um dem Elend in der Heimat zu entkommen, befinden sich überproportional viele Nigerianer.

Im Jahre 2007 schon wurde das Umweltprojekt *Great Green Wall* (= Große grüne Mauer) von der Afrikanischen Union gegründet, das in der Sahelzone durch Aufforstungen und Urbarmachung einen grünen Gürtel vom Senegal im Westen bis zu Dschibuti im Osten anlegen will. Die Ziele sind bis 2030 fixiert, elf Länder müssen dabei mitmachen, und wenn es wirklich gelingt, werden Millionen Menschen sich an und in dem grünen Gürtel ansiedeln können und genug zum Leben haben. Oladosu Adenike, deren Horizont, was ihr Engagement für Emanzipation und Klimarettung betrifft, sich immer weiter ausdehnt, befürwortet dieses Projekt, das ihr für die lange Frist das aussichtsreichste zu sein scheint, um ihrem Land Nigeria und ganz Mittelafrika wieder zu Stabilität zu verhelfen, sodass die Menschen nicht mehr im Bürgerkrieg zugrunde gehen oder im Mittelmeer ertrinken müssen. Sie trommelt hier für ihre spezifische Mission: Die Verbindung von Umwelt- und Frauenthematik. Einstweilen geht es schleppend voran, viel Geld muss aufgetrieben werden, aber es geht ja auch um hundert Millionen Hektar, die wieder fruchtbar gemacht werden sollen. Die Länder, die mitarbeiten und als erste von der GGW profitieren werden, sind, außer Nigeria, Burkina Faso, Tschad, Dschibuti, Eritrea, Äthiopien, Mali, Mauretanien, Niger, der Senegal und der Sudan. Es geht achttausend Kilometer quer durch Afrika. Adenike sagt: »Die meisten afrikanischen Führer haben das Klimabkommen von Paris unterzeichnet; jetzt ist es Zeit für unsere Politiker, ihre Versprechungen in die Tat umzusetzen. Es ist dringend. Meistens beeilen sich unsere Verantwortungsträger nicht allzu sehr – sie warten ab, bis die Dinge außer Kontrolle geraten. Die Zeit vergeht, und wir nähern uns dem Jahr 2050 – das ist der ›point of no return‹, das Limit. Wir müssen heute etwas tun!«

Oladosu Adenike ist bei ihrem Kampf für Emanzipation nicht allein, was ihre Generation und ihr Geschlecht betrifft. Immer mehr Mädchen in Afrika stellen die Tradition in Frage und lehnen sich gegen sie auf, wenn sie ihre Gesundheit und ihre Freiheit bedroht sehen. Ebenfalls in Nigeria lebt und agitiert OLUWAPELUMI ALESINLOYE-KING. Sie wohnt in der 14-Millionen-Metropole Lagos, der größten Stadt des Landes (und ganz Afrikas), am Atlantik gelegen. Oluwapelumi oder kurz, wie sie sich selbst nennt, Pelumi, ist 23 Jahre alt. Sie schreibt auf Twitter: »Es gibt Staaten, die afrikanische Mütter-Kind-Organisationen finanzieren – aber nicht, um Kindern armer Mütter zu helfen oder um Teenager-Mütter zu unterstützen, sondern um Frauen zu nötigen, eine Schwangerschaft auszutragen. It may be our bodies, but is it our choice?« (= Es mag sich in unseren Körpern abspielen, aber ist es unsere Wahl?) Pelumi hat es sich zum Ziel gesetzt, über Verhütung aufzuklären. Denn es gibt da eine Zahl, die inakzeptabel ist. Nigeria hat die höchste Todesrate unter schwangeren Frauen weltweit. Nigerianische Mädchen werden weder sexuell aufgeklärt, noch haben sie Zugang zu Verhütungsmitteln, und einen legalen Schwangerschaftsabbruch können sie nirgends durchführen lassen. Werden sie ungewollt schwanger, oft genug nach einer Vergewaltigung, ist die Not groß. Dann legen sie Hand an sich selbst oder schlucken dubiose Medikamente – viel zu viele kommen dabei um. Die Weltgesundheitsorganisation schätzte für das Jahr 2015 die Zahl von 58 000 Todesfällen nach illegalen Eingriffen, diese Zahl ist in den folgenden Jahren nicht gesunken. Solche alarmierenden Verhältnisse werden sowohl von den christlichen als auch von den muslimischen Gruppierungen im Lande Nigeria nicht bekämpft, sondern im Gegenteil gefestigt. Familienplanung existiert nicht, die Kinder kommen, wenn Gott es so will, und Frauen sind um der Kinder willen da. Ihre Mitsprache ist nicht vorgesehen. Jeder kann sehen, dass das Argument der Abtreibungsgegner, es ginge doch darum, Leben zu schützen, sich selbst ad absurdum führt, denn die Nicht-Aufklärung und Nicht-Verhütung kostet massenhaft Leben. Pelumi aber, die selbst praktizierende Christin ist, kann sich mit der Misere nicht abfinden. Sie wirbt – im Fernsehen, im Internet und an Bildungsinstituten – für ihre Überzeugung: »Wenn wir die Jugendlichen nicht über Verhütung aufklären, werden sie auch keine Entscheidungen darüber treffen können, ob sie Kinder wollen oder nicht.« Diese Form von Mündigkeit aber müsse in Nigeria jetzt endlich den Menschen und zuerst den Frauen zugestanden werden.

Den Frauen zuerst – eine solche Priorität setzt Pelumi, seit sie im Jahr 2020 die Nichtregierungsorganisation WFD = *Women First Digital* (= Frauen als erste bei/mit der Digitalisierung) kennenlernte und sich zur Mitarbeit entschloss. Diese durch Spenden finanzierte, in den USA gegründete Organisation betreibt Websites, auf denen Information und Beratung zu Schwangerschaftsverhütung und -abbruch in allen Sprachen der Welt angeboten wird. In anonymen Chats können die Nutzerinnen sich darüber aufklären lassen, wie die Gesetze in ihrem Land beschaffen sind, wie Verhütung praktiziert wird, welche Methoden es gibt und wie es um die medizinische Betreuung bestellt ist. Gleich im ersten halben Jahr, nachdem Pelumi die Seite in Nigeria freigeschaltet hatte, klickten sich an die 100 000 Nigerianerinnen hinein. Aber mit der Website allein ist es nicht getan. Etwa die Hälfte der Einwohnerinnen von Nigeria kann weder lesen noch schreiben. Also zieht Pelumi um die Häuser und tritt im Fernsehen auf, wo sie mit Abtreibungsgegnern diskutiert und erklärt neugierigen Jugendlichen, wie es zu einer Empfängnis kommt – und wie man sie vermeidet.

Als Kind ist Pelumi vergewaltigt worden, sie hat lange gebraucht, um sich ihren Körper und die Lust, die er bereiten kann, von dieser Grenzerfahrung zurückzuholen. Im Jahr 2018 gründete sie einen Verein gegen den sexuellen Missbrauch von Kindern. Ihre Themen hat sie seither immer weiter ausgefächert: Von Aufklärung vor allem über Sexualität und Geburtenkontrolle ging es weiter zum Kampf für legale Familienplanung und körperliche Selbstbestimmung. Das Letzte, was sie gebrauchen kann, sind europäische oder amerikanische Vereine, die sich mit den nigerianischen *ProLife*-Propagandisten verbünden und den Frauen in Nigeria das Leben noch schwerer machen. Leider gibt es so etwas. Die Internationale der *ProLife*-Aktivisten ist, befeuert nicht zuletzt von Donald Trump und seinen Evangelikalen, gut vernetzt und auch in Nigeria sehr aktiv. Olawupelumi Alesinloye-king und alle, die in ihrem Sinne wirken, bilden ein Gegengewicht. Pelumis Name zählt, sie ist das Gesicht der *Pro-Choice*-Bewegung, die ihrerseits an Zulauf gewinnt. »Wenn mir jemand sagt, ich sei eine Sünderin, antworte ich: Moment mal. Ich bin die Person mit der Beziehung zu Gott. Ich rette Leben.«

Links

Oladosu Adenike
🐦 the_ecofeminist
📷 an_ecofeminist
https://fridaysforfuture.org/country/nigeria

Oluwapelumi Alesinloye-king
🐦 alesinloyeking
f alesinloye.pelumi
https://womenfirstdigital.org
https://theasherinitiative.org

»DAS MUSS EIN ENDE NEHMEN«

NATASHA MWANSA (GEB. 2001)
Die Aktivistin, ihr Kampf gegen die Kinderehe und für das Rederecht der Jugend in Sambia

HADJA IDRISSA BAH (GEB. 2000)
Ihr Einsatz für ein Ende der Genitalverstümmelung bei Mädchen in Guinea

»Wenn wir uns die Welt ansehen, dann gehören Macht und Wohlstand zur Zeit eher der älteren Generation. Die Lösungen für die Probleme der heutigen Zeit sind einfach nicht nachhaltig. Aber wenn die ältere Generation nicht mit uns zusammenarbeiten will, um Lösungen zu finden, müssen wir eben rebellieren.« Diese Worte sprach im Januar 2020 beim Weltwirtschaftsforum (= World Economy Forum = WEF) in Davos die achtzehnjährige Natasha Mwansa aus Sambia. Sie war nicht die erste, die als Jugendliche vor dieser erlauchten Versammlung sprach, im Jahr zuvor war Klimaaktivistin Greta Thunberg dort aufgetreten. Auch jetzt war die Schwedin wieder dabei. Aber außer ihr und Mwansa hatten noch neun weitere junge Menschen unter zwanzig Jahren eine Einladung nach Davos erhalten. Dem Thinktank saß offenbar die Furcht im Nacken, allmählich zu vergreisen. Und Thunbergs Auftritt im Jahr zuvor hatte für große weltweite Aufmerksamkeit gesorgt. Also wurde die Gästeliste überarbeitet. WEF-Gründer Klaus Schwab nannte diese jugendlichen Aktiven »Teenage Changemakers« (= Jugendliche für den Wandel), die führende Köpfe aus

Politik und Wirtschaft »wachrütteln sollen«. Schließlich sind die jungen Menschen global gesehen in der Überzahl. Dem sollte nun Rechnung getragen werden. Mwansa betrachtete es als große Ehre, in der Schweiz am Weltwirtschaftsforum teilnehmen zu dürfen. »Häufig werden die wichtigsten Entscheidungen von alten Männern getroffen, die nichts mehr von den Konsequenzen dieser Entscheidungen mitbekommen werden. Hier aber kann ich meine Ideen vortragen und zumindest Teil des Entscheidungsprozesses sein.« Wer ist Natasha Mwansa und wofür steht sie?

Die Aktivistin für Kinder- und Frauenrechte begann mit der Arbeit für ihr Anliegen schon früh: als Zwölfjährige. Natasha ging damals zur Schule in Livingstone, der Stadt an den Victoria-Wasserfällen in Sambia, einer ehemaligen britischen Kolonie im Süden des afrikanischen Kontinents. Dort erfuhr die begabte Schülerin, dass sich etliche Mädchen aus ihrer Alterskohorte schon auf die Ehe vorbereiteten. In ihrem Land, ja in ihrem Erdteil ist die Auffassung verbreitet, dass es für Angehörige des weiblichen Geschlechts als Lebensperspektive letztlich nichts anderes gibt als Heirat und Kindersegen und dass sich Mädchen möglichst früh darauf einstellen sollten. Die Tradition, das berüchtigte: »Es war doch schon immer so«, spielt eine große Rolle bei dieser Art Lebensplanung; hinzu kommt, dass Familien im ländlichen Raum mit großer Kinderschar und wenig Einkommen aus Kleinlandwirtschaft zusehen müssen, dass sie ihre Töchter versorgen und das heißt: verheiraten – je eher, desto lieber, denn sie haben dann ein Mäulchen weniger zu stopfen, und für die Tochter erfüllt sich ihr Schicksal. Und hat eine Familie etwas Geld zurücklegen können, um es in die Ausbildung der Kinder zu investieren, dann sind es die Söhne, die auf eine weiterführende Schule geschickt werden – nicht die Töchter, wozu auch? Sie werden irgendwann ganz für Mann und Kinder da sein, und dafür brauchen sie keine Ausbildung. Das fiel Natasha auf: Die verheirateten jungen Mädchen in ihrer Umgebung, darunter einige ihrer Bekannten und Verwandten, kamen nach der Hochzeit fast alle nicht mehr zurück in die Schule. Waren sie sehr jung, erst elf oder zwölf Jahre, konnten sie kaum lesen und schreiben, denn der Schulbesuch der Kinder ist oft unregelmäßig, werden sie doch bei der Haus- und Feldarbeit gebraucht. Und was die in eine Frühehe abgeschobenen Mädchen gelernt hatten, vergessen sie bald wieder. Aber auch die dreizehn-, vierzehn-, fünfzehnzehnjährigen jungen Ehefrauen hätten noch so viel zu lernen gehabt. Fast immer war der Ehemann älter, manchmal sogar schon dem Greisenalter nah. Das Schicksal der Mädchen, für das sie angeblich bestimmt seien, sah so aus, dass sie von der Welt fast nichts wussten und ein Kind nach dem anderen zur Welt brachten, wobei ihre Körper oft noch nicht weit genug für Schwangerschaft und Geburt entwickelt waren, zu schweigen von ihren Seelen. Natasha erkannte, dass da ganz gewaltig was nicht stimmte. Sie konnte lesen und schreiben, sie lernte Englisch, und sie besorgte sich Literatur. Weltweit, las sie, werden schätzungsweise zwölf Millionen Mädchen vor ihrem 18. Geburtstag verheiratet. In dreißig von 55 afrikanischen Staaten werden Dreiviertel aller Mädchen in die Ehe gedrängt, bevor sie das 18. Lebensjahr erreicht haben. Kinderehen mit 9-jährigen Bräuten sind keine Seltenheit. In Sambia ist mit einem Drittel frühverheirateter Mädchen pro Alterskohorte die Rate erschreckend hoch. 49 afrikanische Staaten haben die »Afrikanische Charta der Rechte und des Wohlergehens des Kindes« ratifiziert, die im Jahr 1999 in Kraft getreten ist und die Kinderehen verbietet. Aber es ist in Sambia und auch sonst in Afrika häufig so, dass die Gesetze und Maßnahmen des Staates nicht oder nur schwerlich in die dörflichen Gegenden dringen, wo die meisten Menschen leben, vor allem dann, wenn sie Sitten und Gebräuche betreffen. Das Zusammenleben der Menschen wird von vormodernen Traditionen bestimmt und legitimiert, diese Traditionen werden weitergetragen und verteidigt; ein modernes Staatswesen, eine neuzeitliche Justiz kommen nur mit Mühe oder gar nicht gegen sie an. »Die meisten Mädchen wissen nicht einmal, dass es Alternativen zur Ehe gibt«, sagt Mwansa, »dass sie andere, eigene Entscheidungen über ihr Leben treffen können.« Auch die »Beschneidung« der Mädchen, das heißt die Entfernung der äußeren Schamlippen und der Klitoris (= female genital mutilation = FGM = weibliche Genitalverstümmelung), ist in Afrika weit verbreitet, obwohl viele afrikanischen Staaten eine Ächtung beschlossen haben. Die alten Bräuche und Rituale, das, was die Mütter selbst durchgemacht und von ihren Eltern gehört haben, dass es so sein müsse, das ganze »Es war doch schon immer so«, es wird von Generation zu Generation weitergereicht, ganz egal, ob irgendwo weit weg in einer Hauptstadt ein Verbot erlassen wurde. Religiöse Exerzitien und Tabus wirken dabei kräftig mit. So wie auch die in der Bevölkerung tief verankerte Überzeugung, dass Mädchen für ein Leben in Abhängigkeit vom Mann geboren werden und dass dieses Leben nur einen einzigen Sinn haben kann: die Geburt von weiteren Kindern.

All dies verstand Natasha Mwansa, als sie sich der Frage zuwandte, warum so viele Mädchen ihres Alters heirateten. Sie hätte vielleicht selbst an eine Ehe gedacht oder zumindest gerne auf der Hochzeit einer jugendlichen Braut getanzt, wenn sie nicht geahnt und mitbekommen hätte, dass solche Hochzeitsfeste keine glücklichen Ereignisse waren. Außerdem war ihre Lust zu lernen ausgeprägt, die Eltern freuten sich darüber und schickten ihre Tochter auf eine gute Schule. Sie konnten es sich gerade eben so leisten. Reich waren sie nämlich nicht, und Natasha musste als ein Kind aus bescheidenen Verhältnissen an ihrer guten Schule um Anerkennung kämpfen. Sie tat es durch Lesen, Lernen, Wissen und ein freches Mundwerk. Aber sie wollte mehr, sie will sich bis heute für diejenigen Mädchen einsetzen, denen sich Chancen, wie sie selbst sie hatte, nicht öffnen und die stattdessen, von jeder Art Bildung abgeschnitten, als Kinder und Jugendliche unter der Vormundschaft eines Mannes leben müssen, den sie meistens weder lieben noch begehren, sondern einfach nur fürchten – zumal Gewalt zwischen den ungleichen Eheleuten zum Alltag gehört. »Das muss ein Ende nehmen«, so Natasha. »Ich kann es nicht mehr hören, wenn Leute von ›Kinderehen‹ reden. Es ist doch Pädophilie. Es ist unmenschlich.«

Die Mittel, mit denen sie die Öffentlichkeit erreicht hat, sind vor allem das Internet und die Sozialen Medien. Sehr bald knüpfte und intensivierte sie Kontakte zu Foren wie dem »Media Network on Child Rights and Development« (= Medien-Netzwerk für Kinderrechte), dem »African Union Girls Summit« (= Mädchenkonferenz der Afrikanischen Union) und dem »African Union Commission's Youth Advisory Board« (= Jugendkommission der Afrikanischen Union). Sie gründete 2018 sogar eine eigene Stiftung, um Gelder einzuwerben, die sie für Aufklärung über Mädchenrechte vor Ort einsetzt. Sie weiß: Man muss zu den Menschen hingehen und mit ihnen sprechen, sie aufklären über Rechte und Möglichkeiten – Erlasse aus Amtsstuben bringen keine ausreichenden Resultate. Das Thema muss ins Leben und in die Medien. Und die Betroffenen sollen selbst mitsprechen. Mwansa macht es vor, sie engagiert sich mit viel Temperament, redet mit, redet rein, macht Druck. Denn die Aufklärung vor Ort muss mit Teams geleistet werden, all das kostet Geld, das von denen zur Verfügung gestellt werden soll, die es haben – also der »älteren Generation«, die den Reichtum der Welt verwaltet und lieber schöne Worte macht, als ihr Vermögen in sinnvolle Projekte zu stecken. Sie betont, dass sie mit Leidenschaft allein ihre Aufgabe nicht erfüllen könne. Aber die Sache, um die es gehe, sei ihrer und ihrer Unterstützer Leidenschaft wert. Wo sie kann, spornt sie dazu an, dass tatsächlich etwas geschieht. Zusammen mit Unicef entwickelt Mwansa eine Kampagne mit dem Titel-Slogan »Go back to school« (= Zurück in die Schule), denn sie will kein Mädchen abschreiben, sie will auch diejenigen erreichen, die in einer Zwangsehe festsitzen oder kurz davor sind, eine einzugehen und keinen Ausweg mehr sehen. Dafür bedarf es einer ganz besonderen, einfühlsamen Ansprache, die vorderhand nur sie selbst und die eigens dafür Ausgebildeten in ihren Teams entwickeln können. Was sie erhofft und sich vornimmt, sind viele Teams, die ausschwirren ins ganze Land und den Mädchen sagen: Ihr müsst nicht heiraten! Jedenfalls jetzt noch nicht. Und ihr dürft euren Ehemann wählen. Er kann jung und schön sein wie ihr selbst. Jeder Zwang ist rechtswidrig. Ein Recht habt ihr darauf, zur Schule zu gehen und euch dort erzählen zulassen, wie groß diese Welt ist und was sie alles bereithält. Auch für euch! Ihr könnt zurückgehen auf die Schulbank, auch jetzt noch, auch wenn ihr schwanger seid, auch wenn euer Mann Nein! dazu sagt. Ihr habt das Recht!

Da ist zum Beispiel die Chisungu-Zeremonie. Wann immer ein Mädchen zum ersten Mal ihre Periode bekommen hat und damit als

Frau gilt, wird sie dieser entwürdigenden Zeremonie unterzogen. Wochenlang bleibt sie mit Leidensgenossinnen in einem Camp eingesperrt und soll dort lernen, wie man einen Haushalt führt und was sie alles beachten muss, damit der spätere Ehemann zufrieden ist. Die Mädchen sind meist gerade mal zehn Jahre alt. Initiationsriten für Jugendliche gibt es in aller Welt, aber in Sambia – und auch sonst in vielen afrikanischen Ländern – bedeutet die Chisungu-Zeremonie das abrupte und unumkehrbare Ende der Kindheit und der Zeit des schulischen Lernens. Kommen die Mädchen schließlich aus dem Camp zurück, wartet meist schon ein Mann auf sie, den sie noch gar nicht kennen, der in aller Regel viel älter ist als sie und dem sie nunmehr für den Rest ihres Lebens zu Diensten sein müssen. Wenn Mwansa diese Praxis beklagt und das Recht der Mädchen auf Schulbildung dagegen setzt, wird ihr unterstellt, die afrikanische Kultur zerstören zu wollen. Aber sie lässt sich nicht beirren. Es geht nicht um alte Bräuche und fragwürdige Überlieferungen, sagt sie, es geht darum, dass sambische Mädchen um ihre Kindheit gebracht, dass sie unaufgeklärt und ungebildet gehalten werden und dass sie viel zu oft ihre Gesundheit und ihr seelisches Gleichgewicht verlieren. »Ich sehe mit Verzweiflung, wie viel jugendliche Energie hier verschleudert wird, wieviel Potenzial ungenutzt bleibt, und ich möchte meine Möglichkeiten einsetzen, meine Fähigkeiten und Kenntnisse, um dabei zu helfen, den weiblichen Nachwuchs zu fördern und auszubilden und Hoffnung dorthin zurück zu bringen, wo sie schon ganz aufgegeben worden ist. Dafür muss die Mitsprache der jungen Generation zugelassen werden, insbesondere der Mädchen.« Mittlerweile studiert Natasha an der Universität von Sambia in der Hauptstadt Lusaka, einer 2,4-Millionen-Metropole, Medienwissenschaften und Politik. Sie hat auch schon ein Berufsziel: Sie will Generalsekretärin der UNO werden. Womöglich erleben wir, dass sie das tatsächlich erreicht.

Im Mai des Jahres 2019 wird der achtzehnjährigen Mwansa der »Global Health Award« der World Health Organization (= WHO) verliehen; sie ist die jüngste Preisträgerin in der Geschichte dieser Auszeichnung. Eine strahlende Natasha nimmt den Preis auf der Generalversammlung der WHO in Genf entgegen. Nur wenig später im selben Jahr spricht sie in Vancouver, Kanada, auf der »Women-Deliver«-Konferenz vor Staatsmännern wie Justin Trudeau und dem Präsidenten von Kenia, Uhuru Kenyatta, sowie weiteren Politikern aus Ghana und Äthiopien. Es geht darum, wie junge Frauen beruflich gefördert werden können, statt in Zwangsehen zu verkümmern. Das ist Mwansas Kernthema. Der erste Satz ihrer Rede sorgt für Unruhe, die sich zu stehenden Ovationen steigert: »Hört auf damit, Dinge für uns zu entscheiden. Es könnte sich herausstellen, dass sie gegen uns sind.« Im Grunde hat Natasha zwei große Themen und Ziele. Das erste ist, der Benachteiligung von Mädchen in ihrer Heimat entgegenzuwirken und die Kinderehe abzuschaffen. Und das zweite: Junge Menschen wie sie selbst, die viel zu sagen hätten, aber sich noch nicht trauen, auf den Foren der Welt zuzulassen. Es ist ein umfassendes Emanzipationsprogramm. »Wir brauchen Geschlechtergerechtigkeit. Wir brauchen sie jetzt. Und die sollte in allen Nationen oberste Priorität haben.«

Alle die Ehrungen, Preise und der Beifall, die Natasha Mwansa entgegengebracht werden, ändern noch nichts an den oftmals erbärmlichen Zuständen im dörflichen Hinterland des jungen Nationalstaates Sambia, in dem Familien mit vielen Kindern eine Selbstversorger-Ökonomie betreiben, die ihnen ein karges Überleben sichert, wenn sie nicht frühzeitig durch Krankheiten – Aids ist verbreitet – und Hunger zugrunde gehen. Das Land hat es nicht geschafft, seine Wirtschaft zu diversifizieren und sich in der breiten Mitte an diverse in- und ausländische Märkte anzuschließen; es ist abhängig vom Kupferexport und gilt als Entwicklungsland – ohne dass eine nachhaltige Entwicklung absehbar wäre. Natasha begreift nach und nach, wie ungeheuer breit und vielfältig das Aufgabenfeld ist, dass sie sich ausgesucht hat, beziehungsweise, von dem sie dazu ausersehen wurde, es zu beackern. Kann man es so sagen? Ja, in den NGOs, in denen und für die sie arbeitet und auftritt, gilt sie als *advocate* (= Anwältin) von Kinderrechten, Mädchenrechten, als Anwältin für die Gesundheit der Jugend ihres Landes. Die Strukturen, auf die sie stößt, sind oft nur zu verstehen und das heißt auch: zu verändern, wenn man sich in den geschichtlichen Entstehungsprozess des Landes hineinarbeitet und dann, unter historischer Perspektive, Schwerpunkte setzt. Für Natasha ist klar, dass sie einen Mehrfrontenkrieg zu führen hat: Sie muss die Machtverhältnisse im Land ins Rutschen bringen, und das heißt: die Mädchen ermutigen, mit ihr zusammen die fraglose Vorherrschaft der Männer über die Frauen zu brechen und die Einsicht in die Notwendigkeit von personalen Rechten für Frauen und Mädchen durchzusetzen. Sie hat längst begriffen, dass das lange dauern wird. »Wir jungen Aktiven erwarten nicht, dass sich alles sofort ändert. Wir wollen aber als Partner wahrgenommen werden, mit denen die Älteren zusammenarbeiten können. Mit deren Erfahrung und unseren Ideen können wir nachhaltige Lösungen finden. Nicht nur für jetzt, sondern auch für zukünftige Generationen.«

Die FGM, die weibliche Genitalverstümmelung, weit verbreitet im Nordosten und Nordwesten des afrikanischen Kontinents, ist auch so ein Problem, dessen Lösung eine Zeitspanne in Anspruch zu nehmen scheint, die eigentlich nicht zur Verfügung steht – will man erreichen, dass eine neue Generation von Mädchen nicht nur mit ausreichender Schulbildung, sondern auch in stabiler Gesundheit heranwächst. Hierfür setzt sich die aus Guinea stammende Kinder- und Frauenrechtsaktivistin HADJA IDRISSA BAH ein, sie ist zwei Jahre älter als Mwansa und Studentin der politischen Wissenschaften. Die grausame Prozedur der FGM, bei der kleinen Mädchen gleich nach der Geburt oder im Alter von circa fünf Jahren, spätestens während der Pubertät, die Klitoris und die Schamlippen herausgeschnitten werden, von Laien mit Rasierklingen oder Glasscherben, ohne jegliche Hygiene, beruht ganz und gar auf dem »Es war schon immer so«, wobei die »ältere Generation«, die von Natasha Mwansa und Hadja Idrissa Bah angegriffen wird, zu großen Anteilen nicht bereit ist, zuzugeben, dass es »schon immer« falsch, abstoßend und unmenschlich war, Mädchen mutwillig derart zu verstümmeln. Der Hintergrund ist die Macht der Männer über die Frauen, die gestärkt wird, wenn die Mädchen ihres Lustzentrums und so auch eines Gutteils ihrer Lebensfreude und ihrer Gesundheit beraubt werden. Sie laufen dann als Ehefrauen nicht mehr davon, so ein antiquierter Glaube. Die Verstümmelung ist ein brutaler Unterwerfungsakt, dem insbesondere Frauen und Mütter zustimmen, indem sie ihre Töchter zwingen, ihn zu erleiden. Sie haben es selbst durchmachen müssen, also soll es so sein. Ein nicht beschnittenes Mädchen, so die stammesreligiös eingefärbte Überzeugung, findet keinen Mann. Die WHO, die UNO, Amnesty International und andere NGOs, die an dieser Front kämpfen wie auch Terre des Femmes, schätzen, dass jährlich circa 200 Millionen Mädchen weltweit dem Eingriff unterzogen werden, etwa 25 % sterben daran. Längst ist die blutige Praxis in den meisten Ländern, die sie durchführen, illegal. Aber der feste Glaube an die Unumgänglichkeit des alten Brauchs, möge er noch so tiefe Leiden verursachen, ist stärker als die Bereitschaft, neuartige Verbote zu befolgen. Seit vierzig Jahren nun wird die FGM in breiter Öffentlichkeit als bestialisch gebrandmarkt, verurteilt und verboten – und existiert fort. Immerhin ist der Missstand im öffentlichen Bewusstsein Afrikas angekommen und drückt dort auf das Gewissen. Verschiedene NGOs verurteilen die Praxis als Verletzung des Menschenrechtes auf körperliche Unversehrtheit. Der 6. Februar wurde auf eine Initiative der Nichtregierungsorganisation »Inter-African Committee on Traditional Practices Affecting the Health of Women and Children« (IAC) im Jahre 2003 zum »Internationalen Nulltoleranztag gegen Verstümmelung weiblicher Genitalien« ausgerufen. Man will so verhindern, dass das Thema, wie es zwischenzeitlich immer wieder geschieht, da alles, was damit zusammenhängt, schambesetzt ist und jetzt auch noch Strafen drohen, aus den Medien verschwindet. Es ist ja fast noch drängender als die Frage der Schule. Versäumte Bildung lässt sich nachholen, ein zerstörtes Genitale sich kaum restituieren. In Mwansas Herkunftsland Sambia ist die archaische Gepflogenheit nicht verbreitet; in Guinea, so schätzt man, betrifft sie 97 % aller Mädchen. In einigen Ländern wie beispielsweise Nigeria zeitigen Aufklärung und Verbote erste positive Folgen. Es gibt aber auch Rückschläge, weil jetzt wieder vermehrt jene Stimmen erklingen, die im Verbot der FGM eine westliche Einmischung sehen und die Praktik als afrikanische kulturelle Eigentümlichkeit verteidigen wollen. Es wird also alles noch sehr lange dauern …

Nun passiert es ja, dass die Geschichte sich in Sprüngen bewegt. Die Sambierin Natasha Mwansa und Hadja Idrissa Bah aus Guinea könnten mit ihrer Arbeit die Ankündigung eines solchen Sprunges sein. Mwansa: »Ich bin glücklich darüber, meine Stimme für die Rechte und die Entwicklung von Kindern in meinem Land erheben zu können. Ich habe die Gelegenheit, einen Blick weit über die Welt zu werfen, die globale Perspektive einzunehmen, und da sehe ich, was getan werden muss, um die Jugend in meinem Land aufzurütteln und zu unterstützen.« Der älteren Generation, und jetzt sind die machtvollen Eliten in aller Welt gemeint, schrieb sie ins Stammbuch: »Esst nicht den ganzen Kuchen alleine auf. Lasst uns teilen, und lasst uns unsere Werte zur Sprache bringen. Wir alle sind Teile eines größeren Puzzles, und wir sollten uns zum Aufbau der Zukunft zusammentun.« Als sie 2020 aus der Schweiz zurückkehrte, formulierte sie ihr Credo:

»Was zählt ist, was wir zu Hause machen. Wir werden nicht immer in Davos sein.«

Natasha Mwansa plant und vollführt ihre Kampagnen in ihrer Heimat, in Sambia, aber sie ist dabei und dafür mit dem Rest der Welt über dessen Anteilnahme und über die digitalen Medien verbunden. Jetzt könnte er Wahrheit werden, der uralte Menschheitstraum von weltweiter Solidarität und wechselseitiger Ermutigung.

Links

Natasha Mwansa
- tashawangmwansa
- TheNatashaMwansaFoundation
- missnatashawangmwansa

Hadja Idrissa Bah
- hadjaidrissa
- idrissa.bah.16940
- hadja_idrissa_bah

»LACH NICHT SO LAUT!«

NANCY HERZ (GEB. 1996)

Die norwegische Bloggerin und der Kampf gegen »negative soziale Kontrolle«

»Zwangsheirat und Genitalverstümmelung sind natürlich sehr ernste und schwierige Themen, aber sie sind von außen betrachtet viel deutlicher als Unrecht zu erkennen als die ›sanfteren‹ Formen der sozialen Kontrolle, das konstante Zurechtweisen und die ständigen Vorgaben, wie man sich zu benehmen habe, die einem das Gefühl geben, nicht man selbst sein zu dürfen. Beides ist eine Form negativer sozialer Kontrolle. Und beides kann den kaputtmachen, der es erlebt.« Um die »sanfteren« und zugleich doch so zerstörerischen Arten von Sozialkontrolle geht es der jungen norwegischen Bloggerin Nancy Herz in ihrem Buch *Schamlos*, das sie mit zwei Co-Autorinnen, Amina Bile und Sofia Nesrine Srour, geschrieben hat; 2017 ist es in Stuttgart auf Deutsch erschienen. Die drei jungen Frauen eint eine vergleichbare Biografie: Sie leben als Somalierin (Amina) und Töchter libanesischer Eltern (Nancy und Sofia) in Oslo, sind im muslimischen Glauben erzogen worden, hängen an ihren Eltern und ihren Heimaten, möchten aber doch Norwegen, das Land, in dem sie aufgewachsen sind, nicht verlassen müssen. Aber um sich dort heimisch zu fühlen, ist es für sie nötig, bestimmte Normen und Werte, sowohl in ihrer Herkunftskultur als auch in dem Land, in dem sie jetzt leben, zu hinterfragen. Darüber diskutieren sie miteinander in ihrem Buch. Ihre Pläne und Ansichten sind punktuell durchaus unterschiedlich, aber für ihr

Buch *Schamlos* haben sie sich zusammengetan und bilden als Autorinnen einen kleinen emanzipatorischen Chorus. Sie wollen nicht nur
ihre Gedanken ordnen und austauschen und ihre Erfahrungen vortragen und vergleichen, sondern allen Mädchen, die sich in einer ähnlichen Lage befinden, zurufen: Traut euch! Wehrt euch, wenn ihr euch
bevormundet fühlt. Macht es wie wir! Diese Mischung aus Situations-
analyse, persönlicher Einlassung und Appell an Mut und Vernunft
geht sehr gut im Medium des Blogs und über Kurznachrichtendiens-
te, aber ein Buch ist auch nicht übel: Es ist was Reelles und hält länger vor. Also: Was ist es im Einzelnen, das Anliegen von Nancy, Sofia und Amina?

Solange die Mädchen als Kinder mit ihren Geschwistern im Famili-
enschoß aufgehoben waren, spielte ihr Fremdsein in der norwegischen Gesellschaft keine große Rolle. Sie hatten es gut, gingen zur
Schule, waren bald zweisprachig und fielen eher positiv auf: als Kinder, die von weit her kamen, wie man sie nicht jeden Tag trifft. Kaum
aber setzte die Pubertät ein, ging es los – nicht nur mit den Verunsi-
cherungen, die jeder Mensch in seiner zweiten Lebensdekade durchmacht, sondern mit den Vorschriften seitens der Familie und der religiösen Gemeinschaft. Nancy und ihre Freundinnen haben einige
gesammelt und bieten sie auf roten Sonderseiten ihres Buches zur Information, zur Kritik und zum Drüber-Lachen dar: »Verreisen kannst
du, wenn du verheiratet bist und dein Ehemann es erlaubt.« »So wie
du dich verhältst, heiratet dich keiner.« »Nur Huren tragen roten Lip-
penstift.« »Halt deine Beine zusammen! Die Leute können auf falsche
Ideen kommen, wenn sie Mädchen sehen, die nicht darauf achten, wie
sie sitzen.« »Hab nicht zu viele westliche Freunde.« »Ich hoffe, deine
Eltern lassen dich nicht mit auf Klassenreise fahren. Man weiß nie,
was dort passiert.« »Den Hidschab abzunehmen, ist moralischer Ver-
fall. Das ist Sünde.« »Frauen sitzen nicht im selben Raum wie Männer. Geh zu deiner Mutter in die Küche.« »Wenn du schon unbedingt
Hosen tragen musst, dann Jogginghosen. Da ist die Form der Beine
nicht zu sehen.« »Was soll das T-Shirt? Du bist erwachsen, bedeck
deinen Körper!« »Sei nicht so offenherzig!« »Iss keine Banane in der

Öffentlichkeit!«»Lach nicht so laut!« Alle drei Mädchen empfinden plötzlich einen nie gekannten Druck. Wie sie es machen, machen sie es falsch. »Das Gefühl, am laufenden Band Sünden zu begehen, obwohl du eigentlich ganz normale Dinge tust, ganz normale Fehler machst, ist unendlich belastend«, sagt Sofia. Die Eltern meinen es gut, das ist klar, aber ihr Frauenbild ist altertümlich. Sie leben indes mit ihren weiblichen Teenagern in Oslo, einer hochmodernen Stadt, in der es selbstverständlich ist, dass sechzehnjährige Mädchen im Bikini schwimmen gehen, auf der Straße unbedeckten Hauptes mit dem Nachbarsjungen schwatzen und abends in der Disco tanzen. Wollen Nancy, Amina und Sofia das nicht auch? Ja, aber fürs Erste wollen sie gehorsame Töchter und gute Musliminnen sein, und das heißt, sie müssen zu Hause bleiben und zu ihrer Mutter in die Küche gehen. Oder? Irgendwann beginnt nach der Pubertät so etwas wie die Ich-Werdung. Der junge Mensch rückt vom Elternhaus ab, das er ja auch einmal verlassen wird. Gehorsam ist dafür nicht immer zielführend. Auch Nancy und ihr Freundinnen wollen irgendwann sie selbst sein und stellen fest, dass ihnen das als Musliminnen in Oslo nicht leicht gemacht wird. Als sie sechzehn war, dachte Nancy so: »Meine muslimische Identität wird bestärkt durch das Gefühl, nicht in die norwegische Gesellschaft zu gehören, nie wirklich Teil davon werden zu können. Ich navigiere unsicher durchs Leben, und weil ich keine innere Balance finde, entscheide ich mich für das Extrem. Ich beschließe, die Beste im Anderssein zu werden. Ich will die perfekte Muslima sein. Eine Moralwächterin. Auf der Suche nach meiner Identität und Zugehörigkeit wähle ich den Weg weiter ins Abseits. Ich denke: ›Ich werde euch zeigen, was es heißt, nirgendwo dazu zu gehören und nicht dazu zu passen.‹ Das ist der einfachste Weg. Es ist viel schwerer, einen Mittelweg zu finden als ein Extrem. Statt an vielen verschiedenen Fronten zu kämpfen, entscheide ich mich für eine klare Front.« Diese Entscheidung revidiert Nancy später. »Das Leben ist eine Achterbahn«, wird sie als Zwanzigjährige sagen, »aber insgesamt geht es tendenziell bergauf. Ich schreibe Artikel für die Zeitung und treffe Hunderte andere ›schamlose‹ Mädchen. Es ist eine emotionale Berg- und Talfahrt. Knallharte Debatten.«

In allen Kulturen gibt es Regeln, die das Verhältnis der Geschlechter in bestimmte Bahnen lenken wollen. Im arabischen Raum hat man sich vor langer Zeit für eine rigorose Trennung der Geschlechter entschieden. In Anlehnung an das Heilige Buch, den Koran, der vor circa 1400 Jahren entstand, wollte man der Unruhe, die von der Geschlechterspannung erzeugt werden kann, vor allem im öffentlichen Raum derart entgegen wirken, dass dem männlichen Auge kein erotischer Reiz geboten wurde – so könnten Männer jeglichen Alters ihren Geschäften und religiösen Pflichten nachgehen, ohne durch sündige Gedanken an Verführung und Beischlaf abgelenkt zu werden. Das bedeutete für die Frauen, dass sie ihren Körper vollständig zu verhüllen hatten, wenn sie vor die Tür gingen – was sie im Übrigen nur ausnahmsweise tun sollten. Müssten sie tatsächlich einmal das Haus verlassen, dann nur in Begleitung eines männlichen Verwandten oder ihres Ehegatten, verschleiert aber hatten sie auch dann zu sein, denn der Blick eines Fremden, der an ihrem Mund, ihrer Brust, ihrer Taille oder ihrer Fußspitze hängen bliebe, wäre ja doch für den Mann selbst, aber auch für das Mädchen und seinen Begleiter eine furchtbare Peinlichkeit. Sicher kann diese Art, die Mann-Frau-Beziehungen auf der Straße oder in der Moschee zu regulieren – im Gotteshaus hatten Frauen ihre eigenen Räume – als symbolischer Kniefall vor den Reizen des Weibes gedeutet werden. Doch der Preis, den diese Regulierung für beide Geschlechter forderte, war hoch. Männer durften ihrer angeborenen Neugier nicht folgen, wenn irgendwo in ihrer Nähe Weiblichkeit auftauchte; Mädchen durften ihren natürlichen Narzissmus, den Stolz auf ihre Schönheit, nicht ausleben. Im Übrigen war durch das Gebot der Verhüllung weiblichen Leibes unter Verweis auf eine jederzeit hochschießende männliche Erregbarkeit den Frauen ein komplementäres Interesse an männlicher Attraktivität implizit abgesprochen. Leider war das fast überall im Mittelalter so. Den Frauen wurden, was ihre Geschlechtlichkeit betraf, einzig der Wunsch zu heiraten und Kinder auf die Welt zu bringen, zugestanden; Erotik als Spiel und Leidenschaft war Sache der Männer. Woher allerdings die Partnerinnen für solche Liebesspiele kommen sollten, wenn Frauen auf dem Weg ins Schlafgemach stets in die Küche abbogen, ist eine andere Frage, der wir hier nicht nachgehen können. Nur so viel: Es gab ja die Mätressen und die Prostituierten; deren Stand jedoch blieb, von Sonderfällen abgesehen, äußerst prekär. Jedenfalls taten normale Familien alles, um ihre Töchter vorm Absinken in diesen Stand zu bewahren.

In den westlichen Zonen der Alten Welt, in den Ländern der Christenheit, haben sich die Dinge teils ähnlich, teils anders entwickelt. Auch hier etablierten sich patriarchalische Strukturen, in denen die Frauen als den Männern untergeordnet galten. Aber man verzichtete auf eine rigorose Trennung. Das Geschlechterverhältnis im engeren Sinne wurde so geregelt, dass den Männern ein Anblick weiblicher Menschen in der Öffentlichkeit durchaus zugemutet wurde. Zwar erwartete man von jungen Mädchen auch im Abendland, dass sie den »Anstand« wahrten, also etwa lange Röcke trugen und sich scheu abwandten, wenn ein Fremdling ihren Weg kreuzte, aber ihre Bewegungsfreiheit war größer, der Spielraum, in dem junge Mädchen und Männer, zum Beispiel in der Kirche oder auf den Marktplätzen, im nachbarschaftlichen Umfeld oder bei öffentlichen Versammlungen, einander begegnen und auch mal einen Blick und ein Wort wechseln konnten, war weiter gesteckt. Und so erwuchs den Mädchen und Frauen des Westens im 18., 19. und 20. Jahrhundert sogar die Möglichkeit, den Gedanken der Gleichheit der Geschlechter, was Begabungen, Rechte, Lebensformen und Berufstätigkeiten betraf, zu denken und entsprechende politische Schritte zu fordern und zu gehen. Im Orient war das für die Frauen sehr viel schwieriger. Sie waren so lange ins Haus gebannt gewesen, und die religiösen Gebote waren so strikt, dass es sich für sie als undenkbar erwies, einfach hinauszugehen, zu studieren, mitzureden, eventuell auf Ehe und Kinder zu verzichten und sogar den Staat zu lenken. In Ausnahmefällen gab es emanzipierte Frauen auch in jenen Ländern, in denen der Islam als Religion vorherrschte. Aber da dort eine geistige Entwicklung, die der Aufklärung vergleichbar gewesen wäre, ausblieb, konnte die Religion nicht zur Privatsache schrumpfen wie im Okzident, und so blieb die uralte Regulierung der Geschlechterspannung wie oben geschildert in

Kraft. Während der 1990er-Jahre, als Nancy Herz und ihre Co-Autorinnen geboren wurden, gab es für die übergroße Mehrheit der Mädchen muslimischen Glaubens immer noch nur diese eine Option: einen Mann zu finden, die Ehe einzugehen, Kinder zu bekommen und daheim zu wirken. Alles andere war im Grunde unerwünscht. Und zwar für die Töchter ebenso wie für ihre Eltern, ob sie nun in Somalia lebten oder im Libanon – oder in Norwegen. Das Problem war nur: Wenn eine Nancy mit ihren aus dem Libanon stammenden Eltern in Norwegen wohnte und nun erwachsen geworden war und wenn sie irgendwann merkte, wie ihre fünfzehnjährigen Mitschülerinnen mit gleichaltrigen Jungs flirteten oder im Minirock durch die Einkaufspassage flanierten, während sie selbst einen Hidschab, also ein kunstvoll geschlungenes Kopftuch und dazu ein langes wallendes Gewand trug, dann stellte sie fest: Hier gibt es Unterschiede im Auftreten und im Sich-Geben, hier gibt es Konflikte, ja, Zusammenstöße und Unvereinbarkeiten, die sich schwerlich in Wohlgefallen auflösen lassen. Man könnte auch sagen: Hier gibt es soziale Kontrolle, die es vorwiegend auf muslimische Mädchen abgesehen hat und negativ ausfällt, das heißt in Verboten besteht. Zwar existieren diese Beschränkungen der Freiheit für Mädchen in der arabischen Welt, also zum Beispiel in Somalia oder im Libanon, genauso wie in Norwegen, sie fallen aber in Oslo und auch sonst in Europa durch den Kontrast zur einheimischen Kultur stärker ins Auge. Und sie schaffen zusätzlichen Druck und inneren Widerstand dagegen durch das Beispiel der so viel freieren Norwegerinnen.

Jetzt kommt noch etwas hinzu. Nancy Herz berichtet, was ihr eine Bekannte, die namentlich nicht genannt sein will, erzählt hat: Sie, also die Bekannte, war mit ihrem Hidschab unterwegs zur Schule – da wird sie plötzlich von hinten umfasst, jemand reißt ihr die Kopfbedeckung in den Nacken, und eine Männerstimme zischt: »Geh dahin, wo du hergekommen bist. Wir brauchen hier keine wie dich.« Das ist ihr nicht nur einmal passiert und nicht nur Nancys Bekannter. Es gibt also in dem Land, in dem Nancy und ihre Freundinnen wohnen, auch eine negative soziale Kontrolle von Seiten der Mehrheitskultur. Die

Mädchen werden doppelt unter strenge Beobachtung gestellt – wobei die Blicke, die sie streifen, die Worte, die an sie gerichtet werden, fast immer nur abwertend sind. Sie hören Gemecker, Gezeter, Warnungen, Mahnungen, Befehle und Flüche und sogar Wutschreie. Geht nach Hause! Bloß: Wo ist dieses Zuhause? An wem können sie sich orientieren? An den Mitschülerinnen im kurzen Rock oder an der Mutter, die auf dem Hidschab besteht? An der Lehrerin, die sie auffordert, zum Schwimmunterricht zu kommen oder am Papa, der eben dies verbietet? Und welche Rolle spielt die Religion in diesem Gestrüpp von Fragen, Unterstellungen, Aufforderungen und Geboten? Wo bitte geht's zur Front? Zur Front einer Auseinandersetzung, die alle Beteiligten anhört und allen Beteiligten nützt? Solche Fragen ventiliert das Buch *Schamlos* von Srour, Bile und Herz. Soziale Kontrolle, wie sanft oder unsanft auch immer, gehört auf den Prüfstand.

Die drei sprechen offen darüber, wie hart es für sie war, mit Beginn der Pubertät immer mehr eingeschränkt und überwacht zu werden, während ihre Brüder sich immer mehr Freiheiten herausnehmen durften. Seit ihre weibliche Figur nicht mehr zu übersehen war, mussten die jungen Hidschab-Trägerinnen alles dafür tun, dass diese Figur dennoch übersehen wurde, andernfalls könnte ihr Ruf leiden, die Ehre der Familie und dann auch noch sie selbst, weil sie »es« ja herausgefordert hätten. Was denn eigentlich? Oje, Sexualität als Sphäre menschlicher Erfahrung und als komplexe Thematik war und ist unter Muslimen ein strenges Tabu. Man redet nicht davon und man weiß nichts darüber. Aber die erotische Neugier ist naturgegeben, so gut wie niemand bleibt von ihr verschont. Unterm Zeichen der negativen sozialen Kontrolle heißt das: Man tut so als ob, man errichtet eine Fassade und führt – zumindest in Gedanken – ein Doppelleben. Jedenfalls als weiblicher Teenager. »Statt über Probleme zu reden, die uns gemeinsam bewegen«, schreibt Nancy, »werden wir völlig paranoid und lassen uns einschüchtern und machen uns nur noch Gedanken, was andere Leute über uns denken und sagen könnten. Man entwickelt sich zu einer verdammt guten Lügnerin. Wenn man eine Lüge nur oft genug wiederholt, glaubt man sie irgendwann selbst. Das geht an die Psyche – sich die ganze Zeit für jemanden auszugeben, der man nicht ist.« Also: Sich als Fünfzehnjährige für eine Person auszugeben, die sich *nicht* für Jungen interessiert, weil sie viel zu stark damit beschäftigt ist, ihre Jungfräulichkeit zu hüten, in deren unerforschlicher Zone auch noch die Familienehre beheimatet sein soll. Und dann all die offenen Fragen. Gibt es das Jungfernhäutchen wirklich? Und kann man seine Verletzung nachweisen? »Wie soll man ein natürliches Verhältnis zu seiner Sexualität und seinem Körper bekommen, wenn man nichts darüber weiß und alles als eine einzige Quelle der Schamhaftigkeit sieht?« Vielleicht taucht dann auch noch ein Junge im Leben des norwegischen muslimischen Mädchens auf, der ihr gefällt und den sie öfter sieht. »Wenn die Eltern keinen Freund dulden, du aber trotzdem einen hast, dann geht was schief, da steckst du richtig in der Klemme.« Aus der Glücksquelle Liebe wird ein Ursprung des Leids. Und weil Kontakte zwischen Jugendlichen verschiedenen Geschlechts bei Mädchen – und nur bei ihnen – so schwer sanktioniert werden, entsteht eine Sphäre tiefer Unsicherheit und gefühlter Bedrohung, die auf die Lebensfreude drückt und Urvertrauen trübt. Zumal ein Mädchen nicht nur dann der »Schweigekultur« gehorcht, wenn sie verliebt ist, sondern auch, wenn sie einen Übergriff erlebt hat. Amina schreibt: »Das Erste, was die Mutter zu ihrer Tochter sagt, nachdem sie von einem Übergriff erfahren hat, ist: ›Was hat er mit dir gemacht? Ich muss wissen, wie entehrt unsere Familie ist.‹ Sie hätte sich zu ihrer Tochter setzen und sagen sollen: ›Ich bin für dich da, wenn du mich brauchst.‹«

Amina, Sofia und Nancy durchlaufen in ihrer Jugend einen doppelten Sozialisationsprozess, sie hören und reflektieren die Ansprüche der islamischen Familie und zugleich, über Schule und soziales Umfeld, die Angebote der norwegischen, sprich europäischen Erziehung und Kultur. Das kann nicht ohne Reibungen verlaufen. Nancy formuliert es so: »Bin ich zu norwegisch? Oder bin ich nicht norwegisch genug?« Mit fünfzehn trägt sie Hidschab und lange Kleider – »als eine Art Identitätsmarker. Mit sechzehn verabschiede ich mich nach und nach von dem Vorsatz, die perfekte Muslima zu werden, weil es die perfekte Muslima nicht gibt. Sie ist eine Illusion. Ich finde neue

Freunde, gute Freunde, aus allen Ethnien und Religionen mit ähnlichen Wertvorstellungen, wie ich sie habe. Ich engagiere mich bei Amnesty. Das Leben lächelt mich an.« Für das Buch *Schamlos* beschließen die Autorinnen, all ihre Erfahrungen auf den Tisch zu legen, auch solche, bei denen es schwer fällt, weil frau nicht mehr dran denken und nicht drüber sprechen möchte. Scham hat ihnen – wie so vielen Mädchen weltweit, denen mit Beginn der Pubertät nahegelegt wird, sich zu verhüllen und zu verbergen – den Mund verschlossen. Jetzt spüren sie, dass auch das ein Übergriff war – seitens der Eltern, der Gemeinde, der Gesellschaft, der religiösen Tradition –, dessen sie sich erwehren können. Und das tun sie. Scham – über ihren Busen, ihre Weiblichkeit, ihre Gedanken und Wünsche – wurde ihnen aufgedrungen, sie ist ein Herrschaftsinstrument, keine soziale Pflicht und kein religiöses Gebot. Und wenn doch, wollen sie gegen diese Gesellschaft und diese Religion Einspruch einlegen. Die Idee der persönlichen Freiheit ist da. Sie wird in diesen Tagen und Jahren von drei jungen Norwegerinnen aufgegriffen und angeeignet, die von weit her gekommen sind und nicht dazu erzogen wurden, mit dieser Idee umzugehen. Jetzt machen sie einen Anfang. Sie machen es sich zur Aufgabe, die Idee der Freiheit, der Liberalität und der Toleranz, des Einander-gelten-Lassens weiter in die Welt zu tragen. Nancy: »Wir dürfen nicht vergessen, dass dieser Kampf, den wir ausfechten, an vielen unterschiedlichen Fronten und Bereichen stattfindet. Mein Best-Case-Szenario wäre, dass in Zukunft die Unterschiede junger Menschen keine Rolle mehr spielen, dass keiner sich mehr in Norwegen fremd fühlen muss. Dass jeder Mensch sich als gleichwertiger Teil der Gesellschaft fühlt, in der er lebt, unabhängig davon, wie er oder sie sich kleidet, ob mit Hidschab oder ohne, unabhängig von der Hautfarbe oder woran man glaubt. Und in das Best-Case-Szenario gehört auch, dass die Integration so gut gelaufen ist, dass wir die Kulturen, aus denen wir kommen, mit der westeuropäischen Kultur kombinieren können. Assimilation kann nicht das Ziel sein, sondern Integration in die Gesellschaft, in der wir leben. Wenn wir also in zwanzig Jahren in einer Gesellschaft leben, in der wir unseren multikulturellen Hintergrund in sehr viel höherem Maße als heute als Stärke einbringen können und nichts mehr mit den Nachteilen zu schaffen haben, die das oft mit sich bringt, dann haben wir viel erreicht.«

Ihre eigene Entwicklung ist nicht das einzige Thema der drei Buchautorinnen; nachdem sie sich die Freiheit genommen haben, über ihre Ängste, Zweifel und Geheimnisse zu reden, fangen sie an, über die Gesellschaft zu diskutieren, die unter ihrem Schirm Vielfalt und auch Gegensätze aushalten und in Beziehung setzen müsste. Dazu wollen sie beitragen. Es genügt ihnen auch nicht, sich als Verliererinnen des Patriarchats zu bemitleiden und zu beklagen, sie sehen sehr klar, dass auch der männliche Part in einer patriarchalischen Gesellschaft sozial unfrei ist beziehungsweise einen Preis für seine sogenannten Freiheiten zahlt. »Natürlich könnten wir das Feindbild vom männlichen Geschlecht heraufbeschwören, die Jungen und die Männer nicht in unseren Kampf mit einbeziehen, aber damit unterminieren wir ihn. Jungen leiden auch unter sozialer Kontrolle.« Und auch für Mädchen in Norwegen und in ganz Europa, die in diesen Breiten auf die Welt gekommen sind, gibt es noch manches zu tun, wenn von persönlicher Freiheit die Rede ist. »Wenn wir diesen Punkt erreicht haben, dass es völlig natürlich ist, dass du für eine weiße Frau eintrittst und sie für dich, dann sind wir auf dem richtigen Weg.«

Nancy Herz studiert heute Soziologie in Oslo. Sie und ihre Co-Autorinnen Amina Bile und Sofia Nesrine Srour erhielten im Jahre 2017 den »Fritt Ord Tribute« *(= Preis für das freie Wort)*, den eine norwegische Stiftung seit 1976 jährlich für herausragende Leistungen auf dem Felde der Debattenkultur und des Kampfes für die Meinungsfreiheit vergibt.

Links

nancyherz

#FREEPERIODS (= FREIE PERIODEN)

AMIKA GEORGE (GEB. 1999)

Die indischstämmige Britin und ihr Einsatz für die Enttabuisierung der Monatsblutung

OLLIE BELL

und andere junge Irinnen von der Aktivistinnengruppe ROSA und ihr Kampf um die Volksabstimmung Pro Choice

Die moderne westliche Frauenbewegung wird landläufig in zwei Phasen eingeteilt: Die erste begann mit der Französischen Revolution und endete nach dem Ersten Weltkrieg. In ihr standen die Kämpfe um Bildung, Berufstätigkeit und das Wahlrecht für Frauen im Mittelpunkt. Die Ziele wurden erreicht, sind aber im Einzelnen noch ausbaufähig. Die zweite Phase begann 1970 und rückte persönliche Rechte und körperliche Freiheit in den Fokus, man sprach von »Körperpolitik«. Zentrales Thema war das Recht auf Schwangerschaftsabbruch, bekanntester Slogan: *»Mein Bauch gehört mir«*. Diese »Neue Frauenbewegung« mischt sich also seit fünfzig Jahren in die Diskurse über die Geschlechterbeziehung ein und das mit kräftiger Stimme. Manche Kampagnen waren erfolgreich, so kam es in weiten Teilen Europas und Amerikas zur Entpönalisierung des Schwangerschaftsabbruchs, ferner wurde die Vergewaltigung in der Ehe unter Strafe gestellt. Aber es gibt Rückschläge, das heißt Versuche, die öffentliche Meinung dahingehend zu beeinflussen, dass Abtreibung wieder kriminalisiert wird und Frauen vornehmlich für die Familie da sein sollen. Zu einer neuen Welle von Körperpolitik führt derzeit die Einsicht, dass die westliche Medizin den männlichen Körper als allgemein gültiges Muster betrachtet, was für Frauen bedeutet, dass Besonderheiten ihrer Physis bei der medizinischen Versorgung nicht beachtet werden. Solche Ignoranz mischt sich mit alten Tabus, die schon mit Beginn der neuen Frauenbewegung gebrochen wurden, aber ein zähes Leben haben. Sie tauchen immer wieder auf. Eines davon ist der weibliche Zyklus mit der monatlichen Blutung. Er gilt immer noch als Peinlichkeit, die man lieber nicht anspricht. Was das in der lebensweltlichen Praxis bedeutet und was es für Weiterungen haben kann – darauf musste erst eine siebzehnjährige Schülerin hinweisen, damit die Welt aufhorchte und die Sache ernst nahm. Dieses Mädchen heißt Amika George und ist in London aufgewachsen. Ihre Großeltern wanderten einst aus Indien ein, und Amika reist immer noch gerne in diesen Erdteil, wo sie Verwandte hat.

Durch Zufall stieß sie im Jahr 2016 auf eine Zeitungsnotiz: Es gebe in Großbritannien junge Mädchen, die sich während ihrer Periode in der Schule krank melden und zu Hause verstecken, weil sie sich keine Binden oder Tampons leisten können. Als Notbehelf verwenden sie zusammengeknülltes Zeitungs- oder Klopapier oder sie nähen sich Binden aus alten Socken, um das Blut aufzufangen. Diese Praktiken sind nicht sicher, und weil Schülerinnen kaum etwas so sehr fürchten wie für alle sichtbares Blut, das ihnen aus der Hose rausläuft oder die Beine entlang rinnt, gehen sie während ihrer Tage nicht vor die Tür. Amika konnte nicht glauben, was sie da las. Sie forschte nach und musste bald anerkennen, dass es wirklich so war – es gab Mädchen, die kein Geld für Binden hatten. Hinzu kommt in vielen Fällen, dass die Menstruation in den Familien nicht angesprochen wird, die Mädchen manchmal nicht wissen, wie ihnen geschieht und sich vor lauter Angst regelrecht verkriechen. Das geht so nicht weiter, fand Amika.

Die Menstruation ist ein natürliches Phänomen, jede Frau hat damit zu tun. Und sie beginnt mal früher, mal später, die Zeitspanne, in der sie zum ersten Mal bei einem Mädchen auftritt, liegt zwischen sieben und siebzehn Jahren. Wenn schon im aufgeklärten England, sagte sich Amika, Zustände der Verheimlichung und der Heimlichtuerei herrschen – wie mag es da erst im Rest der Welt aussehen? Amika hatte ihr Thema und ihren Auftrag gefunden. Die Menstruation müsse als etwas so Selbstverständliches angesehen werden wie etwa der Bartwuchs bei Männern, und es dürfe nicht sein, dass auch nur ein Mädchen sich nicht in die Schule traut, weil sie ihre Tage hat. Amika schwebte eine Lösung vor, bei der Mädchen sich Gratis-Tampons aus in Schultoiletten montierten Automaten ziehen können; zugleich wollte sie darauf aufmerksam machen, dass das Problem nur deshalb eines sei, weil die Gesundheitspolitik – wie die Politik überhaupt – von Männern gemacht würde und diese sich mit »Frauensachen« nicht abgeben wollten. Und dass das ein Skandal sei.

Amika George richtete im April 2017 den Hashtag #FreePeriods (= Freie Perioden) ein; sie bekam heraus, dass es schon öfters Initiativen gegeben habe, die kostenlose Monatshygieneartikel gefordert hatten oder wenigstens eine Befreiung dieser Artikel von der Umsatzsteuer. Aber keiner dieser Vorstöße hatte zu irgendeinem Ergebnis geführt. »Ich war selbst ein Schulmädchen, als ich zu meinem Entsetzen vernahm, dass eine natürliche biologische Funktion bei Mädchen das gleiche Recht auf Schulbildung einschränkt. Es war das hartnäckige Schweigen der Regierung über diesen Punkt, das mich dazu veranlasste, eine Kampagne für freien Zugang der Mädchen zu Monatshygieneprodukten zu starten, zumindest für solche Schülerinnen, deren Eltern wenig verdienen.« Amika initiiert eine Petition für kostenlose Hygieneutensilien an den Schulen und Universitäten des Königreiches, sie sammelt sage und schreibe 200 000 Unterschriften, die sie ans Parlament nach Westminster weiterreicht. Während des Wahlkampfes 2017 richtet sie ihre Forderungen an alle politischen Parteien, sie wünscht, dass die #FreePeriods-Angelegenheit in deren Programmen Erwähnung finde. Aber nichts dergleichen geschieht. Noch ist das Tabu mächtiger als Georges vernünftige Ansprache. »Ich konnte es nicht fassen. Wir haben die Politiker eigens auf diesen Missstand hingewiesen, und die stellten sich einfach taub.«

Der nächste Schritt ist eine Demonstration vor der Downing Street Nr. 10, dem Amtssitz des Premierministers. Es sind etwa zweitausend Demonstrantinnen, alle tiefrot gekleidet, die hier die Exekutive lautstark auffordern, der Zurücksetzung weiblicher Personen an Schulen und Unis, also im Bildungswesen, aber auch im Alltags- und Berufsleben, ein Ende zu machen. Und diesmal tut sich tatsächlich was. Teile der Umsatzsteuer auf Hygieneartikel werden an Organisationen im Gesundheitssektor überwiesen, die sich der Sache annehmen sollen. Ein neues Wort macht die Runde: *Period poverty* (= Menstruationsarmut). Das ist noch nicht genug, die Kampagne muss weitergehen. Aber wenigstens hat es das Thema jetzt in die Öffentlichkeit geschafft.

Ein halbes Jahrhundert nach dem Aufbruch der Neuen Frauenbewegung, also etwa anderthalb Generationen später, wird wieder, wie damals in den Anfängen, »Körperpolitik« gemacht. Der weibliche Zyklus war auch seinerzeit ein wichtiges Thema, weil frau anhand seiner Analyse und Beachtung nichtmedikamentöse Verhütung praktizieren konnte. In allen vormodernen Kulturen spielt die Menstruation eine zwiespältige Rolle bei der Arbeitsteilung der Geschlechter. Die blutende Frau galt einerseits als schwach, wehrlos und des Schutzes bedürftig, andrerseits als »mannbar«, reif für die Mutterschaft und für ein Leben als Hüterin der Kinder. Oft auch wird das Blut, weil irgendwo eine verborgene Wunde imaginiert wird, mit »Unreinheit« assoziiert; menstruierende Frauen dürfen nicht in die Küche, denn sie verhindern, dass der Hefeteig aufgeht, sie verwandeln Wein in Essig, lassen die Milch gerinnen, und außerdem sollen sie niemand die Hand geben, um andere Menschen nicht zu beschmutzen. Sicherlich lacht man in England und auch sonst in modernen Gesellschaften über solchen Aberglauben, aber hat man wirklich ein Recht dazu? Ist doch in der aufgeklärten westlichen Welt die Menstruation immer noch ein Anlass für betretenes Schweigen, wenn jemand im Zusammenhang mit ihr Gerechtigkeit einklagt und verlangt, dass arme Mädchen nicht schlechter wegkommen als wohlhabende und dass Frauen nicht hinter den angeblich belastbareren Männern zurückstehen müssen. Letztlich ist die Regelblutung und der Umgang mit ihr eine Metapher für die angeblich engere Naturnähe der Frauen geblieben. An ihr und durch sie zeige sich, dass Frauen vermittels ihrer Körper und dessen Schicksal für das Kinderkriegen bestimmt seien und zu Hause bleiben müssen. Geschlechtergerechtigkeit beginnt damit, solche Mythen zu entkräften und die (möglichst kostenlosen) Mittel bereitzustellen, die dabei helfen, mit einer Körperfunktion wie der Menstruation auf angemessene Art fertig zu werden. Tampons und Binden tun hier gute Dienste. Sie sollten frei zugänglich sein. Der wichtige gedankliche Schritt, den man gehen muss, und den Amika sozusagen vorausgegangen ist, ist die Verknüpfung des scheinbar bloß privaten Problems: Was mache ich, wenn ich die Regelblutung habe? mit den politischen Feldern der Gleichberechtigung und der Bildung. George: »Kein Kind darf wegen seines Geschlechtes benachteiligt werden. Das heißt, dass kein Kind den Schulunterricht versäumen darf, weil das Geld fehlt, um Tampons zu kaufen.« George geht sogar so weit, vom freien Zugang zu Hygieneartikeln als von einem »Menschenrecht« zu sprechen. Sie verlangt, dass auch Jungen und Männer über die Menstruation und die Möglichkeiten, mit ihr umzugehen, aufgeklärt und im Einzelnen informiert werden. Sie möchte das Themenfeld ganz aus der Sphäre des Geheimnisses, der Scham und des Abscheus herauskatapultieren.

Amika George geht 2018 an die Universität in Cambridge, um dort Geschichte mit Schwerpunkt auf der Kolonialzeit in Indien zu studieren. Sie schreibt Artikel für die *Vogue* und den *Guardian* über die »Menstruationsarmut« und setzt ihre Internet-Kampagne #FreePeriods mit großer Entschlossenheit fort. Und so mager die Resonanz bei den politischen Eliten bislang ausfiel, so lebhaft ist nunmehr das digitale Echo weltweit. Jetzt, wo die Problematik im Mittelpunkt eines Hashtags steht, stellt sich heraus, dass sie überall existiert.

In Schottland gibt es im August 2018 einen ersten praktisch-politischen Erfolg. Die Regierung verkündet, dafür sorgen zu wollen, dass an allen öffentlichen Bildungsinstitutionen in den WCs Monatshygieneartikel frei zu haben sein werden – ganz wie fließendes Wasser, Seife und Toilettenpapier. Warum kann England das nicht auch? Statistiken zufolge leiden etwa 15 % der weiblichen Bevölkerung unter »Menstruationsarmut«. Und wie bei der Puppe in der Puppe kommen immer mehr Probleme ans Licht, jetzt, wo über die Menstruation öffentlich nachgedacht und diskutiert wird. Manche Mädchen waschen Tampons aus, um sie mehrfach zu benutzen – was zu Infektionen führen kann und unbedingt vermieden werden muss. Und noch weitere Vorbehalte gilt es zu beseitigen. Sport und Liebe können sehr wohl gemacht werden, während ein Mädchen die Periode hat, und menstruierende Frauen sind imstande, Soufflés zuzubereiten, ohne dass diese in sich zusammenfallen. Die Monatsblutung ist keine Krankheit und auch kein Verhängnis und schon gar keine Metapher für die Bestimmung einer Frau. Sie ist eine Körperfunktion, mit der ohne großen Aufwand umgegangen werden kann. George protegiert das *Red-Box-*Projekt, das darauf abzielt, in Schulen rote Kästen mit Binden zu installieren, und sie hat jetzt endlich auch in England praktischen Erfolg. Ab Januar 2020 sollen in allen Schulen solche roten Boxen vorzufinden sein. »Wir haben einen Crowd-Justice (= Massengerechtigkeits)-Aufruf gestartet, um Gelder aufzutreiben, damit in allen Schulen und Colleges in England Menstruationsbinden und -tampons frei erhältlich sind.« In vielen Ländern wird die Umsatzsteuer auf Monatshygieneartikel zurückgefahren oder ganz gestrichen. Amika George wird 2018 nach New York eingeladen, wo sie von Melinda und Bill Gates für ihre Kampagne mit dem *Global Goalkeeper Award* ausgezeichnet wird. Im selben Jahr wird sie vom Magazin *Time* auf die Liste der weltweit einflussreichsten Teenager gesetzt.

Über das Internet hat George Kontakt zu entlegenen Erdteilen hergestellt, die dank der digitalen Kommunikation nicht mehr entlegen sind. Sie wälzt im Kopf die großen Zahlen, sie hat genug Informationen, um es hochzurechnen: Achthundert Millionen Mädchen versäumen Monat für Monat eine Woche Unterricht, weil sie wegen der Periode zu Hause bleiben. Was heißt das für die Bildung der Mädchen, wie kann man diesen Rückstand überall in Kauf nehmen, als Nebensache abtun? Junge Frauen in Afrika, Indien und Amerika schreiben Amika E-Mails und bitten um Tipps, wie sie es bewerkstelligen können, in ihrem Land Aufmerksamkeit für #FreePeriods zu wecken. Tampons sind nicht überall lieferbar. In afrikanischen Ländern ergibt es mehr Sinn, Stoffbinden zu nähen, die ausgewaschen und wiederverwendet werden können. Auch hier ist das Wichtigste der Bruch des Tabus: Die Regelblutung ist nur eine Regelblutung und darf kein Grund für Mädchen sein, der Schule fern zu bleiben oder ihren lieben Nächsten die Hand nicht zu reichen. »Die letzten Jahre waren eine Zeit, in der mehr und mehr Frauen aufgetreten sind, um die Dinge in ihrem Sinne zu verändern. Ich denke da an Emma Gonzáles und Nadia Murad. Sie und andere verlangten *Change* (= Wandel) und elektrisierten Millionen mit ihren Aufrufen für eine neue politische Aktivität. Der Feminismus erreicht eine Höhe der kulturellen Bedeutung, die er zuvor nicht hatte, und die Belange der Frauen fangen an, mehr und mehr ins Scheinwerferlicht zu geraten.« Als Amika George 2021 erfuhr, dass sie als *Member of the Order of the British Empire (MBE)* (= Mitglied des Britischen Ritterordens) vorgesehen sei, bekam sie einen Schreck und dachte spontan: Diese hohe Ehre muss ich ablehnen. Hat doch das britische *Empire*, ganz besonders in Indien, im Land meiner Ahnen, die Rolle eines äußerst repressiven und ausbeuterischen Kolonisators gespielt. Aber dann überlegte sie es sich anders. Sie wolle die Auszeichnung doch annehmen, und zwar deshalb, weil junge Menschen, Frauen und *people of colour* (= Menschen mit dunkler Hautfarbe) unter den Rittern des *Empires* bislang unterrepräsentiert seien. Kürzlich erschien ihr erstes Buch: *Make it happen*, eine Art Anleitung zum politischen Aktivismus.

Im Nachbarland Irland stand es um die Freiheitsrechte der Frauen lange Zeit schlecht. Ein zentrales Recht im Zusammenhang mit körperlicher Unversehrtheit ist die Möglichkeit, eine unerwünschte Schwangerschaft zu beenden. Die Neue Frauenbewegung hatte einst gefordert, den Paragrafen, der Abtreibung unter Strafe stellt, ersatzlos zu streichen, sich aber dann im Verlauf der letzten Dekaden des vorigen Jahrhunderts mit einem Kompromiss zufrieden gegeben. Der heißt »Fristenlösung« und meint die Freiheit, innerhalb der ersten drei Monate nach der Empfängnis eine Schwangerschaft straflos zu beenden. In etlichen liberalen europäischen Ländern ist diese Regelung in Kraft, so in Holland, Frankreich, England und der Schweiz. In Irland war Abtreibung lange verboten und zwar sehr strikt und unter allen Umständen, außer bei Lebensgefahr für die Mutter. Auch Vergewaltigung oder Suizidgefahr konnten keinen Abbruch begründen. Im Jahre 1983, als andere europäische Staaten zu einer Liberalisierung schritten, fürchteten die konservativen Kräfte Irlands ein Überspringen der Freiheit auf ihre Insel und setzten deshalb einen Zusatz zur Verfassung durch, der die harte Haltung noch einmal untermauerte: Das Leben eines Fötus gelte genauso viel wie das der Mutter, ein Abbruch sei mithin so gut wie ausgeschlossen. Vierzehn Jahre Haft drohten einer Frau, die trotzdem abtrieb. Es entwickelte sich, wie vorauszusehen, ein dynamischer Abtreibungstourismus ins nahe England. Hinter dieser elenden Entwicklung stand der katholische Klerus, der im Verein mit konservativen Parteien seine Schlüsselposition im Kampf gegen die Freiheit der Frauen tapfer verteidigte. Aber dann kamen all die Missbrauchsfälle in der irischen Katholischen Kirche an den Tag. Der Wind schlug um, das Volk begehrte auf. Der Regierungschef Leo Varadkar, der, obwohl von der konservativen Partei, einer liberalen Lösung der Abtreibungsfrage zuneigte, stellte 2017 ein Referendum in Aussicht. 3,1 Millionen irische Männer und Frauen sollten darüber abstimmen, ob der fatale Verfassungszusatz seine Gültigkeit verlieren solle oder nicht.

Die Volksabstimmung war aber gar nicht die Idee der Regierung. Es hatte sich in Irland eine feministische Bewegung herausgebildet, die sich ROSA nennt – der Name spielt an auf Rosa Parks, die einst in den USA die Bürgerrechtsbewegung mit angestoßen hat – und vor allem von sehr jungen Frauen, auch Schülerinnen, getragen wird. Sie kämpfen für ein liberales Abtreibungsrecht, für *Pro Choice*. Eine von ihnen, die 21-jährige OLLIE BELL, erklärt im Interview: »Die Regierung hat das Referendum nicht aus Eigeninitiative einberufen. Sie war zu dem Referendum aufgrund des jahrelangen Drucks der AktivistInnen genötigt worden. Das Aktionsbündnis ROSA hat Abtreibungspillen in einem ›Abtreibungspillen-Zug‹ und einem ›Abtreibungspillen-Bus‹ verteilt. Dadurch haben wir bewiesen, dass Schwangerschaftsabbrüche auch in Irland Realität sind. Diese Aktionen klärten einerseits über die Abtreibungspille auf, andererseits zeigten sie der Regierung eindrucksvoll, dass man Abtreibungen nicht verbieten kann. Jeden Tag

nehmen fünf Frauen in Irland eine Abtreibungspille.« Nach den ersten Aufforderungen der ROSA-*girls* an die Regierung, in Sachen Abtreibungsverbot doch mal das Volk zu befragen, geschah erstmal
nichts. Daraufhin rief ROSA zu Demonstrationen auf. Es kam zu landesweiten Protestaktionen mit Zügen von bis zu zehntausend Demonstrantinnen. Das Stichwort war *repeal*, was so viel heißt wie
»außer Kraft setzen«. Gemeint war der erwähnte Zusatz, der achte in
der Verfassung Irlands, er sollte nicht mehr gelten. Danach könne das
Parlament ein neues, liberales Gesetz zum Schwangerschaftsabbruch
erlassen. Die Regierung lenkte ein und kündigte ein Referendum für
den Mai 2018 an. Das war ein Erfolg für ROSA.

Aber auch die Befürworter des Zusatzes und eines strengen Abtrei-
bungsverbots gingen jetzt auf die Barrikaden. Sie veranstalteten ebenfalls Demonstrationszüge »für das Leben« und beschworen ihre Ge-
folgschaft, mit Nein zu stimmen (also gegen die Streichung des
Verfassungszusatzes). In Irland kochten die Temperamente hoch. Wütend rissen ROSA-girls einerseits und Katholiken andrerseits die Plakate des jeweiligen politischen Gegners von den Wänden. Die »Safe
the 8th«-Leute (= Bewahrt den achten Zusatz) hielten Plakate hoch,
auf denen zu lesen stand: »Abtreibung ist ein stiller Holocaust«, und
die ROSA-Mädchen in Koalition mit dem modernen Irland riefen:
»Keep your rosaries off our ovaries« (= »Haltet eure Rosenkränze von
unseren Eierstöcken fern«). Es ging hoch her. Dann erfolgte die Ab-
stimmung, und die Sache war klar: Zweidrittel der irischen Bevölkerung hatten für die Streichung des »Achten« gestimmt. In den Zentren wie Dublin und unter der Jugend waren es sogar 85 %. Die
feministische Alt-Aktivistin Ailbhe Smyth: »Die irische Gesellschaft
hat die Sexualität unter der Autorität der katholischen Kirche lange
Zeit unterdrückt. Ich glaube, davon entfernen wir uns jetzt. Die sexuelle Repression ist noch nicht ganz überwunden, aber sie verschwindet langsam.« Regierungschef Varadkar verkündet: »Das Volk hat gesprochen. Das Volk hat gesagt, dass wir eine moderne Verfassung für
ein modernes Land wollen, dass wir Frauen trauen und wir sie respektieren, dass sie bei ihrer Gesundheit die richtige Entscheidung und die
richtige Wahl treffen.«

Ein neues Gesetz ist zwar nach dem Fall des »Achten« möglich, aber noch nicht sofort fertig. Die Auseinandersetzung geht weiter. Ollie Bell: »Andere Parteien wie Sinn Fein sprangen erst auf den ›Repeal‹-Zug auf, nachdem das Referendum ausgerufen wurde. Manche Parteien wollen Schwangerschaftsabbrüche nur unter bestimmten Umständen legalisieren, wie beispielsweise bei Inzest und nach Vergewaltigungen. Sie sind damit ›Pro-Repeal‹, aber nicht ›Pro-Choice‹. Diese Parteien wollen es so aussehen lassen, als wäre das Referendum ihre Idee gewesen, dabei konnte nur durch eine starke Basis an AktivistInnen massiver Druck auf die Regierung ausgeübt werden. Unser Ministerpräsident wurde zu dem Referendum gezwungen, aber jetzt versucht er so zu tun, als wäre er immer ›Pro-Choice‹ gewesen.« ROSA sammelte nach dem Triumph ihre Kräfte neu und agitierte weiter. Ollie: »Schließlich geht es um nichts weniger als unser Recht auf Selbstbestimmung. Nachdem wir das Referendum gewonnen haben, ist es wichtig, den Menschen im Land klar zu machen, dass noch viele weitere Schritte vor uns liegen. Um Abtreibung in Irland straffrei möglich zu machen und um Gleichberechtigung zu erlangen, muss noch viel passieren. Der Großteil der Schulen und Krankenhäuser wird von der katholischen Kirche geführt. Wir brauchen eine sozialistische, feministische Bewegung, um Kirche und Staat zu trennen, umfassenden Aufklärungsunterricht in Schulen einzuführen, bessere Gesundheitsversorgung für Transgender-Personen und freien Zugang zu Verhütungsmitteln zu erkämpfen.« Und Ailbhe Smyth sagt: »Das Blatt könnte sich bald wenden. Immer mehr Irinnen sprechen offen über ihre Abtreibung. Früher ordneten sich die Iren der Autorität und den Vorschriften der Kirche unter, heute neigen sie zunehmend dazu, ihre Entscheidungen selbst zu treffen.« Tatsächlich wurde noch im Dezember 2018 eine Fristenlösung vom irischen Parlament verabschiedet. Mit ihrem mutigen Vorstoß haben die ROSA- und anderen Aktivistinnen ihr Land vom Schlusslicht in Sachen feministischer Körperpolitik weit nach vorne in die Zone der Liberalität geschoben. Das Schlusslicht in Europa überlassen sie einem anderen katholischen Land: Polen, in dem es ebenfalls Kämpferinnen gegen äußerst restriktive Regelungen beim Schwangerschaftsabbruch gibt. Die riskieren einiges. Zu ihnen gehört die Juristin Marta Lempart. Sie organisierte 2020 den ersten Frauenstreik, in dem in 150 Städten Polens vorwiegend junge Frauen auf die Straße gingen, um gegen eine Verschärfung des Abtreibungsparagrafen zu protestieren. Auch hier ist es die Katholische Kirche, die es nicht fertigbringt, den Frauen die Verantwortung für ihr Liebesglück und -leid zurückzugeben.

Links

Amika George
Ⓞ amikageorge
🐦 amikageorge

Free Periods
https://linktr.ee/freeperiods
Ⓞ freeperiod
f freeperiodsuk

Red Box Project
http://redboxproject.org
🐦 redboxproject
Ⓞ theredboxprojectuk

Ollie Bell
🐦 comrade_ollie

ROSA
https://linktr.ee/RosaSocFem
🐦 rosawomen
f ROSAwomen2014
Ⓞ galwayrosa

DIE WELTENRETTERINNEN IN KURZPORTRÄTS

Carola Rackete
Im Juni 2019 übernahm Carola Rackete als Kapitänin die *Sea Watch 3*
und rettete libysche Bootsmigranten, die wochenlang vor der Küste
Lampedusas auf eine Genehmigung zur Landung gewartet hatten. Sie
lief trotz Verbots den Hafen an. »Ich spüre eine moralische Verpflichtung, denjenigen Menschen zu helfen, die nicht meine Voraussetzungen hatten«, sagt die Seenotretterin und spielt damit auf ihre im
Weltvergleichsmaßstab hochprivilegierten Möglichkeiten zur Le-
bensführung als deutsche Staatsbürgerin an.

X (Emma) Gonzáles
Ihre Auftritte auf Demonstrationen gegen die US-Waffenlobby machten Emma Gonzáles zu einer Symbolfigur im Kampf gegen die Gewaltfreiheit. Nach dem Schulmassaker von Parkland gründete sie die
Organisation *Never Again MSD* und führte den *March for our Lives*
im März 2018 an, wobei sie in ihrer weltweit beachteten Rede sechs
Minuten und 20 Sekunden lang schwieg – so lange wie das Massaker
gedauert hatte. Emma Gonzáles erhielt den Stuttgarter Friedenspreis
2018.

Nadia Murad
Als Zeugin und Opfer des Gewaltangriffs Islamistischer Milizen auf
die Volksgruppe der Jesiden im Nordirak im Jahr 2014, setzt sich
Nadia Murad dafür ein, die Schuldigen vor Gericht zu bringen: »Wenn
keine Gerechtigkeit geübt wird, wird sich dieser Völkermord an uns
und anderen gefährdeten Gemeinschaften wiederholen. Die juristi-

sche Aufarbeitung ist unerlässlich, damit eine friedliche Koexistenz zwischen den Bevölkerungsgruppen des Irak möglich wird.« Seit 2016 ist sie Sonderbotschafterin der Vereinten Nationen für die Würde der Überlebenden von Menschenhandel und erhielt im Jahr 2018 für ihre Arbeit den Friedensnobelpreis.

Yeonmi Park

Die damals 13-Jährige und ihr Mutter zählen zu dem kleinen Prozentsatz an Menschen, denen die illegale Flucht aus dem bitterarmen und totalitären Nordkorea gelang. Doch in China gerieten sie in die Fänge von Menschenhändlern. Nachdem sie schließlich auch diesem Schicksal entkommen konnte, fasste Park den Entschluss, 2015 die Geschichte ihrer Flucht zu erzählen und startete damit ihre Laufbahn als Menschenrechtlerin. Yeonmi Park klärt über die menschenfeindlichen Zustände in Nordkorea auf und setzt sich gegen Menschenhandel ein.

Sophie Umazi Mvurya

2007 wurde Sophie Umazi im Zuge der Wahlen in Kenia Zeugin von Ausschreitungen und Gewaltakten aufgrund ethnischer Voreingenommenheiten. Als die Situation fünf Jahre später am Vorabend der nächsten Wahlen erneut zu eskalieren drohte, entschloss sich die 17-jährige Sophie, mit einer Kampagne zu reagieren: *I am Kenyan* sollte eine Orientierung anbieten, die über ethnische Differenzen hinausweist und die verschiedenen Volksgruppen in der Kenianischen Identität aufgehen lässt. Ihre Kampagne stieß in den Sozialen Medien auf ein weltweites Echo. Sie setzt sich für die Völkerverständigung ein und organisiert Seminare und Workshops zu den Themen Patriotismus und Frieden. Der BBC kürte sie 2016 zu einer der Top Teen Changemakers.

Memory Banda

Die Mädchenrechtsaktivistin Memory Banda setzt sich gegen rituelle Vergewaltigungen und Kinderehen in ihrer Heimat Malawi ein. Sie verweigerte sich den als Initiationsriten tradierten Praktiken und schaffte es, erst bei ihren Mitschülerinnen und dann beim Gemeinderat Gehör zu finden. Banda gründete die Organisation *Formation 4 Girls Leadership.* »Es soll ein Ort sein, wo Mädchen ihre Führungsstärke entdecken und entwickeln können.« 2019 erhielt die damals 23-Jährige den *Young Activist*-Preis der Vereinten Nationen.

Greta Thunberg

Als Greta acht Jahre alt ist, hört sie zum ersten Mal davon, dass sich das Erdklima aufheizt und welche Auswirkungen das haben wird. Seitdem befasst sie sich intensiv mit der Thematik und kann nicht fassen, dass angesichts harter Fakten politisch kaum etwas dagegen unternommen wird. Mit 16 Jahren beschließt sie, die Welt herauszufordern und löst mit einem Auftritt vor dem Schwedischen Reichstag und dem Plakat mit der Aufschrift *Skolstrejk för Klimatet* eine globale Bewegung aus: *Fridays for Future.* Sie bewirkt, dass Millionen junger Menschen fürs Klima und ihre Zukunft auf die Straße gehen. Greta ist als Klimaaktivistin nicht mehr wegzudenken aus einschlägigen Konferenzen und Veranstaltungen, die sie nutzt, um auf »die größte Krise der Menschheitsgeschichte« hinzuweisen. Sie erhielt für ihre Arbeit eine Reihe von Anerkennungen, Preisen und Ehrungen.

Luisa Neubauer

»Was uns antreibt, ist nicht der Glaube, dass alles gut wird, sondern die Überzeugung, dass die Katastrophe nicht unausweichlich und viel Gutes noch machbar ist«, sagt die Klimaschutzaktivistin Luisa Neubauer, eine der Vorkämpferinnen von *Fridays for Future* in Deutschland. Zuvörderst auf ihrer Agenda stehen Kohleausstieg und Wachstumskritik. Sie scheut sich nicht vor Debatten mit »alten weißen Männern« in Talkshows und Printmedien und verficht dabei mutig und kenntnisreich ihren Standpunkt.

Helena Gualinga

Mit ihrem Kampf für die Natur am Amazonas und die Rechte ihres Volkes tritt die ecuadorianische Aktivistin in die Fußstapfen einer Reihe von Frauen aus ihrer Familie, die schon vor ihr Sprecherinnen des Dorfrats waren. Seit geraumer Zeit spürt ihr Dorf die Auswirkungen des Klimawandels: Wirbelstürme, Überschwemmungen, Waldbrände. Zudem rauben ihnen die Umweltschäden durch die Ölpipelines die Lebensgrundlage. Helena versteht, dass eine auf dem Erdöl basierte Energiewirtschaft weltweit in Frage gestellt werden muss. Sie geht an Schulen und klärt über die Klimakrise auf, unterstützt die Verteidigung indigener Völker gegen die Übergriffe der Erdöl-Konzerne. Mit anderen Gleichgesinnten initiierte sie im Januar 2020 die Kampagne *Polluters Out*: »Der wichtigste Schritt zum Stopp der Klimaveränderung ist ein Stopp der Förderung fossiler Brennstoffe.«

Rayanne Cristine Maximo Franca
Das Protestprogramm der brasilianischen Aktivistin umfasst eine breite Agenda: Der Schutz des Regenwaldes und die Rechte der Indigenen auf das Land und den Wald, die sie seit Generationen bewirtschaften. Rayanne ist international vernetzt und arbeitet bei einem UN-Frauenprojekt mit, das zum Ziel hat, die Stimmen der indigenen Frauen auch zu diesem Zweck zu verstärken. Sie will klar machen, »dass wir die Verletzung und den Missbrauch indigener Rechte nicht stillschweigend akzeptieren werden. Ich sage jeden Tag laut Nein.«

Karolína Farská
Fassungslos über den Mord am investigativen Journalisten Ján Kuciak und der institutionalisierten Korruption in ihrem Land, gründet Karolína Farská mit ein paar Gleichgesinnten die Bewegung: *Für eine anständige Slowakei*. Sie gehen auf die Straße, um Korruption in der Slowakei aufzudecken, den Mord aufzuklären, pochen auf Anstand und Gerechtigkeit. Erstmals seit der Samtenen Revolution 1989 ziehen wieder protestierende Menschenmassen durch die Straßen. »Jetzt ist klar: Sie können uns nicht mehr ignorieren.« Die Bewegung erreicht den Rücktritt des Präsidenten und die Neubesetzung anderer hochrangiger Ämter sowie erneute Ermittlungen im Fall Kuciak.

Agnes Chow

Ideen demokratischer Mitbestimmung und freier Wahlen sind in Hongkong, einer Sonderverwaltungszone Chinas, aus chinesischer Sicht nicht erwünscht. Agnes Chow gehört zu den jungen Stimmen, die genau diese Ideen entwickeln, eine Wahlrechtsreform fordern und die Einmischung Chinas in die Lehrpläne der Schulen und Unis ablehnen. Sie geht mit Gleichgesinnten auf die Straßen und schafft es mit einer 79 Tage dauernden Regenschirm-Demonstration der Erziehungskampagne Pekings einen Dämpfer zu verpassen. 2016 gründet sie die Partei Demosistō, die in Hongkong demokratische Strukturen aufbauen wollte und für Hongkongs Souveränität eintrat. Bei einem Protest Ende 2020 wird Agnes Chow festgenommen, die Partei verboten und sie zu zehn Monaten Haft verurteilt.

Nadeshda Tolokonnikowa

Mit ihrem *Punk-Gebet* in der Erlöser-Kathedrale in Moskau löste *Pussy Riot*, eine Gruppe radikaler Performance-Künstlerinnen, 2012 ein weltweites Echo aus. Teil der Gruppe ist Tolokonnikowa, die mit zwei weiteren Frauen verhaftet und vor Gericht gestellt wurde, wegen Störung der öffentlichen Ordnung und »religiösem Hass«. Im Grunde aber ging es um mehr: Um die Frage, ob Demokratie im Sinne von Kritik, Einmischung und Partizipation in Putins Russland möglich sei. Sie erhielt 2014 den Hannah-Arendt-Preis für politisches Denken.

Oksana Schatschko

Die ukrainische Künstlerin und Aktivistin Oksana Schatschko gründete mit drei weiteren Frauen 2008 in Kiew die FEMEN – eine Gruppierung, die gegen Sexismus und Sex-Tourismus, für Frauen- und Menschenrechte demonstrierte, das Frauenbild des Islam anprangerte und sich mit drastisch-theatralischen Mitteln gegen reaktionäre Regierungschefs und Politiker wie Lukaschenko, Putin, Berlusconi und Le Pen wandte. Schatschko wurde seitdem von Geheimdienstleuten bedroht und 2018 im politischen Asyl in Frankreich tot aufgefunden.

Shiori Itō

Die Dokumentarfilmerin und Journalistin fand den Mut, nach einer Vergewaltigung entgegen den urpatriarchalischen japanischen Sitten nicht zu verschweigen, was ihr widerfahren ist, sondern den Täter anzuklagen und die Sache vor Gericht zu bringen. Es entstehen sogenannte Blumendemonstrationen, eine Protestform gegen sexuelle Gewalt, eine Solidarität unter Frauen. Der gesellschaftliche Druck befördert schließlich die Überarbeitung des veralteten japanischen Strafrechts. Für ihren Beitrag zu Japans #MeToo-Bewegung ist Itō 2020 vom *Time Magazine* als eine der 100 einflussreichsten Personen der Welt gehandelt worden.

Malala Yousafzai

»Bildung ist Bildung. Wir sollten alles lernen und dann selbst entscheiden, welchen Weg wir einschlagen wollen. Bildung ist weder islamisch noch westlich, Bildung ist menschlich.« Als 11-Jährige machte sie in einem Blog darauf aufmerksam, dass Mädchen in Pakistan weder eine Schule besuchen noch unverschleiert in der Öffentlichkeit auftreten dürften. Nachdem Malala beim Anschlag auf ihren Schulbus einen Kopfschuss überlebte, legte die UNESCO einen *Malala-Fonds* auf, mit dem weltweit das Recht aller Kinder auf Bildung durchgesetzt werden sollte. 2014 erhielt Malala Yousafzai den Friedensnobelpreis.

Loujain al-Hathloul

Im einzigen, letzten Land auf der Erde, in dem 2014 das Autofahren für Frauen verboten ist, gründet Loujain al-Hathloul zusammen mit Gleichgesinnten die *Women Who Drive*-Kampagne, entwirft ein Befreiungsprogramm für Frauen und fordert das Ende der Vormundschaft der Männer über die Frauen. Über die Sozialen Medien erfährt sie Anteilnahme und Unterstützung. Als sie 2018 zum zweiten Mal während einer Autofahrt in Dubai festgenommen wird – man wirft ihr Terrorismus vor – folgt eine fast dreijährige Haftzeit, während der sie gefoltert wird und in Hungerstreik geht. In der Zwischenzeit hebt Kronprinz Mohammed bin Salman das Fahrverbot für Frauen auf, weitere Schritte in Richtung Emanzipation folgen. Immer noch befinden sich viele Mitstreiterinnen Loujains in Haft.

Hila und Wana Limar

Im Kleinkindalter flüchteten die Schwestern Hila und Wana mit ihren Eltern aus Afghanistan nach Deutschland. Die afghanische Kultur bildet bis heute einen Großteil ihrer Identität. Von Hamburg aus engagieren sie sich bei Visions for Children, um Mädchen in Afghanistan Bildung zu ermöglichen. »Bildung lehrt uns Mittel und Wege, unser Leben in die Hand zu nehmen. Sie macht uns unabhängig und zeigt uns, wie sehr wir alle aufeinander angewiesen sind und wie wichtig die gegenseitige Hilfe ist.« Hila bringt sich bei den Projekten auch vor Ort ein, begutachtet als Architektin u. a. Schulgebäude, Wana ist Markenbotschafterin. Die Schwestern haben zudem ein Social Business gegründet, das Schmucklabel *Sevar*. Der Betrieb soll in Kabul Arbeitsplätze schaffen und Frauen in Leitungspositionen bringen. Hila wurde vom Focus-Magazin zu einer der »Hundert Frauen des Jahres 2020« gewählt.

Oladosu Adenike

In ihrem Heimatland hat sie mit Wassermangel, Bodenerosion, Pipelinexplosionen, Streit, Leid und Tod zu kämpfen. Oladosu Adenike ist Gründerin von *Fridays for Future* in Nigeria. Sie merkt, dass die Instabilitäten und bewaffneten Konflikte mit der Klimakrise zusammenhängen und gleichzeitig hauptsächlich Mädchen und Frauen die Leidtragenden sind. Sie denkt Umwelt und Frauenrechte zusammen: »Indem wir für diese beiden Ziele kämpfen: Frauenrechte und Klimarettung, wissen wir, dass wir für Menschenrechte kämpfen.« Die Ökofeministin setzt sich für einheitliche Klimapolitik und die Aufklärung der Bevölkerung ein, für die Bildung von Mädchen. Sie gründet die Bewegung *I Lead Climate* und erhält 2019 den *Ambassador of Conscience Award* von Amnesty International Nigeria.

Oluwapelumi Alesinloye-King

Nigeria hat die höchste Todesrate unter schwangeren Frauen weltweit. Nigerianische Mädchen werden weder sexuell aufgeklärt, noch haben sie Zugang zu Verhütungsmitteln, Schwangerschaftsabbrüche sind verboten. Pelumi hat sich zur Aufgabe gemacht, über Verhütung aufzuklären und für eine sexuelle Selbstbestimmung einzutreten. Sie engagiert sich bei der NGO *Women First Digital* und gründete einen Verein gegen den sexuellen Missbrauch von Kindern.

Natasha Mwansa

Als Zwölfjährige begann Natasha Mwansa sich für Kinder- und Frauenrechte einzusetzen. Denn trotz offiziellen Verbots von Kinderehen sieht die Realität in Sambia und weiteren afrikanischen Staaten anders aus. »Die meisten Mädchen wissen nicht einmal, dass es Alternativen zur Ehe gibt, dass sie andere, eigene Entscheidungen über ihr Leben treffen können.« Sie vernetzt sich international und gründet 2018 eine Stiftung, die sich für Aufklärung über Mädchenrechte vor Ort einsetzt. Zusammen mit Unicef entwickelt Mwansa eine Kampagne mit dem Slogan »Go back to school«, der Mädchen ihr Recht auf Bildung vermittelt. Für ihr Engagement erhielt Mwansa 2019 den Global Health Award der WHO.

Hadja Idrissa Bah

Obwohl die weibliche Genitalverstümmelung in der Öffentlichkeit seit vielen Jahren geächtet und offiziell verboten ist, existieren die alten Bräuche fort. Die aus Guinea stammende Kinder- und Frauenrechtsaktivistin Hadja Idrissa Bah setzt sich für ein Ende der Praktiken im Land ein, wo bis heute besonders viele Frauen und Mädchen betroffen sind.

Nancy Herz

In ihrem Buch *Schamlos* spricht die norwegische Bloggerin Nancy Herz zusammen mit Amina Bile und Sofia Nesrine Srour über die verschiedenen zerstörerischen Arten von negativer Sozialkontrolle. »Das Gefühl, am laufenden Band Sünden zu begehen, obwohl du eigentlich ganz normale Dinge tust, ganz normale Fehler machst, ist unendlich belastend.« Die muslimischen Mädchen haben im Teenagealter vermehrt mit Vorschriften seitens der Familie und der religiösen Gemeinschaft zu kämpfen, auf der anderen Seite steht die Lebensrealität im hochmodernen, liberalen Oslo. Auf der Suche nach Identität und Zugehörigkeit schaffen sie es, mit der Schweigekultur zu brechen, über Ängste, Zweifel und Geheimnisse zu reden, über die Gesellschaft zu diskutieren. 2017 erhielten sie den norwegischen Preis für das Freie Wort.

Amika George

Als Amika zum ersten Mal von *Period Poverty* hört, kann sie nicht glauben, dass viele Mädchen in Großbritannien und auf der ganzen Welt während ihrer Menstruation gezwungen sind, zu Hause zu bleiben, weil sie kein Geld für Monatshygiene haben. Seitdem tritt die indischstämmige Britin für die Enttabuisierung der Monatsblutung und kostenlose Periodenartikel ein. 2017 rief sie den Hashtag #FreePeriods ins Leben. Sie bringt das Thema in die Öffentlichkeit, protegiert das Red Box-Projekt – rote Kästen mit kostenlosen Monatshygieneartikeln an Schulen – und wird dafür mit dem *Global Goalkeeper Award* ausgezeichnet. Die Bewegung #FreePeriods verbreitet sich über die ganze Welt. 2021 wird Amika George zum *Member of the Order of the British Empire (MBE)* ernannt.

Ollie Bell

Im hochkatholischen Irland formiert sich eine von jungen Frauen getragene feministische Bewegung, die sich ROSA nennt. Sie setzen sich für ein Referendum ein, bei dem über das Abtreibungsverbot in Irland entschieden werden soll. Sie organisieren Demonstrationen, klären über Abtreibung auf und verteilen Abtreibungspillen. 2018 lenkt die Regierung ein, es findet ein Referendum statt: 85 % der Irinnen und Iren stimmen für eine Verfassungsänderung. »Nachdem wir das Referendum gewonnen haben, ist es wichtig, den Menschen im Land klar zu machen, dass noch viele weitere Schritte vor uns liegen. Um Abtreibung in Irland straffrei möglich zu machen und um Gleichberechtigung zu erlangen, muss noch viel passieren.«

LITERATUR UND QUELLEN

Literatur

Nadia Murad: Ich bin eure Stimme, München 2019
Amina Bile/Sofia Nesrine Srour/Nancy Herz: Schamlos, Stuttgart 2019
Klaus Hurrelmann/ Erik Albrecht: Generation Greta, Weinheim Basel 2020
Nadja Tolokonnikowa: Anleitung für eine Revolution, München 2016
Yeonmi Park: Meine Flucht aus Nordkorea, München 2015
Carola Rackete: Handeln statt hoffen, München 2019
Luisa Neubauer/ Alexander Repenning: Vom Ende der Klimakrise, Stuttgart 2020
Malala Yousafzai: Ich bin Malala, München 2013
Galia Ackerman mit *Femen*: Femen, Cambridge UK 2014
Bettina Weiguny: Denn es ist unsere Zukunft, Berlin 2021
Manan al-Sharif: Daring to Drive, London 2017
Sina Kamal Kaufmann/ Michael Timmermann/ Annemarie Botzki: Wann wenn
   nicht wir, Frankfurt/M. 2019
Benjamin Knödler/ Christine Knödler: Young Rebels, München 2020
Shiori Ito: Black Box, New York 2021

Quellen nach Kapiteln

Menschenrechte, Frieden und humanitäre Hilfe

Carola Rackete
Carola Rackete: Handeln statt hoffen, München 2019
https://www.welt.de/politik/ausland/article195971559/Italien-Salvini-wuetet-ge
   gen-reiche-weisse-Sea-Watch-Kapitaenin.html

X (Emma) Gonzáles
Rede während der Großdemonstration am 14. März 2018: https://www.youtube.
   com/watch?v=u46HzTGVQhg
Bettina Weiguny, Denn es ist unsere Zukunft, Berlin 2021
https://variety.com/2018/politics/features/emma-gonzalez-parkland-interview
   -1202972485/

Nadia Murad

Nadia Murad: Ich bin eure Stimme, München 2019

Nadias Dankesrede in Oslo bei der Verleihung des Friedensnobelpreises: https://www.youtube.com/watch?v=CqB0cMvGnIk

Yeonmi Park

Yeonmi Park: Meine Flucht aus Nordkorea, München 2015

Rede auf dem One Young World Gipfel 2014: https://www.youtube.com/watch?v=ufhKWfPSQOw

https://www.youtube.com/c/YeonmiParkOfficial

Sophie Umazi Mvurya

Picture this Peace: Sophie Umazi at TEDxTeen: https://www.youtube.com/watch?v=DCZ11J_iYBI

Interview auf KTN News Kenya: https://www.youtube.com/watch?v=xua2w1w5Ze0

https://www.africanleadershipacademy.org/blog/ala-alumni-enterprise/

Memory Banda

Interview mit der FAZ: https://www.faz.net/aktuell/feuilleton/debatten/die-aktivistin-memory-banda-ueber-kinderehen-in-malawi-16454173.html

Klima und Umwelt

Greta Thunberg

Gretas Rede bei Extinction Rebellion, Oktober 2018: https://www.youtube.com/watch?v=hb4EVVuoggQ

Gretas Rede beim UN-Klimagipfel 2019: https://www.youtube.com/watch?v=SfCUcDAlSKk

https://www.spiegel.de/wissenschaft/mensch/klimakrise-die-blamable-abwertung-von-greta-thunberg-kolumne-a-1289040.html

https://www.srf.ch/news/international/greta-thunberg-in-lausanne-wuerde-meine-zeit-nicht-mit-donald-trump-verschwenden

https://www.spiegel.de/wissenschaft/natur/greta-thunberg-die-16-jaehrige-klima-aktivistin-im-interview-a-1251288.html

Luisa Neubauer

Luisa Neubauer/ Alexander Repenning: Vom Ende der Klimakrise, Stuttgart 2020

https://taz.de/Luisa-Neubauer-im-Interview/!169438/

Neubauers Rede in Davos: https://www.youtube.com/watch?v=M7dVF9xylaw

https://www.zeit.de/2019/12/luisa-neubauer-klimaaktivistin-klimawandel-bewegung/seite-2

https://fridaysforfuture.de/25januar/

Helena Gualinga und Rayanne Cristine Franca
Bettina Weiguny, Denn es ist unsere Zukunft, Berlin 2021
https://www.unwomen.org/en/news/stories/2017/8/from-where-i-stand-rayanne
-cristine-maximo-franca
https://de.cm-vilanovadepaiva.pt/politics/inside-indigenous-fight-save-amazon
-rainforest

Demokratie und Selbstbestimmung

Karolína Farská
https://www.spiegel.de/lebenundlernen/schule/slowakei-wie-schuelerin-karolina
-farska-zur-protestanfuehrerin-wurde-a-1207653.html
https://www.welt.de/politik/ausland/article174418602/AllforJan-Slowakei-Re
volte-auf-Samtpfoten.html
https://www.axel-springer-preis.de/jahrgaenge/gewinner-2018/
https://www.instagram.com/p/CP_OJJlrThP/

Agnes Chow Ting
https://www.deutschlandfunk.de/parlamentsnachwahl-agnes-chow-junge-polit
-rebellin-in.799.de.html?dram:article_id=412692
https://www.welt.de/politik/ausland/article199124211/Hongkong-Aktivistin-Agnes
-Chow-Ting-kritisiert-den-steigenden-Einfluss-Chinas.html
https://www.welt.de/print/die_welt/article199478028/EU-Aussenminister-aeus
sern-Sorge.html
https://www.sueddeutsche.de/politik/profil-agnes-chow-1.4995979
https://twitter.com/nathanlawkc?lang=de
https://www.dw.com/de/aktivisten-in-hongkong-zu-haftstrafen-verurteilt/a-5579
2572
https://www.amnesty.de/allgemein/pressemitteilung/hongkong-joshua-wong-in
haftierte-oppositionelle-freilasssen

Nadeshda Tolokonnikowa
Nadja Tolokonnikowa: Anleitung für eine Revolution, München 2016
Aus den Schlussplädoyers von Pussy Riot: https://www.faz.net/aktuell/feuilleton/
dokumentation-keine-reue-aus-den-schlussplaedoyers-von-pussy-riot-118606
08.html
https://www.tagesspiegel.de/politik/wegen-hungerstreik-pussy-riot-musikerin
-auf-krankenstation-verlegt/8860988.html
https://www.spiegel.de/international/world/spiegel-interview-with-pussy-riot
-activist-nadezhda-tolokonnikova-a-853546.html
https://www.boell.de/de/2014/07/24/nadeshda-tolokonnikowa-marija-aljochina
-und-juri-andruchowytsch-sind-hannah-arendt
https://www.tagesanzeiger.ch/ausland/europa/das-neue-protestvideo-von-pussy
-riot/story/26914021

Oksana Schatschko

Galia Ackerman mit *Femen*: Femen, Cambridge UK 2014

https://www.merkur.de/politik/femen-gruenderin-oksana-schatschko-tot-in-woh
nung-gefunden-abschiedsbrief-gefunden-zr-10059638.html

https://www.srf.ch/kultur/gesellschaft-religion/oksana-schatschko-femen-mit
gruenderin-tot-in-pariser-wohnung-gefunden

Shiori Itō

Shiori Ito: Black Box, New York 2021

https://www.litromagazine.com/reviews/book-review-black-box/

https://www.theguardian.com/tv-and-radio/2018/jun/28/japans-secret-shame-re
view-breaking-a-nations-taboo-about

https://www.tagesspiegel.de/politik/metoo-in-japan-journalistin-ito-bekommt
-entschaedigung-fuer-vergewaltigung/25347248.html

Frauenrechte und Bildung

Malala Yousafzai

Malala Yousafzai: Ich bin Malala, München 2013

Malalas Rede vor der Jugendversammlung der Vereinten Nationen 2013: https://
www.youtube.com/watch?v=3rNhZu3ttIU

Loujain al-Hathloul

Manan al-Sharif: Daring to Drive, London 2017

https://twitter.com/linaalhathloul?lang=de

https://taz.de/Frauenrechtlerin-in-Saudi-Arabien/!5751689/

Hila und Wana Limar

https://www.stern.de/panorama/gesellschaft/markus-lanz--wana-limar-war
-fluechtling---und-erzaehlt-ueber-ihre-zeit-als-sie-nach-deutschland-kam
-6487304.html

https://www.igfm.de/christliche-konvertiten-afghanistan/

https://www.visions4children.org/wana-limar/

https://www.grazia-magazin.de/lifestyle/hila-limar-eine-spende-von-10-euro
-schadet-niemandem-24871.html

https://frauenseiten.bremen.de/blog/bildung-ist-kein-privileg-im-gespraech-mit
-hila-limar/

https://www.vogue.de/mode/artikel/wana-limar-schmucklabel-social-business
-sevar

http://www.projekt-wirgefuehl.de/wana-hila.html

https://www.ez-afghanistan.de/en/page/results-german-cooperation

Oladosu Adenike und Oluwapelumi Alesinloye-king
https://www.wen.org.uk/2020/08/26/whys-climate-justice-a-feminist-issue-ola
dosu-adenike/
https://www.africannewspage.net/2019/06/11/interview-my-fight-for-climate
-action-has-just-begun-adenike-oladosu/
https://twitter.com/alesinloyeking?lang=de

Natasha Mwansa und Hadja Idrissa Bah
Natasha Mwansa beim World Economy Forum in Davos 2020: https://www.you
tube.com/watch?v=YImjkOcz3eA
Bettina Weiguny, Denn es ist unsere Zukunft, Berlin 2021
http://satregional.org/wp-content/uploads/2021/04/Natasha-Mwansa-SAT-Friday
-Youth-Activist.pdf
https://www.spiegel.de/panorama/davos-natasha-mwansa-kaempft-auf-weltwirt
schafsforum-in-fuer-die-jungen-generationen-a-96dc2ce8-a69f-41ad-97d6
-42248ede1dde
https://ze.tt/davos-die-reden-dieser-jungen-aktivistinnen-sind-genauso-wichtig
-wie-die-von-greta-thunberg/
https://www.frauenrechte.de/unsere-arbeit/themen/weibliche-genitalverstuemme
lung/unser-engagement/aktivitaeten/genitalverstuemmelung-in-afrika/fgm-in
-afrika/1457-guinea
Paul Hildebrand in der Zeitschrift Brigitte, Hamburg, Heft 5, 2021

Nancy Herz
Amina Bile/Sofia Nesrine Srour/Nancy Herz: Schamlos, Stuttgart 2019

Amika George und Ollie Bell
https://www.theguardian.com/commentisfree/2019/jan/08/girls-school-period
-poverty-scotland-free-menstrual-products-england-campaign
Bettina Weiguny, Denn es ist unsere Zukunft, Berlin 2021
https://www.vogue.co.uk/arts-and-lifestyle/article/amika-george-mbe
https://mosaik-blog.at/abtreibung-abstimmung-irland-repeal-rosa/+&cd=2&hl=
de&ct=clnk&gl=de&client=firefox-b-d
https://info.arte.tv/de/abtreibung-irland-das-ende-eines-tabus
https://www.zdf.de/nachrichten/heute/irland-kippt-abtreibungsgesetz-100.html

Alle Links zuletzt abgerufen am 30.07.2021.

Achim Bühl

Die Shoah

Verfolgung und Ermordung der europäischen Juden

ISBN: 978-3-7374-1164-6

Die Ermordung von sechs Millionen europäischen Juden und die Verfolgung der Opfer in über 20 Ländern sowie an zahllosen Orten konnten selbst Millionen deutscher Täter und Mittäter nicht allein bewerkstelligen. Die Verantwortung der Deutschen für die Shoah darf zwar nicht relativiert werden, doch es bleibt Fakt, dass die Singularität des Genozids nicht zuletzt dem Sachverhalt geschuldet ist, dass der Völkermord des Haupttäters in seinem ganzen Ausmaß nur möglich war durch ein Heer europäischer Mittäter, die bereitwillig in deutscher Verantwortung oder gar eigenständig mordeten, Konzentrations- und Vernichtungslager bewachten, Deportationszüge bereitstellten, Grenzen schlossen, Flüchtlinge zurückwiesen oder aber ihre eigenen jüdischen Staatsbürger nicht vor der Deportation bewahrten. Dergestalt betrachtet war und ist die Shoah ein deutsches und europäisches Problem. Der vorliegende Band beabsichtigt, in Form von Länderdarstellungen das Zusammenwirken des deutschen Haupttäters und seiner europäischen Mittäter zu schildern und zu analysieren sowie einen länderbezogenen Überblick über das ganze Ausmaß und die menschliche Tragödie der Shoah zu vermitteln.

Hermann Hiery

Deutschland als Kaiserreich

Der Staat Bismarcks – Ein Überblick

ISBN: 978-3-7374-1167-7

Im Sommer 1870, vor gut 150 Jahren, erklärte das französische Kaiserreich dem von Preußen geführten Norddeutschen Bund den Krieg. Aus diesem Krieg, in dem die bislang unabhängigen süddeutschen Staaten die Norddeutschen um Preußen unterstützten, entstand der Nationalstaat der Deutschen. Das Buch präsentiert einen gut lesbaren Überblick zur Geschichte des Deutschen Kaiserreiches, der vollkommen neu aus den historischen Quellen erarbeitet wurde. Er kommt dabei zu vielen überraschenden Ergebnissen, die die traditionelle Sicht vieler Historiker infrage stellen. Immer wieder wird auf die langfristigen Folgen damaliger Politik verwiesen, die vielfach bis in unsere Gegenwart reichen. Neu bewertet werden u. a. der Kulturkampf und das sogenannte Sozialistengesetz gegen die »gemeingefährlichen Bestrebungen der Sozialdemokratie«. Bei wichtigen Weichenstellungen geht der Autor der Frage nach, welche anderen Alternativen in der Zeit möglich gewesen wären. Das gilt auch für den Ausbruch und den Verlauf des Ersten Weltkrieges und den Zusammenbruch des Kaiserreiches, mit denen das Buch schließt.

Arno Sonderegger

Afrika und die Welt

Betrachtungen zur Globalgeschichte Afrikas in der Neuzeit

ISBN: 978-3-7374-1179-0

An der Gestaltung des modernen Afrika waren Akteure aus verschiedenen Teilen der Welt beteiligt. Das koloniale Denken aber schätzte den Anteil afrikanischer Menschen daran aufgrund eurozentrischer und rassistischer Überlegenheitserzählungen äußerst gering. Trotz politischer Dekolonisierung und Erkenntnissen der historischen Afrikaforschung prägen koloniale Denkmuster immer noch internationale öffentliche Diskurse und beeinflussen weltpolitische und -ökonomische Handlungen. Das Buch klärt über verbreitete, aber irreführende Vorstellungen von Afrika auf und vermittelt Wissen über zentrale Dimensionen seiner neuzeitlichen Geschichte in ihren globalen Verwicklungen. Keine Geschichte Afrikas in der Neuzeit kann am transatlantischen Sklavenhandel und an den europäischen Kolonialreichen vorbeigehen. Hier werden allerdings die Gegnerschaft zu beiden akzentuiert und deren Ambivalenzen dargestellt. Dabei zeichnet das Buch die Geschichte der ab dem 18. Jahrhundert transkontinental organisierten Antisklaverei-Bewegungen nach. Es behandelt Formen und Akteure antikolonialer Aktivitäten ab dem 19. Jahrhundert – mit besonderem Augenmerk auf panafrikanischen Ideen – und skizziert bis ins 21. Jahrhundert reichende Kontinuitäten des »Kolonialen«. Das Ziel ist eine neue Vergegenwärtigung Afrikas in historischer Perspektive und in seinen Verhältnissen zum Rest der Welt.

Christoph Schulze

Rechtsextremismus

Gestalt und Geschichte

ISBN: 978-3-7374-1180-6

Es ist keine verblassende, bedeutungslos werdende Spur der nationalsozialistischen Vergangenheit, sondern ein Teil unserer Gegenwart. Rechtsextremismus ist ein Problem der deutschen Gesellschaft. Über die Jahrzehnte hinweg hat sich dieses radikale Lager in der Bundesrepublik und latent auch in der DDR halten können. Es hat sich immer wieder neu erfunden und so Wege gefunden, politischen Einfluss zu nehmen. Im Kern dieser Ideologie bleibt die Vorstellung einer fundamentalen Ungleichheit der Menschen, mit der strikte Hierarchien begründet werden. Sie zeigt sich als exkludierender Nationalismus, rassistisch und antisemitisch, und propagiert rigide Vorstellungen von Geschlechterrollen. Rechtem Terrorismus und rechter Straßengewalt fielen nach 1945 in Deutschland unzählige Menschen zum Opfer. Damit verbunden existiert ein verästeltes Netzwerk von Parteien, Organisationen, Medien und Subkulturen: einerseits als eigenes oppositionelles Milieu; andererseits mit anderen Teilen der Gesellschaft verbunden. Das Buch beschreibt anhand des aktuellen Forschungsstands den Rechtsextremismus in Deutschland: seine Akteure, Ideen, Kampagnen, Geschichte und gesellschaftlichen Berührungspunkte.

Bibliografische Information der Deutschen Nationalbibliothek
Die Deutsche Nationalbibliothek verzeichnet diese Publikation in der Deutschen
Nationalbibliografie; detaillierte bibliografische Daten sind im Internet über
http://dnb.d-nb.de abrufbar.

© by marixverlag in der Verlagshaus Römerweg GmbH, Wiesbaden 2021
Lektorat: Anna Schloss, Wiesbaden
Covergestaltung: Karina Bertagnolli, Wiesbaden und Anja Carrà, Weimar
Bildnachweis: © picture alliance / abaca | Balkis Press/ABACA
Satz und Bearbeitung: SATZstudio Josef Pieper, Bedburg-Hau
Der Titel wurde in der Times New Roman gesetzt.
Gesamtherstellung: CPI books GmbH, Leck – Germany

ISBN: 978-3-7374-1178-3

Mehr über Ideen, Autoren und Programm des Verlags finden Sie auf
www.verlagshausroemerweg.de und in Ihrer Buchhandlung.

»Frauen aus dem Amazonasgebiet sind entschlossen, gegen die schnelllebigen Bedürfnisse des Konsumkapitalismus und seiner Propaganda vorzugehen, die unser Land, unsere Kultur und unsere Rechte nicht respektieren.«
Rayanne Cristine Maximo Franca

»Ich habe eine weiße Hautfarbe, ich bin in ein reiches Land hineingeboren worden, ich habe den richtigen Reisepass, ich durfte drei Universitäten besuchen und hatte mit 23 Jahren meinen Abschluss. Ich spüre eine moralische Verpflichtung, denjenigen Menschen zu helfen, die nicht meine Voraussetzungen hatten.«
Carola Rackete

»Warum ist es so leicht, Waffen zu verteilen, aber so schwer, Bücher zu verteilen? Warum ist es so leicht, Panzer zu bauen, aber so schwer, Schulen zu bauen? Lasst uns unsere Bücher und Stifte nehmen. Sie sind unsere mächtigsten Waffen. Ein Kind, ein Lehrer, ein Buch und ein Stift können die Welt verändern.«
Malala Yousafzai